本书受到教育部人文社会科学研究青年基金资助，项目编号：13YJC740103

汉语书面正式语体语法的泛时空化特征研究

王永娜◎著

中国社会科学出版社

图书在版编目(CIP)数据

汉语书面正式语体语法的泛时空化特征研究 / 王永娜著. —北京:
中国社会科学出版社, 2016. 1
ISBN 978 - 7 - 5161 - 7881 - 2

Ⅰ. ①汉…　Ⅱ. ①王…　Ⅲ. ①汉语 - 书面语 - 语法 - 研究
Ⅳ. ①H14

中国版本图书馆 CIP 数据核字(2016)第 063105 号

出 版 人　赵剑英
责任编辑　任　明
特约编辑　李晓丽
责任校对　董晓月
责任印制　何　艳

出　　版　中国社会科学出版社
社　　址　北京鼓楼西大街甲 158 号
邮　　编　100720
网　　址　http://www.csspw.cn
发 行 部　010 - 84083685
门 市 部　010 - 84029450
经　　销　新华书店及其他书店

印刷装订　北京市兴怀印刷厂
版　　次　2016 年 1 月第 1 版
印　　次　2016 年 1 月第 1 次印刷

开　　本　710 × 1000　1/16
印　　张　15.75
插　　页　2
字　　数　267 千字
定　　价　58.00 元

摘　要

语法研究中对语体的关注和重视由来已久。自19世纪70年代，吕叔湘先生、朱德熙先生、胡明扬先生、陶红印先生先后从不同角度对语法研究中区分语体的必要性进行过探讨。20世纪末至今，在十多年的时间里，在语法学家们的介入下，语体语法研究获得了长足的发展，进入了理论创新阶段，出现了以陶红印先生、张伯江先生、方梅先生为代表的“语体/文体功能语法研究”，冯胜利先生的“调距功能的语体语法研究”，王洪君先生从话语时空与话主和受话间的距离关系角度提出的“主观近距交互语体”和“主观远距单向式语体”的观点。

其中，冯胜利先生的“调距语体语法”，以交际最根本、最原始属性界定语体，从语体和语法最为本质的关系，即“语体的不同直接影响到语法合法与非法的对立”的角度，提出了“语体不同语法不同”，指出了“语体语法”研究最为根本的任务是探索“语体功能（最原始功能）”与“语体形式（最基本形式）”之间的对应律，即“形能对应律”。毫无疑问，这一理论思想是语体语法研究中的又一次重要的突破，它的提出不仅揭示了语体的根本属性，阐释了语体和语法最为本质的关系，明确了语体语法研究的目标和方法，同时也引发出了大量具体的语体语法问题。本书所要探讨的便是这其中的一个重要问题：书面正式语体语法的基本特征“泛时空化”。本书以冯胜利先生的语体语法理论为基础，通过语言事实具体讨论“书面正式语体语法的泛时空化特征”的语法手段和语法机制。本书的主要内容如下：

第一章，概述有关语体的语法研究的已有研究成果，梳理汉语语体语法研究的发展脉络，提出国内有关语体的语法研究大致经历“理论构建之前的描写性语体研究”、“前语体语法研究：语体文体功能语法研究”、“调距功能的语体语法研究”三个阶段，并分析三个不同阶段的研究内容、研究特点、核心观点以及创新之处，在此基础上阐明本书的理论基础。

第二章，提出汉语书面正式语体构建具有泛时空化特征的语法手段的一种重要的方式是在基础语法形式的基础上拓展出新的用法，这一方式至少产生了七类书面正式语体语法形式。它们分别为“和”字非名词性并列结构、中性化的被字句、与非动作动词组合的“着”、与普通名词组合的“们”字结构、“一＋量词”的“非计数”用法、“等＋NP”结构、书面语体判断句。这些语法形式均是在口语语法形式的基础上，通过拓展组合规则而产生的具有书面正式语体功能的语法形式，并且在新的组合规则中，它们或去掉了表达事件内容的个体性，或去掉了表达事件内容的具体性，具有明显的泛时空化特征。

第三章，提出书面正式语体语法构建具有泛时空化特征的语法形式的重要手段是通过句法移位创造新的语法形式，通过这一方式构成的书面正式语法形式至少包括四种：“动宾＋宾语”结构、“V＋向/往＋NP”结构、“NN＋VV＋N（N）”结构、表时间的“当……”字结构。这些语法形式或是通过对应的基础语法形式的句法移位来实现的，如前三者，或是与对应的语法形式存在着明显句法位置高低的差异，如表时间的“当……”字结构，无论哪种，它们在句法位置上的变化中，均实现了泛时空化，即去掉了其表达内容的具体性和个体性。

第四章，提出书面正式语体语法系统构建具有泛时空化特征的语法形式的另一重要手段是以双音模块构造语法形式。这一方式产生的语法形式至少包括五大类，具体有：谓词性成分的名词化、形式动词的运用、双音介词的大量使用、双音连词的大量使用、以合偶词为基础的“双必配双”结构。这些语法形式不仅形式上为双音形式，而且在双音模块的作用下，其组合规则与对应的单音形式很不相同，无论是自身还是组合形式，在语义特征上均具有着较强的泛时空化特征。

第五章，余论。本书的研究表明书面正式语体语法系统，不仅具有着丰富的语法形式，而且具有着内在统一的时空特征，即“泛时空化”。无论是语法形式的构建方式，还是泛时空化特征的实现手段均具有很强的系统性和能产性。它们至少源自于两大方式，或改造基础语法形式，或以双音模块创造语法形式。由此可见，书面正式语体语法是一个独立的自生系统，而绝非仅仅是欧化的结果。

序

学生王永娜的《汉语书面正式语体语法的泛时空化特征研究》即将出版，请我写序，我欣然应允。

2010 年，我在《语体的机制及其语法属性》一文中从交际属性的角度提出“语体是实现人类直接交际中最原始、最本质属性（亦即确定彼此之间关系和距离）的语言手段和机制”，语体和语法最为本质的关系是“语体的不同直接影响到语法合法与非法的对立”，形成“语体不同则语法不同”的语体语法理论构想，并对语体的基本范畴、语体的机制、语体与文体的关系、语体语法属性、语体的构成要素以及不同语体之间的组配模式、书面正式语体的诞生等问题进行了一系列的探讨。

王永娜是我在北京语言大学 2007 年招收的博士生，入学不久，我便为她的博士论文确定了语体语法的研究方向。永娜博士学习期间，恰是我语体语法理论的首作《语体的机制及其语法属性》的思考和写作期，她也因此见证了该理论的构建和阐发的过程，而令我最欣慰的是，她清楚、深入地掌握了语体语法的核心思想和语体语法研究思路，并最终以该理论思想为基础，以《汉语书面正式语体的语法手段》为题，完成了她的博士论文。2010 年毕业至今，她继续博士论文的研究，进一步深入地探讨了书面正式语体语法的泛时空化特征，燃膏继晷，著成此书。

王永娜同学的《汉语书面正式语体语法的泛时空化特征研究》是继“语体语法理论”思想提出之后的第一部以大量书面正式语体语法事实探讨“语法形式”、“时空特征”、“语体功能”之间关系的专著。在我看来，该书至少在以下四个方面值得关注：

一、该书最早地将“语体语法理论”思想运用到具体的语法研究中，其研究既不同于以往对书面语语法形式的收集，也不同于欧化角度的阐释，而是以具体的语法事实对“语体不同则语法也不同”理论的一次很好的实践和证明。

二、该书在研究中注重挖掘语体对于语法规则的合法与非法性的影响。阐明了许多书面语语法形式所独有的不同于口语语法的使用规则。这一点尚未引起学界充分的重视。举例而言，书面正式语体功能的“和”字并列结构的使用规则与口语非正式功能的“和”字结构规则大不相同，前者组合成分必须为双音动词，而后者则只能为名词；又如具有书面正式语体功能的表时间的“当……”与口语属性的“在”的使用规则也是迥然有别的，前者要求必须为“VP”形式，不可为时间名词、处所名词，而后者则允许时间名词和处所名词；等等。作者在书中共涉及19类41个语法形式，对典型的书面正式语体语法形式的使用规则作了很好的研究。

三、该书以时空特征对语法形式与语体功能之间的对应关系进行了很好的阐释。该书对19类41个书面正式语体语法形式的泛时空化特征、语法机制、句法表现逐一地进行了详尽的分析，其结论证实了“泛时空化特征”为书面正式语体的重要基本特征，验证了“语体语法理论”中“时空别体”的重要观点。

四、该书还对书面正式语体语法的自生机制进行有意义的尝试性的研究。书面正式语体语法的自生机制是语体语法研究中的一大课题，该书提出了“拓展基础语法的新用法”、“句法移位构造新语法形式”和“以双音模块为基础创造新语法形式”是书面正式语体语法自生的重要方式。作者以大量的事实证实了它们存在的客观性和能产性，这对语体语法自生机制的深入研究和拓展，具有重要的意义。

2010年至今的短短五年时间里，虽然调距功能视角下的语体语法研究还刚刚起步，但我们已经看到她在开花结果——王永娜专著的出版，就是一例。我为此而万分高兴，确信她的著作一定可以给这个学科创造一个良好的开端，同时也希望和相信她能够在这个崭新而又广阔的领域里产出更多、更好、更丰硕的研究成果。

是为序。

冯胜利

2015年12月12日于塈垣斋

目　录

第一章　绪论 ……………………………………………………… (1)

第一节　语体研究概况 ……………………………………………… (1)

一　语体语法理论创建之前的描写性语体研究 ………………… (1)

二　文体/语体功能语法研究 ………………………………………… (9)

三　国外与语体相关的三个重要研究 …………………………… (14)

第二节　汉语语体语法研究的新发展 ……………………………… (18)

一　书面正式语体独立语法系统的研究 ………………………… (19)

二　交际调距功能的语体语法理论的创立 ……………………… (20)

三　书面正式语体语法的具体现象研究 ………………………… (23)

第三节　本书的研究内容与研究特点 ……………………………… (25)

一　本书的研究内容 ………………………………………………… (25)

二　本书的研究特点 ………………………………………………… (26)

三　语法形式的鉴别和语料的来源 ……………………………… (26)

第二章　拓展基础语法形式的新用法 …………………………… (28)

第一节　“和”构成的非名词性并列结构 ………………………… (28)

一　“和”连接的非名词性成分的类型 ………………………… (29)

二　“和”字动词性并列结构的构成原理 ……………………… (32)

三　“和”字动词性并列结构的“泛时空”特征 ……………… (37)

四　小结 ……………………………………………………………… (41)

第二节　被字句的中性化 …………………………………………… (42)

一　中性化的被字句与相应的主动句的时空差异 ……………… (43)

二　“消极色彩”被字句和“中性化”被字句语体的
时空差异 ……………………………………………………………… (44)

三　书面正式语体被字句中性化的实现条件 …………………… (46)
四　小结 …………………………………………………………… (50)
第三节　“着”与“非动作动词”的组合 ………………………… (50)
一　“着”的传统用法——口语非正式用法 …………………… (51)
二　描写功能性质的“着” ……………………………………… (55)
三　书面正式语体性质的“着” ………………………………… (64)
四　与具体动词搭配的与“V着”近义的“V有” …………… (74)
五　小结 …………………………………………………………… (76)
第四节　“们”与普通名词的组合 ………………………………… (78)
一　引言 …………………………………………………………… (78)
二　“普通名词+们”在书面语体中的使用 …………………… (78)
三　“普通名词+们”的“泛时空”特征 ……………………… (79)
四　小结 …………………………………………………………… (81)
第五节　“一+量词”的“非计数”用法 ………………………… (82)
一　引言 …………………………………………………………… (82)
二　非计量“一+量词”的语法属性 …………………………… (83)
三　非计量“一+量词”的“泛时空”特征 …………………… (88)
四　小结 …………………………………………………………… (89)
第六节　书面语体判断句 ………………………………………… (90)
一　定义句形式的“NP_1+是+XP+的+NP_2” ………………… (90)
二　表达正式的“是……的” …………………………………… (95)
三　不同的判断句在表达正式上的差异性 …………………… (100)
四　小结 …………………………………………………………… (101)
第七节　“等+NP” ………………………………………………… (101)
一　汉语中的列举助词及其语体属性的不同 ………………… (101)
二　“等+NP”与“什么的”的“时空”差异 ………………… (103)
第八节　结语 ……………………………………………………… (105)

第三章　句法移位改造基础语法为新形式 ……………………… (106)
第一节　书面语“动宾+宾语”的泛时空化机制及相关问题 … (106)
一　“动宾结构+宾语”与相关结构的语体功能与句法特征分析 ………………………………………………………… (107)

二　“$[V_0+N_0]_V{}^0$”与相关结构的“时空特征” …………（111）
三　“$[V_0+N_0]_V{}^0$ + NP”与相关结构的“时空特征” ……（117）
四　小结 ……………………………………………………（123）
第二节　“V + 向/往”结构 ……………………………………（125）
一　引言 ……………………………………………………（125）
二　“V + 向/往 + NP”的构成机制 ………………………（127）
三　“V + 向/往 + NP”的“泛时空”特征 …………………（128）
四　小结 ……………………………………………………（132）
第三节　“NN + VV + N（N）”结构 …………………………（132）
一　双音节韵律形态理论下对“NN + VV + N（N）”结构的再思考 ……………………………………………………（133）
二　“NN + VV + N（N）”与“V + NP + 的（+ NP）”的时空差异 …………………………………………………（136）
三　小结 ……………………………………………………（139）
第四节　“当”的语体功能 ……………………………………（139）
一　引言 ……………………………………………………（139）
二　“在”、“当”的“时空特征” …………………………（142）
三　“在”、“当”的“句法位置” …………………………（148）
四　“在”、“当”语体差异的成因 ………………………（153）
五　小结 ……………………………………………………（157）
第五节　本章小结 ……………………………………………（158）

第四章　以双音模块创造新语法形式 ……………………（159）
第一节　谓词性成分的名词化结构 …………………………（159）
一　谓词性结构名词化构成的结构的类型 ………………（160）
二　动词名词化的去个体性和整体化 ……………………（164）
第二节　“形式动词 + 双音动词” …………………………（168）
一　书面正式语体色彩的形式动词 ………………………（168）
二　形式动词的类型 ………………………………………（170）
三　形式动词的泛时空化特征 ……………………………（176）
四　小结 ……………………………………………………（185）
第三节　“双音介词 + VP/抽象名词” ………………………（186）

一 书面正式语体性质的介词结构的类型 …………………… (187)
二 将一般的叙述变为介词结构的转化机制 ………………… (189)
三 书面正式语体中的介词结构表达正式的原因 ………… (194)
四 小结 ……………………………………………………… (195)
第四节 双音连词在书面正式语体中的使用 ………………… (196)
一 书面正式语体性质的连词的类型 ……………………… (196)
二 使用连词表达正式的原因 ……………………………… (199)
三 小结 ……………………………………………………… (202)
第五节 以合偶词为基础构成的“双+双”结构 ……………… (202)
一 以合偶词为基础构成的“双+双”结构的类型 ………… (202)
二 双必配双的“双+双”结构的泛时空特征 ……………… (205)
三 小结 ……………………………………………………… (208)
第六节 本章小结 ……………………………………………… (209)

第五章 余论 …………………………………………………… (210)

参考文献 ………………………………………………………… (213)

第一章

绪　论

本章我们首先介绍国内外有关语体和书面语的研究成果；然后系统地介绍冯胜利先生的语体语法理论观点和研究成果；最后阐明本书的主要研究内容、研究特点、语料的筛选和收集的方法。

第一节　语体研究概况

一　语体语法理论创建之前的描写性语体研究

自文言被推翻之后，以白话为基础的书面语形式诞生，在新的语体格局下，专家学者们从不同的角度对现代汉语的语体问题进行了由无语体意识到有语体意识，由关乎语体到直接关注语体的逐渐深入的讨论和探讨，具体如下。

（一）语文学中对文言欧化成分的早期关注

白话文运动主张废除文言，推行白话文，早期“文言”和“白话”之争，主要是在政治力量的推动下展开的，但到了后期，一些国学大师对新语文中“文言”“欧化”成分进行了讨论，如朱光潜（1926）指出“想做好白语文，读若干上品的文言文或且十分必要”，周作人（1930）指出“以口语为基本，再加上欧化语，古文、方言等分子，杂糅调和，适宜地或吝啬地安排起来，才可以造出雅致的俗语文来”，章太炎（1934）指出“以此知白话意义不全，有时仍不得不用文言也”，“白话中藏古语甚多”，此外，梁启超、朱自清、黎锦熙、张世禄、叶圣陶等大师也均对此有过讨论。这些讨论，多是基于大师们自身深厚的语言文化功底对新语文的组成要素所作的观察，并没有具体的语体意识和语体规则的探讨，但从目前的语体语法理论来看，其所谈实属语体语法中的重要成分。

（二）不同领域对关乎语体的语法现象的描写讨论

20世纪50年代，语体学成为一个独立的学科，80年代，中国修辞学掀起了语体研究的高潮，在语体学的影响下，很多学者从不同的角度，对一些语法现象的语体分布、语体属性进行了描写研究，具体可以区分为以下三个角度。

1. 对语法现象语体分布的统计考察

自20世纪80年代，很多学者对各种语法现象的语体色彩和分布进行了考察，这一研究开始于语体修辞学领域，后来许多语法学专家学者给予了更多的关注。

较早从这一角度进行研究的有：林文金（1983）通过举例指出“有的句式具有口语色彩，有的则具有书面语体色彩”，郑远汉（1987）考察了20种句式在科学体、谈话体和文艺体中的分布情况，范晓（1987）对不同的句类、句型、不同的谓语句以及省略句和倒装句在不同语体中的分布情况进行了统计考察。

之后，主要是从20世纪末开始，涌现了一批对具体语法形式的语体分布进行统计考察的文章，相关的研究如：张豫峰（1999）对“得”的语体分布的考察；邹洪民（1996）、杜文霞（2005）对“把”在不同语体中的使用情况的考察；吴云、刘顺（2000）对句子成分的从缺的语体考察；卢翠萍（2000）、曾毅平、李小凤（2006）对疑问句的语体考察；潘文（2003）对存现句的语体考察；王景丹（2001）、陈炯（2004）对“对”字句的语体考察；曲卫国、陈流芳（2005）对告别语“拜拜”使用的考察；原新梅（2005）对字母词语在不同语体中的分布的考察；张先亮（2006）以专书对11个句式的语体使用情况的考察；王灿龙（2006）对“这、那”语体分布不同的讨论；左思民（2008）对“的”的语体考察；王海峰（2009）对离合词离析现象的语体考察；张姜知（2012）对不同指称宾语的“把”字句语体分布的考察；吴春相（2013）对介词的语体考察；等等。

近几年，还出现了一些基于大型语料库的研究成果，如刘丙丽、牛雅娴、刘海涛（2013）在语料库的基础上对词类句法功能在口语语体和书面语语体中的差异的考察；阚明刚、侯敏（2013）在语料库的基础上对话语标记在口语和书面语中分布的情况的考察；杨素英、黄月圆（2013）在语料库的基础上对“了$_1$、着、在、过”四个体标记在不同语体中的使用情况的考察。

这些研究重视统计和描写，以语法现象在不同文体中的出现率反映其语体分布，其所谈的语体，或为两分的口语和书面语，或指各种不同的文体，如“政论语体、文艺语体、叙述语体、操作语体，等等”。纵观其发展，该类研究日趋深化、科学化，其对语体的观察更为细致，注意区分同一作品形式内部语体属性的差异，研究方法更加科学化，很多研究均是基于大型语料库之上展开的。

2. 对特定语体中语法规则的讨论

20 世纪五六十年代至今，在语体学的影响下，很多专家，尤其是语法学专家学者，对一些具有鲜明语体属性的语法现象的语法规则进行了研究，具体可以分为以下几个角度。

（1）对书面语中语法现象的语法规则和语法特征的研究

白话文运动之后，汉语产生了一些新的书面语语法现象，作为一种新兴的语法现象，很多学者从单纯的语法研究的角度，对其产生的原因、语法规律、语法特征进行了讨论，相关的研究如：邢福义（1960、1965），宋玉柱（1982、1995、2003、2005），朱林清（1985），陈光磊（1987），张谊生（1999、2001），陶振民（1990、2002），童胜强（2002），刘丽艳（2003），李艳惠、石毓智（2000）等对“N + 们”的语法意义、语法特征进行了研究；绪军（2004），刘培玉、刘俊超（2005）等对“V + ［介词 + NP］$_{\text{非终点}}$”进行了讨论；朱怀等（2002），张博（1999），高更生（1998），汪惠迪（1997），罗昕如（1998），杨文全（2004），崔三佳（1994），刘玉杰（1993），任泽湘（2007），丁喜霞、原雪梅（1998），刘大为（1998a、1998b），华玉明（1997），方绪军（1995），刁宴斌（1998），邢公畹（1997）等对“VN + NP”进行了探讨；萧红（2006），冯杏实、杨兴发（1986）等对多动共宾句式给予了讨论；刘公望（1988），张谊生（2000、2001），邹哲承（2007）等对列举助词“等等”进行了分析；胡裕树、范晓（1994），施关淦（1981），熊仲儒（2001），沈家煊、王冬梅（2000），陆俭明（2003），刘慧清（2005），何元建、王玲玲（2007）等对动词名词化给予了讨论。

此外，有关书面语语法现象的讨论，还有：刘云（2009）对汉语书面语的语码夹用现象及其语用价值的讨论，邓伟（2008）对晚清“新名词”与汉语书面语体系变革的讨论，朱景松（1996）对书面语中长句的讨论，贺阳（1992）对汉语书面语语气系统的的讨论，胡明扬（1992）对普通话书面语双音节形容词重叠后的语音模式的讨论，李晋霞（1997）对书面广告语体中“又”字使用的非规范现象的讨论。

（2）对口语中语法现象的语法规则和语法特征的研究

很多专家学者还对口语语体中的语法现象的特征规律进行了分析讨论，如陈建民（1984）对口语语言特点的初步的讨论，张磊（2014）对口语中“你”的移指用法及其话语功能的讨论，方清明（2014）对两岸华语口语中指示标记的比较研究，储泽祥、刘琪（2014）对台湾汉语口语中的“觉得说”的词汇化的分析，程书秋（2014）对东北方言口语中一种特殊的形容词异变格式“AB（儿）的”的讨论，柳英绿、颜力涛（2014）对虚词“给”在口语中分布特点的考察，乐耀（2013）对北京话口语中引述传信标记“人说”的讨论，郑友阶、罗耀华（2013）对自然口语中“这/那”的话语立场表达的研究，樊青杰（2013）对现代汉语口语中八类传信语的讨论，苗丽、韩蕾（2013）对汉语口语话语标记“你看”的语用功能的讨论，姚双云、姚小鹏（2012）对自然口语中“就是”话语标记功能的讨论，印文霞、梁晓玲（2012）对北方口语中“等”类话语标记的讨论，王惠（2011）对日常口语中的基本词汇的考察分析，孙雁雁（2011）对台湾口语中句末“好不好”的功能的分析，刘林军、高远（2010）对北京话口语中话题化结构和左失位结构的分析，周士宏（2010）对汉语口语中的“主谓倒装句”的讨论，尹海良（2009）对自然口语中的话语标记“别说”的分析；储泽祥（2008）对汉语口语里性状程度的后置标记“去了”的讨论，郭风岚（2008）对当代北京口语第二人称代词的用法与功能的讨论，李炜、李丹丹（2008）对清中后期两种北京话口语材料中含“给”字的给予句的讨论，曾维秀、李甦（2008）对自发口语叙事语篇中量词使用的实证研究，周晨萌（2008）对 20 世纪 80 年代北京日常口语中轻声音节变异的讨论，耿红岩（2008）对汉语口语的求美律的讨论，刘永华、高建平（2007）对汉语口语中的话语标记“别说”的讨论，温锁林、范群（2006）对现代汉语口语中自然焦点标记词“给”的讨论，杜道流（2006）对口语中的一种否定表达式“Q 才 VP”的讨论，匡小荣（2006）对口语交谈中的基本运用单位的讨论，荣晶（2006）对汉语口语体受事前置句的讨论，王伟、周卫红（2005）对“然后”在现代汉语口语中使用范围的扩大及其机制的讨论，周利芳

（2005）对汉语口语中表肯定、否定的话段衔接成分的讨论，董秀芳（2005）对现代汉语口语中的傀儡主语“他”的讨论，伍巍（2005）对口语中的“重音”与“断连”的讨论，周晨萌（2005）对20世纪80年代北京口语儿化词的使用情况的考察，高增霞（2004a、2004b）对自然口语中的话语标记“回头”和“完了”的讨论，祝克懿（2004）对口语称谓语的缺环现象的考察，王海峰、王铁利（2003）对自然口语中“什么”的话语功能的分析，王改改（2003）对北京话口语中的“被”字句的讨论，贾红霞（2003）对口语结构“NP＋时量短语＋了”的语义分析，卢惠惠（2003）对口语句式“N＋不过（是）……”表达效果的讨论，王永（2001）对名词在口语中的语义和功能特点的讨论，任志萍、杜蓓（2002）对口语中同形反复的语用功能的讨论，黄佩文（2001）对口语句式“一V一个A”的讨论，孙汉军（2001）对报刊中的口语句型及其功能的分析，方梅（2000）对自然口语中弱化连词的话语标记功能的讨论，王永（1999）对口语语气词的概述，王一军（1999）对口语中的一种否定表达方式的讨论，何洪峰（1998）对连词“那么”的口语用法的分析，易洪川（1997）对汉语口语里的一种施事宾语句的讨论，吴长安（1997）对口语句式“W死了”的语义、语法特点的讨论，谭成珠（1997）对汉语口语一种特殊表达方式——提醒的分析，周继圣（1997）对口语格式“等……的”的描写及讨论，王冬竹（1997）对口语词汇的语义特征的讨论，俞敏（1995）对北京口语里的多音入声字的分析，夏齐富（1995）对口语句式“动词$_1$＋X＋动词$_2$＋X”的分析，汪嘉斐（1993）对口语用词特点的再认识，崔建新（1993）对口语中位于句首的“那么”的讨论，刘英军（1993）对汉语口语中的“SV的N”句式的讨论。

（3）对不同文体中语法现象的考察

这方面的考察如张伯江、方梅（1994）对叙述语体和对话语体中主位现象的讨论，陈佩玲、陶红印（1998）对台湾官话叙事体中韵律单位的语法构成及其规律的讨论，卢翠萍（2000）对反问句的语义分析及与语体的适应关系的讨论，吴云、刘顺（2000）对句成分从缺和语体的关系的讨论，王景丹（2001）对公文语体“对”字句的初步考察，宗守云（2002）对科技语体中的“似乎VP”句的讨论，郑梦娟（2004）对ABB式形容词的语体特征的分析，单韵鸣（2005）对广州话量词“条”的语体色彩的分析，杜文霞（2005）对“把”字句在不同语体中的分布、结构、语用差异的考察，张礼（2006）对文艺语体词的分析，潘文（2006）对“被”字句的语体差异的考察，杨信彰（2006）对名词化在语体中的作用的讨论，曾毅平、李庆英（2008）对汉语报纸报道语体有标记主位的研究，李小凤、曾毅平（2008）对报道语体与艺术语体中特指问的差异的讨论，刘楚群（2010）对辞书语体中“把NV趋”结构的语义格的分析，邵长超（2010）对文艺语体和科技语体中形谓句状语差异的研究，梁银峰（2012）对古汉语的指示代词在不同语体中的指示性的讨论。

此外，还有学者对口语和书面语进行了对比分析，如王德福（2000）对口语修辞与书面语修辞差异的讨论，曹炜（2003）对现代汉语口语词和书面语词差异的讨论，李如龙（2007）对汉语口语词汇与书面语词汇研究的关注，刘智伟（2007）对含同一语素的同义单双音节动词语体色彩的对比分析。

以上三类研究，其重要贡献是挖掘出了大量语法形式所具有的语体文体色彩，或特定语体或文体所独有的语法形式或语法形式所具有的语法特征，并对语法形式或语法特征的规则进行了深入的讨论；其局限性在于尽管看到了语法形式对于特定语体的极强的依赖性，但分析规则时却又脱离开了语体和文体的决定作用，仍未将语体作为语法规则的解释因素。

3. 从欧化角度对书面语法的直接讨论

从欧化的角度对书面语现象进行研究是从王力先生开始的，王力（1943）专设章节对汉语中的欧化现象进行了讨论，其后王力（1944、1958）将其作为新兴书面语现象再次进行了讨论，并认为其产生的原因是受到西方语言的影响。稍有不同的是王力（1958）纵观汉语的历史变化对欧化的作用作了一定探讨，指出“现代汉语曾经接受和正在接受西洋语言的巨大影响，这种影响包括语法在内，这是不能否认的事实。但是直到现在为止，事实证明，汉语是按照自己的内部发展规律来接受这种影响的”。

之后，北京师范大学中文系（1959），Kubler（1985）、谢耀基（1990），刁宴斌（1995、2007）等也对欧化语法现象进行了收集和梳理。此外，朱德熙（1987）和胡明扬（1993）也提出汉语书面语中的一些语法现象的产生是由于受西方语言的影响而造成的。

贺阳（2007、2008）集前人研究之大成，在对欧化现象大量收集的基础上，对欧化语法产生的特征、途径、方式、限定等问题进行了深入的研究。

从语体的角度来看，西方的语言特点为什么会植入汉语的原因、机制、数量和地点等问题，是欧化语法角度的研究所尚未解答的。

（三）语法学家从现代汉语语法系统化研究的角度对区分语体研究语法的探讨

随着语法研究和语体研究的深入，自20世纪70年代至90年代，语法学家们对现代汉语语法的系统化研究进行了思考，把语体作为影响语法的诸多因素之一，提出语法研究中应重视区分层次，区分语体的倡议。

较早注意到语体差异对于语法的影响的是吕叔湘先生，他在《通过对比研究语法》（1977：17）一文中，提出使用对比的方法研究语法，其中在“普通话内部的对比”中提到“某些句式，某些虚词，用在某种环境很合适，用在另一种环境就不合适。比如‘我们’和‘咱们’，‘被’和‘叫、让’，‘跟’、‘和’、‘同’、‘及’，都有这样的问题”，并把这种问题称为“语域”，指出“语域的研究属于社会语言学范围，也可以说是语法和修辞的边缘学科，是以往探索得很不够的一个领域”，吕叔湘先生从对比研究的角度提出了语法研究中应注意语体的对比。之后，又于1985年指出“汉语语法规律约束力不强，很大的原因是我们总结规律的时候没有区分出不同的语体，各种不同风格的语言现象摆在一起，得出的只能是最大的公约数；如果把各种条件摆出来分别地看，是各有不同的规律的”（转引张伯江，2007：1）。

之后，朱德熙（1985、1987a）明确地提出了“区分语料层次进行语法研究”的观点，并着重指出“应该对口语语法和书面语语法分别进行细致的研究”；相关的讨论具体如下：

朱德熙（1985：1）指出“长期以来，我们老是根据书面语材料做研究。书面材料内容驳杂不纯，包含许多不同层次的语言现象。如果不是经过严格的选择和分析，凭这样的资料得出的结果恐怕不足以反映口语，也不能真正显示出书面语的特点”，并以“虚化动词”和“名动词”为例说明书面语具有自身的特点以及语法研究中区分口语和书面语的必要性。

朱德熙（1987a）以《现代汉语语法研究的对象是什么?》为题，对“现代汉语应选择什么样的语言材料为研究对象”作了深入的讨论和分析，提出了更为全面的“在区分语料的层次的基础上进行语法研究”的思想。

文中指出“现代汉语标准语本身具有不稳定性，这种不稳定性在书面语和口语上都有所表现”（1987a：324），从逻辑上论证了“就是语料本身是可靠的，此时能够从中演绎出什么样的语法规律，跟研究者是否把语料内部的不同层次区分开有密切的关系”（1987a：325），并以“句首带‘在’的存现句”和“由双音节动词组成的‘V 在了 + 处所词’”为例，说明有些现象只见于书面语而不见于口语，最后提出“进行语法研究的时候，必须区分语料中的不同层次以保证研究对象内部的均匀一致。这就像化学家研究水的性质时，必须先把混在水里的杂质分离出来一样。作为化学家，不能把溶液跟纯水混为一谈；作为语法学家，也不能无视口语、书面语、方言和新兴句式的区别”，并着重指出“为了使现代汉语语法研究深入下去，恐怕应该对口语语法和书面语法分别进行细致的研究”。

胡明扬（1993）也对现代汉语书面语的复杂性进行了讨论，其观点可以总结为三点：

（1）指出现代书面语的驳杂不纯。胡明扬（1993：1）提出“现代汉语书面语远远不是一种高度规范化的书面语，不规范的现象随处可见。现代汉语书面语也不是一种在单个的方言点口语基础上形成的书面语，而是在其形成过程中受到各种不同因素的影响，因而就其组成成分而言驳杂不纯，既有以北京话为基础的口语成分，又有欧化的书面语成分，既有传统的和仿古的文言成分，又有各种方言成分”。

（2）认为这些不同的成分具有不同的语体性质，属于不同的语言系统。胡明扬（1993：1）指出“说是‘不同语体的成分’是从现代汉语书面语内部来考虑的。这些不同的成分分属于不同的语体，如口语语体、书面语语体、文言语体和方言语体。说是‘不同语言系统的成分’则是从这些不同的成分的来源来考虑的。有的来自标准口语，有的来自明显欧化的书面语，有的来自文言，有的来自方言”；并具体讨论了西方语言对于书面语的影响，指出“这种用法（欧化用法）怎么分析，怎么纳入现代汉语语法体系也不是没有麻烦的”，即认为这种欧化的现象不属于现代汉语的语法系统，它们与口语分属于两个不同的语言系统。尽管胡明扬先生没有明确地提出这两个系统的性质，但从其具体讨论来看，我们认为他所指的是“现代汉语语法系统”和“西方语言系统”。

（3）对于书面语和口语“两种不同系统的语法现象并存，很难找出统一的规律来的”现状，胡明扬先生肯定了王力先生用专门的章节来描写欧化语法和书面语特有的现象的做法，提出“如果对反映不同语体不同特点的语体现象，反映不同语言系统不同特点的语法现象适当地分别处理至少会部分地减轻现代汉语语法研究的困难；而如果把反应不同语体不同特点的语法现象，反映不同语言系统不同特点的语法现象作为一个统一的对象来研究的话，那么有很多困难恐怕就是长期难以克服的”。

以上几位专家着重对语法研究中语体区分的重要性进行了探讨，从语法系统研究的角度对语体和语法的关系进行了讨论，关注到了语体作为诸多因素之一对语法规则及其研究的影响，突破了以往把语体作为语法的一种附属色彩的阶段，对于后续的语体语法研究具有重要的导向作用。当然，由于其所处阶段，其讨论不可避免地存在一些局限性，如在语体、书面语的范围界定上，基本上仍遵循着修辞学研究中的处理方法，与“文体”存在很多的交叉，或把二者完全等同；更大的局限在于对于语体和语法关系的认识也尚未揭示彻底，对于语法研究中语体的区分更多的仍是倡导，具体如何区分如何展开仍是一个谜。

二 文体/语体功能语法研究

在前辈专家的呼吁下，语法学家们不仅开始更为深入地探讨语体和语法的关系，而且开始寻找基于语体区分的可操作的语法研究方法。在该方面较早取得较大突破的是陶红印（1999、2000、2007、2010ab）、张伯江（2007、2012、2014）、方梅（2007、2008、2013）等。他们以功能语法的理论为基础，认为“语体”是“语法何以如此”的决定因素，其具体的做法是“以特定文体和语体的特殊交际功能来解释特定语体对于特定语法的偏爱选择”，即从“特定文体和语体的特有交际特征和交际功能对于特定语法的偏爱选择”的角度提出了“不同的语体有不同的语法”，形成了国内对语体和文体中语法问题的研究的重要领域，下面我们来看一下该研究领域的研究特点、研究内容以及贡献与不足。

1. 该研究领域的主要特点包括以下三大方面。

一是，关注与语言特征相关的语体现象，从“传媒”和“方式”两个方面探讨语体的进一步分类。

传承语法学家在讨论语体问题时更关注跟语言结构有关的语体对立的

做法，该研究领域提出以跟语言特点直接相关的特征对语体作进一步的分类。陶红印（199）讨论了“传媒”尽管与语言特点直接相关，但这一单一的角度造成诸多的语言特征的不一致，提出从“传媒”和“方式”两个角度以及其下位特征，如“有准备—无准备”等，来刻画不同的次范畴语体，区分典型与非典型。从其所举例子以及具体研究来看，其所指的语体包括“演讲报告、一般的采访、熟人朋友之间的聊天”，也包括“法律条文和文书、学术论文、报纸社论、散文、小说、戏剧”，等等，归纳来看其语体是指按照“传媒”和“方式”所区分而成的各种语言交际形式，可以是口头的各种直接交际，也可以是书面存在的各种的文本形式。

二是，以功能语法为基础，以交际功能和交际特征阐释语体对于语法的选择和调节。

与修辞语体学重视语体风格修辞对于语法的选择调遣不同，该类研究重视文体语体的各种交际功能和交际特征对于语法的选择和调节，例如：陶红印（2007）指出“语法因交际目的而存在，而语体可以为达到自身的目的而创造或调节语法”，“紧紧围绕语体和具体的交际目的来研究语法则有可能使我们更为深入、更直接地揭示语法的面貌和实质”；张伯江（2005、2007）则更为清楚地指出“任何一种语体因素的介入，都会带来语言特征的相应变化”，主张“在合适的语体里寻找合适的实例，在合适的语体里合理地解释实例”，认为“恰切的语体考察是说明语法规律的最佳途径”；方梅（2007）提出“语体对于语法具有塑造作用，功能的需要塑造了语法”，认为“交际的需要会促生表现和区分不同属性信息的句法手段”。

也就是说，该研究领域以对语法的特征和选用进行阐释为任务，阐释的因子是特定语体的交际需要，或交际特征，或交际功能。至于“交际需要”，或“语体因素”，或“交际功能”的具体所指，从其具体研究来看，可以是“交际信息的特征”，如操作语体的通用性特征、法律语体的专门谈论事情或情况而基本不涉具体的个别的人或事物的特征、叙述体的过程性和事件性的特征、对话体以交换信息和观点为重点的特征；也可以是“交际方式的特征”，如有计划和无计划、现场性与非现场性等；“交际的媒体”，如听觉和视觉；还可以是交际的一些“特殊需要”，如话剧对真实口语的临摹；等等。

三是，该研究的具体做法是以语料库的统计研究和“微观语体与宏观语体”的区分来寻找语法的典型语体，依据典型语体确定其典型的交际功能或特征，以典型的交际功能或特征阐释语体对于语法的选择，语体对于语法特征的调节。

该研究领域非常重视语料库的统计分析，陶红印（2000）提出“句法研究必须借助于话语分析和语料库语言学方法”，从具体实践来看，该领域的研究无不建立在大型语料库的基础之上，但与此同时该研究并不简单地以统计的数据确定其语体属性，强调将语法格式的语体分布和其交际功能相结合来判断句法格式的价值，以其语体类和语体功能来诠释其分布频率，而非简单地以出现频率的高低来确定语体类和语体功能。

该研究领域不仅强调与语言特征直接相关的语体的进一步分类，而且重视同一语篇其“宏观语体”和内部“微观语体”的结合，陶红印、张伯江（2000）首次区分了“宏观语体”和“微观语体”，张伯江（2012）则对其进行了更为详细的讨论，指出“宏观的语体种类可能是多种语体变量组合的结果，而从语法解释的角度看，任何一个细微的语体变量的不同，都会导致语法特征的差异，而这种微观的语体差别，有时反倒是在语法解释中具有重要意义的”。

该研究领域无论是语料库的统计分析，还是语体的细致考察，其最终目的就是要找到语法性质的典型语体分布，找到典型语体的典型交际因素，最终以交际功能解释语法的使用和语法的特征。

2. 该研究的突出贡献与不足

首先，将我们对语体和语法的关系深入化和具体化为“语体文体的特征和功能决定语法的选用和偏爱”。

语体和语法具有密切的关系，这一点很多专家，吕叔湘（1977、1985）、朱德熙（1985、1987）、胡明扬（1993）等均给予过关注。然而，语体和语法到底是一种什么样的关系，如何具体地揭示这种关系，则一直困扰着语体和语法研究者，致使语体的研究徘徊不前，而语法研究中对语体的关注则只流于表面。陶红印（1999）、张伯江（2007）、方梅（2007），从“特定文体和语体的特殊交际功能对于特定语法的偏爱选择”的角度提出了“不同的语体有不同的语法”，这毫无疑问从一个新的角度，对“语体”和“语法”的关系做了进一步探索，使研究具体化、深入化。

其次，在国内汉语语体语法研究中开辟了一个“以语体功能解释语法”的新研究领域。

早期语法学家对语体语法的关注，更多的是对该研究的呼吁，陶红印（1999）、张伯江（2007）、方梅（2007）从功能角度对语体中语法现象的讨论，是将倡导呼吁变为具体实践的第一次大的突破，是现代汉语语法研究中区分语体研究语法的最早尝试，其研究不仅使语体和语法的关系进一步深入，而且通过一系列的具体研究，为语体中的语法研究的具体展开提供了研究视角和研究模式，而且对于后续有关语体语法思想的发展有着积极的推动作用。

再次，该研究领域以语体功能更为合理地解释了很多的语法现象在语体中的运用及其语法特征，使我们对其在文体中的使用规律有了更为清楚的认识，其研究具体如下。

陶红印等（1999、2000、2007、2010ab）对操作语体中“将”字句的使用进行了考察，以叙述语体、对话语体和说明语体的信息特征对无定把字句的分工进行了解释，以操作语体中动作行为的通用属性和以行为为中心的语用原则对操作语体中动词论元结构进行了阐释，以交际的是否“有计划”特征对影视对白和自然口语中“把”字修复用法的差异进行了解释，对自然口语和影视对白中被字句的使用频率和意义进行了考察，以交际目的的“事件性”和“互动性”解释自然口语和影视对白中“主谓式光杆动词”的差异，以京剧和电影的“追求娱乐效果”的交际目的解释其在参与者关系上与自然口语的差异。

张伯江（2007、2012、2014）则在主观语体和客观语体的区分下对“将”和“把”的使用和句法特征进行了解释，以法律语体对“的”字短语的独立称代进行了解释、以现场交际的“避免抽象”原则解释口语中名词短语里“的”的隐现，以非现场交际中保障对话自然性的要求阐释剧本中对“$了_2$”的偏爱，以对喜剧效果的要求解释其在话剧舞台实际口头表达中对“把”字句的偏爱，以“戏曲、曲艺”等行业语言考察“来”的基本意义和语用倾向。

方梅（2007、2008、2013）以操作语体的“不关注行为主体”的特征揭示“中性语态”的形成机制，结合“施事宾语句”的“不关注时间连续性和动作主体”的特征阐释其主要用于对话体而不用于叙述体的理据，以标题的“凸显动作主体而不关注时间连续性”的特征揭示标题中

"时体标记的缺省"，以叙述语体的"叙事性"特征和对话语体的"现场性和评议性"特征阐释两种语体中"关系从句"的不同功用，以"动宾+宾语"、"VP的+人称代词"为例讨论了语体在语法演变中的孕育作用。此外，还以书面语体中的背景化需求阐释了"主语零形反指"和"描写性关系从句"，指出它们是书面语中由背景化需求驱动的句法降级（方梅，2008）。

此外，张亚茹（2014）以叙事语体和议论语体各自的语体特征对"是以"在《左传》、《郭店楚墓竹简》中的使用频率、句法位置与语义类型差异进行了阐释；姚双云（2014）考察了条件标记在八种语体中的使用差异，并对其语体差异进行了解释；张磊、姚双云（2013）从语体交际功能的角度对三类指类句在句法特征和语体分布上的差异进行了阐释；王东海（2014）讨论了"腾（腾腾）"、"不（没）腾"附加式合成词词群的词汇化过程中文学化、口语化的语体影响机制。

最后，该研究对很多语法形式在语言学中的地位进行了重新的审视。

陶红印（2000）指出"在句法结构的研究中有必要根据经验材料对所研究的现象在语言现实中的地位作出明确的交代，这种定位工作本身应该成为句法研究的一个有机构成部分，如果不是更基础的部分的话"，具体研究如：对零句在对话体中的地位和功能进行了讨论，指出"对话语体偏爱的格式是零句而非整句"；对无定把字格式在现代汉语中的地位的讨论，指出"把个+不及物动词"在近代汉语晚期为一种常见格式，其功用是描写外在事物导致人物的心理情绪的变化，但在现代汉语中这一功能基本上不存在，"把个+不及物动词"主要用于表示通指意义，其次用于引进偶现新信息（陶红印，1999、2000）。

毫无疑问，陶红印（1999）、张伯江（2007）、方梅（2007）从交际功能角度将汉语的文体/语体中的语法研究推进了一大步，形成了国内文体语法研究这一重要领域。然而该研究也存在一定的局限性。

该研究重视以与语言直接相关的文体和语体功能和特征来阐释语体语法，然而对于存在哪些基本的功能和特征，相互间存在什么关系，具有什么层次性，没有穷尽，亦没有理论上的预测。这些问题若不讨论，其结果可能会导致：一是研究体系缺乏系统性；二是把不同层面的东西混在一起，无法真正揭示和区分语体和文体分别对于语法的决定作用；三是以上二者进一步导致其对语体与语法关系的认识仍然徘徊于语体和语法的本质规律之外。

三　国外与语体相关的三个重要研究

国外有关语体的研究成果是非常丰富的，我们这里只着重介绍以下三个具有代表性的对于汉语语体研究具有重要启发意义的研究成果，具体如下。

第一，拉波夫（Labov）对叙事口语模式的研究。

拉波夫（1967、1972）指出小说、故事、传记、广告、新闻报道等文体形式，采用的均是叙述个人经历的口语叙事模式，并对叙事的结构模式进行了研究，指出一个完整的叙事包括以下六个组成部分：

（一）点题（abstract），是叙述者在叙述故事之前对所发生的事件作出简要的概括。

（二）指向（orientation），是确定事件发生的时间、地点、人物、活动或当时情景。

（三）进展（complicating action），是指故事本身的发生、事态的发展。这是叙述结构中的核心部分，主要由叙事句和对话句组成。

（四）评议（evalution），是对故事发生的原因、故事的要点、动作、事件以及故事发生等方面的评论。对事件的评价内容是通过“虚拟从句”（irrealis clausue），如“否定、条件、未来”来实现的。

（五）结局（resolution），是故事中所发生的事件的结束情况，如后果、结果。

（六）回应（code），表达的是故事已经结束，把受话者带回到现实世界。

拉波夫对叙事的口语模式的研究对于我们研究口语和书面语的篇章结构模式，甚至更小的句法结构形式均具有非常重要的启发意义。

第二，道格拉斯·拜伯（Douglas Biber）的 *Variation across Speech and Writing* 对话语（peech）和写作文本（writing）的多维度的对比研究。

国外对口语和书面语的研究，根据研究方法的不同，可以分为统计的方法和非统计的方法，两种研究方法均存在优点也存在不足。[①] 道格拉斯·拜伯（1988）将二者结合起来，在统计分析的基础上运用功能解释

---

① 具体请见道格拉斯·拜伯（1980：52）。

的方法对话语（speech）和写作文本（writing）进行了多维的对比研究，是对各种不同形式的语言成品进行全面对比描写的力作。下面我们主要从其研究的理论基础、研究方法和研究结果几个角度来介绍其具体研究内容。

1. 研究的理论基础

该研究以“由某些语言特征构成的强共现模式必然标记着一个潜在的功能维度，语言特征在文本中的共现并非随意发生的”为理论基础。

2. 研究的具体方法与基本思路

在研究方法上，道格拉斯·拜伯（1988）与以往的研究具有以下两点不同。

首先，与以往研究中所采用的单维度的统计研究方法不同，道格拉斯·拜伯采用的是多维度的统计研究，是通过多组共现性语言特征形成不同的维度来对 speech 和 writing 进行比较。

其次，与以往先根据经验确定功能性质的类型，然后统计具有这一功能性质的文本中所出现的语言特征的类型不同，该研究采用相反的方法，先通过统计的方法和因子分析的方法确定各种类型文本中的共现语言特征，然后以功能解释共现的语言特征，形成不同的维度。该种方法避免了在确定功能类型上的主观性及其带来的不全面性，避免了所概括出来的语言特征不能真正地反映该种功能类型的本质，或没有将能够真正地反映其本质的语言特征囊括进来。

道格拉斯·拜伯（1988）通过对 481 个文本中的 67 个语言特征的统计分析，得出了七组由多个共现特征组合而成的因子（Factor），然后从功能性质的角度对每一个包含多个共现特征的因子进行解释，形成了六个维度（Dimensions），以此阐释不同类型的 speech 和 writing 的差异以及相互的关系。

3. 六个不同的维度以及研究结果

维度一为“Informational versus Involved Production”，该维度区分的是“互动式的、表达感情的、具有严格的说话时间和理解时间的话语”和“包含丰富交际内容，经过了深思熟虑加工而成的话语”，而不管是口语性（spoken）的还是书面语（written）的。前者的典型代表是“电话性的谈话、面对面的谈话”，后者的典型代表是“政府公文”，二者之间存在一系列渐变的连续体，例如“个人信件、即时性的讲演、传奇小说、准备性的讲演……科幻小说、传记、新闻回顾、学术散文、新闻报道，等等”。

维度二为“Narrative versus Non - Narrative Concerns”，该维度区分的是“叙述性的话语”和“非叙述的话语”。前者的典型代表是“虚构小说类（imaginative fiction）”，而后者的典型代表如“政府公文、广播”，而“公众演讲、个人信件、会话等”则是处于二者之间的连续体。

维度三为“Explicit versus Situation - Dependent Reference”，该维度区分的是“精确、清楚地表明了指示关系、包含较多信息内容的话语”和“依赖背景知识，或依赖话语的物质或时空环境来理解指示内容的话语”。前者的典型代表为“政府公文、公函”，后者的典型代表为“广播”，二者之间存在着渐变的连续体，如“新闻报道、学术性的散文、宗教、流行歌曲……一般小说、个人信件、面对面谈话、电话谈话”，等等。

维度四为“Overt Expression of Persuasion”，该维度指的是表达说话者自己的观点态度或具有论证特征意在说服他人的话语类型。属于这一类型的典型代表如“专业信件、社论”；典型的不属于这一类型的有“广播”，处于二者之间的如“传奇小说、个人信件、一般小说……历险记、新闻回顾，等等”。

维度五为“Abstract Non - Abstract Information”，该维度区分的是“内容抽象、科技信息性的话语”和“非抽象、非科技信息内容的话语”。前者的典型代表如“学术散文、政府报告”，后者的典型代表如“电话交谈、面对面的谈话”，处于二者之间的连续体，如“宗教、娱乐、新闻回顾、专业信件、社论……传记、广播、采访、一般的科幻性的或历险性的小说，等等”。

维度六为“On - line Information Elaboration”，该维度区分的是“在严格限制的条件下产生的相对松散的片段性的包含较强信息内容的话语”和“包含较强信息内容的高度整合的话语或非信息内容性的话语”。前者如“准备性发言、访谈（interview）”，后者如“一般小说、科幻小说、神秘或历险小说”，处于中间状态连续体，如“即时发言、公函、社论、宗教、学术散文、面对面的谈话……传记、通俗刊物、政府公文、新闻回顾、电话谈话、新闻报道、个人信件，等等”。

道格拉斯·拜伯（1988）指出“每一个维度都代表了一系列不同类型的语体的相同点和不同点”，因此考察每一个维度，可以得出类型内部的关系；而六个维度则共同展示了不同类型之间的总体关系。通过以上的研究，道格拉斯·拜伯（1988）阐明了 speech 和 writing 在多大程度上是截然分开的，指出不存在将不同的语体区分开来的二分法，而只能通过多角度的方法来展现不同语体的差异；并据此对“英语文本中存在一个完全不同的口语模式和书面语模式”提出了质疑，指出“就目前研究来看，没有观察到二者存在绝对的差异，根据不同的维度，书面文本和口语文本是存在重叠的”（1988：160）。还对类型内部的一致性程度进行了分析，指出有的类型内部的不同文本的相似性较多，具有很强的一致性，如“政府公文”；而有的内部相差非常大，如“面对面的谈话”。

此外，道格拉斯·拜伯（1988）还对以上六个维度对于书面语和口语区分的作用进行了讨论，指出以上六个维度中的维度一、维度三和维度五对于区分口语和书面语的差别更有针对性，但也仍存在重合的部分。

道格拉斯·拜伯（1988）对 speech 和 writing 的各种变化形式的系统的多维度的研究，为我们提供了更为全面的区分不同类型语言形式的语言特征，展示了更为全面的不同文本形式的内在关系或外在的相互联系，描绘出了一幅文本关系图；这对今后深入地研究语体或文体奠定了很好的基础，提供了可以借鉴的研究方法。此外，道格拉斯·拜伯（2009）还将该研究方法用于“语域（Register）”、“语体（Genre）”和“风格（Style）”的研究，尤其对文体研究具有重要意义。

第三，理察·A. 拉纳姆（Richard A. Lanham）的 *Analyzing prose* 对书面语言风格的描写分析。

理察·A. 拉纳姆（2004）指出以往研究中将书面散文风格概括为“真挚、流畅、简洁、晦涩、生硬，等等”，这无论对于教学还是对散文机理的认识均没有帮助，甚至具有误导作用；提出应该建立一套基本的描写术语，在此基础上对散文的风格进行描写，并理解散文的本质。*Analyzing Prose* 就是在这一思路下完成的。

全书共分为九章，其中第一章至第六章按照从局部到整体的研究思路，分别就某一风格进行分析讨论，具体包括“名词和动词的文体风格”、“并列结构与从属结构”、“圆周风格与猎奇风格”、“有声文体风格和无声文体风格”、“沉默说服模式”；第七章在以上风格类型的研究的基础上，使用古典修辞学“柠檬榨汁夹”的描述方法来对现代散文的模式进行分析；第八章和第九章对散文的风格的层次性“高、中、低风格”

和“晦涩与透明风格”进行了分析，最后对散文分析中价值评判这一基本要素进行了讨论。

其中从语言形式的角度所分析出来的“名词和动词的文体风格”、“并列结构和从属结构”、“圆周风格和猎奇风格”对于从语法的角度研究书面语和口语的差异也具有重要的意义，如“动词和名词的文体风格”部分，指出名词所形成的名词风格倾向使用于书面语，而动词所形成的动词风格倾向使用于口语（2004：22）；并且它们所产生的句法结构形式也很不相同，如名词风格形成了“is + prepositional - phrase”的句法结构，而动词风格则形成了“一系列的并列短语”，指出动词风格的选择是倾向于无意识的，而“名词风格”是倾向于经过缜密思考的（2004：20）。这些观点指出了书面语和口语在语言使用上的一个很大的不同，对于从语法形式的角度更为深入地研究口语和书面语的差异具有非常重要的启发意义。

以上三类研究对于汉语语体文体研究具有重要意义。拉波夫（1966、1972）的叙事体研究模式为国内文体研究所借鉴，道格拉斯·拜伯（1988）以语言特征对不同文本语体差异的量化研究是国内对关乎语体的语法研究的重要方法和模式，理察·A. 拉纳姆（2004）对一些书面语语法结构风格特征的研究，则对汉语书面正式语体语法研究具有启发意义。此外，重要的研究还有霍珀、汤普森（1980、2001）对叙述体中“前景”与“背景”的对立对及物关系语法表现的阐释，其研究成为国内语体/文体语法研究的重要视角；韩礼德（1989）对书面语和口语的语法特征的归纳对比研究，其研究思路为国内语体语法特征研究所借鉴。

第二节　汉语语体语法研究的新发展

语体语法研究在20世纪末至今短短几十年的时间获得了重大的发展，这不仅在于吕叔湘、朱德熙、胡明扬三位先生对语体和语法关系的讨论，陶红印、张伯江、方梅三位先生的“语体文体功能语法研究”探讨，其更大的突破是冯胜利交际调距功能的语体语法理论的提出和研究。冯胜利教授自2003年至今也相继对书面语以及语体语法进行了深入系统的研究，提出了书面正式语体语法是一个独立的语法系统，之后又进一步提出了语体语法理论，其发展可以分为以下两个阶段。

一　书面正式语体独立语法系统的研究

冯胜利（2003a、2003b、2005、2006a、2006b、2009a）提出了汉语的正式语体是近百年来独立发展而来的一种新语体，是一个独立的语法系统，并就这个独立系统的构成模式、系统成员、语体的基本原则等诸多问题进行了深入的讨论，提出了“现汉书面语的特点是韵律成双的要求”等重要理论观点。具体的研究内容包括以下几个方面。

（1）从交际的正式与非正式的角度，提出了“现代汉语书面正式语体”和“现代汉语口语非正式语体”两个对立的概念，区别于以往的“口语”和“书面语”，从术语上厘清了口语和书面语之前的种种混乱交杂，从本质上走出了“书面存在形式”这一范畴。

（2）提出书面正式语体是文言被推翻以后，为满足与口语拉开距离的要求，而产生的一种新的语体形式，提出了书面正式语体的拉开距离原则。

（3）对书面正式语体的重要特征进行了讨论，提出“现汉书面语的特点是韵律成双”。研究了双音节韵律模式在书面语正式语体中的作用，指出双音节韵律模式是书面正式语体中的词汇模式，并探讨了一批韵律控制下的书面正式语体现象，如韵律控制下的书面正式语体构词法、韵律控制下的书面正式语体构语法、韵律控制下的书面正式语体的句法运作，提出了“现代汉语书面正式语体的语法是以韵律语法为基础建立起来的一套语法体系”（2003a：88）。

（4）对书面正式语体的性质、构成成分、构成模式进行了讨论，指出“现代汉语书面正式语体是近百年发展而成的一种新语体，是既包含白话而又相互独立的、由‘自生系统’（以合偶词及其语法为主）和‘典雅体’（以嵌偶词＋古句型及其语法为主）组成的正式语体”（2006a：3）；根据其构成材料，将当代书面语定义为“以口语、方言、外来语和文言词语为材料，以韵律语法为框架，建立在口语语法基础之上的一种正式语体”（2005：502）；还在此基础上，将嵌偶词、合偶词、古汉语句型汇集成编（2006a）。

（5）对书面正式语体成分在文体中的分布规律进行了研究，提出了

“文白相间原则”，具体内容为“三两结伴，交替而行”，表现为“波浪式文白交替模式”（2006a：18）。

（6）在对书面语构成材料的研究的基础上，研究并开发了书面正式语体典雅度的测量软件（2008）。

此外，还将其对书面正式语体的研究成果用于教学实践，无论在书面正式语体的教学内容还是在教学方法上都提出了可操作的有意义的思想观点。

二 交际调距功能的语体语法理论的创立

冯胜利（2003—2009）的书面语独立语法系统的研究主要集中于探讨韵律制约下的书面语规则。冯胜利（2010）在《论语体的机制及其语法属性》以及后续的研究（冯胜利，2012、2013、2014）中首次提出了以交际的最根本、最原始属性“确定彼此之间的关系和距离”来界定语体，从语体和语法最为本质的关系，即“语体的不同直接影响到语法合法与非法的对立”的角度，提出了“语体不同语法不同”，指出了“语体语法”研究最为根本的任务是探索“语体功能”（最原始功能）与“语体形式”（最基本形式）之间的对应律，即“形能对应律”，并对语体的机制、语体与文体的关系、语体语法属性、语体的构成要素以及不同语体之间的组配模式、书面正式语体的诞生等一系列问题进行了研究，其核心观点如下。

第一，确定直接交际最根本、最原始的属性，揭示语体的本质属性和根本功能。

冯胜利（2010、2011）指出，尽管语言的功能多种多样，但人类直接交际中最根本、最原始的功能是“确定彼此之间的关系和距离”，语体的本质是实现这一功能的语言手段和机制，即“语体是实现人类直接交际中最原始、最本质属性（亦即确定彼此之间关系和距离）的语言手段和机制”，“语体则是用语言拉远或拉近或保持一般距离的交际手段”。

这一概念的提出，不仅厘清了语体一直以来术语上的混乱，从研究内容、研究目标、研究方法等诸多方面与文体、语域、风格区分开来，而且作为语体语法研究的核心要素，其本质的揭露无疑为整个理论体系的构建铺好了科学的基石。

第二，从交际根本属性和交际群体性出发，确立语体体系的基本范畴和初始要素。

冯胜利（2010、2012）提出人类直接交际的最根本、最原始属性决定了语体的必然性，而人类交际的群体性则决定了语体的内在机制，提出“群体性是语体机制的‘机体’”，“人类群体交际中，最初始的关系是远近亲疏，进入文明之后，则出现了文化出身教育背景上的地位高低，社会越发展，关系越复杂”，其中“说话者的社会角色，即‘远近亲疏’，决定着语体的‘正式与非式’，说话者的文化背景和教养则决定着说话语体的‘典雅与通俗’”。“‘正式与非正式’、‘典雅与通俗’为语体的两大基本范畴”，“‘[±]正式、[±]庄典、[±]俗常’三大范畴则为语体体系的初始要素”，而三大初始要素的相互作用，又进一步再生发出了诸多的派生语体，由此形成了一个由交际的本质特征“群体性”生发初始三大要素，由初始要素逻辑推演派生形式的逻辑严密、科学合理的语体体系。

第三，对语体和语法的最根本的关系进行了阐释，提出了“语体语法”的核心观点是“语体的不同直接影响到语法合法与非法的对立”，即“语体不同语法不同”。

冯胜利（2010、2011）对语体和语法的最根本的关系进行了深入的阐释，语法是语体确定和调节交际距离的手段，二者最为本质的关系是“语体的不同决定了语法合法性的不同”，而不是“选择的不同”、“偏爱的不同”，发现了语体和语法最为本质的规律。

据此，进一步提出与“拉近距离”、“拉远距离”、“抬高距离”的交际功能相对应，“正式”、“庄典”、“俗常”三个语体范畴各具一套独立的语法体系。从来源上看，正式体的效应来源于共时的距离感，常常通过改造日常用语的一般形式来实现；而典雅体的效应来源于历时的距离感，是通过古代的词句来实现的。从具体语言要素来看，语音上，轻重格式的不同可以构成语体功能的对立；词汇上，不同的词形负载着不同语体功能；词组上，组合要素不同其语体也不相同；句型上，不同结构对应不同的语体；语义特征上，时空可以别体，口语为“具时空”，正式体为“泛时空”，典雅体为“虚时空”；并以诸多的语言事实证实了“语体不同，则语法规则不同，时空范畴相异”。此外，还对语体和书面语的关系、正式与典雅的分辨、语体的对立转化等问题进行了探讨。

从“语体的不同直接影响到语法合法与非法的对立”的角度提出

“语体不同语法不同”，是冯胜利（2010至今）语体语法理论的核心思想，这一思想的提出走出了一直以来对二者关系的迷茫和徘徊，发现了语体和语法最为本质的规律和规则，而“正式”、“庄典”、“俗常”三个语体范畴的确立，则进一步明确了该理论体系的基本框架。

第四，提出了“语体语法”研究最为根本的任务是探索“语体功能（最原始功能）”与“语体形式（最基本形式）”之间的对应律。

语体语法客观存在，而语体研究的根本任务则是“探索形式与功能之间的对应律”。冯胜利（2011、2012）指出尽管语言形式和语言功能不都是一一对应的，但语言中“最原始的功能，即确定和调节交际距离”与“最基本的形式，即用于调距的语法手段”则先天具有相互对应的本性，调距功能和语体语法形式一一对应。也就是说，不同的调距功能对于不同基本语法形式的选择，不是选用的多少、效果的优差的问题，而是构成根本上的合法与非法的对立。

语体语法研究中“形式”与“功能”对应律的提出为语体语法的具体研究指明了方向和目标。

第五，对语体的文学功能进行了阐释，提出“语体是文体创造的源泉”。

冯胜利（2010）就语体和文体的联系与区别进行了讨论，提出“语体不是文体”，语体是直接交际的产物，而文体并非必须是直接交际的产物，甚至可以是非交际的产物，如“诗、词、曲、赋、散文、小说”等文体，无法用于交际，并且从理论上指出了“语体和文体的内容不同，其构成的原理也不一样，分属于不同的研究领域”。

语体不同于文体，但二者关系密切。冯胜利（2010）指出“语体是文体产生的源泉，正式和非正式可以促发文体形式的发展，它是不同文体构成的动力和组成要素”，提出“‘俗常、正式、庄典’这三大范畴，同时也是最初始的组构单位或要素，它们的每一方，既可以独立运作，也可以和其他两个方面交互作用，组配出各种不同的下属语体和语体变体（文体或文类），由此构成和促发了不同文体和文类体系的形成和运作，成为下属范畴的机制和系统”。

第六，对语体语法客观存在的现实证据进行了考察。

冯胜利（2012）还就语体语法的必然存在和存在事实进行了讨论，例如对书面正式语体诞生的必然性的讨论，对语体语法客观存在的古今中外现实证据的考察分析，对“俗、正、典”的历史见证——“风、雅、颂”的分析讨论，等等。

总而言之，冯胜利（2010 年至今）的“语体语法”研究具有以下特点：从人的社会属性阐释语体存在的根源和必然性；以交际最根本、最原始的属性，即，“确定彼此之间的关系和距离”来界定语体，并由此确立了语体的基本范畴和初始要素“通俗、正式、庄典”；从语法合法与非法的对立区分了三大初始要素的本质差异，阐明了语体和语法最为本质的关系，即“语法是表达语体的手段，语体的不同直接影响到语法合法与非法的对立”；以初始要素为基本元素，推演出了语体对于文体、文学的功能、功效等很多重要的研究课题。

很显然，冯胜利（2010 年至今）的语体语法理论，是一个从本质中抽取初始要素，以初始概念逐步推演，步步咬合严丝合缝的逻辑体系。在这一体系之下，不仅语体语法的本质关系得以阐发，语体语法体系的整体框架得以建立，更是形成了一个“建立以语体为轴心的综合学科”的创想，其贡献不囿于语体，不限于语法，更是突破了语言学的范畴，对于文体的演变类型和发展机制等重要文学问题亦有着开创性的重要贡献。

三 书面正式语体语法的具体现象研究

除了冯胜利（2003a、2003b、2005、2006a、2006b、2010a、2012、2013）对书面正式语体语法和语体语法理论的研究以外，其他一些专家学者也对书面正式语体的划分和具体现象进行了研究，具体如下。

董秀芳（2004：59）在研究汉语词法时，对书面正式语体性质的词汇进行了讨论，指出“半自由语素的大量存在造成了书面语和口语的许多不同，作为词使用的半自由语素多在具有文雅庄重色彩的语体中出现，而在口语中很少出现。之所以存在这种语体分布上的倾向性，是因为半自由语素是汉语历史发展所形成的（吕叔湘，1962），它们在汉语中存在的时间长，自然带有古雅的色彩”。董秀芳看到了书面语词汇与口语词汇在构词单位上的差异，但是把这种构词单位称为“半自由语素”并没有抓住书面语构词单位的本质属性，更没有看到书面正式语体词汇构词法则与口语词汇构词法则在性质上的本质差异。

王洪君（2008：309—314）介绍和肯定了冯胜利先生对于韵律在书面语中的作用的研究，肯定了书面/口语的风格的区分与单双音节有着密切的关系，之后王洪君、李榕、乐耀等（2009）从话语时空与话主和受话间的距离关系的角度，提出了“主观近距交互语体”和“主观远距单向式语体”的观点。

黄梅（2008、2009）对现代汉语书面语中的嵌偶词进行了系统的研究，证实了嵌偶词的“韵律黏着句法自由”的语法性质，考察了嵌偶词的句法分布，并解释了嵌偶词句法分布的原因。

孙德金（2009）以现代汉语书面汉语中的文言语法成分为研究对象，首先，探索了现代汉语书面文言语法成分的鉴定方法，提出了“频度”和“系统融合度”两种标准，其中“频率标准”将引文性质的文言成分筛选出去，“系统融合度”指“某一系统（文言语法系统）的成分和另一系统（现代白话语法系统）相互融合的程度，系统融合度高意味着该成分已经成为系统的有机部分”。其次，对现代汉语文言语法成分的句法、语义、语用等方面的表现进行了描写和定量分析，并对一些具体的语法项目在语言系统中的处理方法给出了相应的处理意见，如汉语的“词”的分体处理，文言成分的规范问题，等等。最后，指出文言成分之所以沿用于现代汉语书面语，主要是书写表达中“求简律”、“趋雅律”、“整齐律”、“谐体律”四种心理机制综合作用的结果，并把这四种机制概括为“书写法”，认为它们与“语法”一起在语用和结构两个层面制约着语言的书面表达，认为文言语法成分在现代汉语中的存在是汉语类型特点的必然结果。

铃木庆夏（2010）在冯胜利先生提出的“文白相间”原则的基础上，讨论了具有“文白相间”特征的叙事体中的“白话语体形式”和“文雅语体形式”的信息功能。他指出“白话语体叙述事件发展的具体进程，负载叙述故事主线的前景信息”，而“文雅语体形式不叙述事件的发展，所表达的语义类主要有描写情景、描写人物、表达人间事理等一般原则、叙述者的情感或感受，文雅语体形式提供围绕叙事发展的种种背景信息”，提出“在文白相间的叙事体中，文雅语体和白话语体之间的语体转换具有调节前景化与背景化的篇章功能”。

从这诸多的研究中，我们可以看到，语体语法问题日受重视，其研究也日趋深入。

第三节　本书的研究内容与研究特点

一　本书的研究内容

冯胜利（2010、2011、2012、2013、2014）的语体语法理论中提出了很多重要的观点，其中之一认为“书面正式语体语法的基本特征是泛时空化”。本书将在冯胜利先生的语体语法理论的基础上，通过语言事实证实泛时空化特征为书面正式语体语法的重要特征，探索语法形式、时空特征和书面语体功能之间的对应关系。具体而言，本书将讨论书面正式语体采用了哪些自生的方式来构建具有书面正式语体功能的语法形式，每一种方式具体包含了哪些具体的语法形式，每一具体的语法形式采用了什么样的语法机制实现泛时空化特征。章节安排具体如下：

第一章，介绍国内有关语体的语法研究的现状以及发展情况；介绍冯胜利先生的“书面语独立语法系统研究（2003、2005、2006）”和“语体语法理论（2010、2011、2012、2013、2014）”，阐述本书的研究内容和研究特点。

第二章至第四章，以书面正式语体语法形式的自生方式为纲，探讨每一类自生方式之下具体的各类语法形式实现泛时空化的语法机制。其中，第二章讨论通过拓展基础语法形式的新用法所产生的正式语体语法形式的类型和泛时空特征，具体包括“‘和’字谓词性并列结构”、“中性化的被字句”、“‘着’与弱动作动词的组合”、“‘们’与普通名词的组合”、“‘一＋量词’的‘非计数’用法”、“正式功能的判断句”、“等＋NP”七类语法结构。第三章讨论通过句法移位构建的书面正式语体语法形式的泛时空化特征，包括“书面语‘动宾＋宾语’”结构、“V＋向/往”结构、“NN＋VV＋N（N）”结构、“当＋VP＋（时/的时候）”四类结构。第四章讨论以双音模块创造的书面正式语体语法形式的类型和泛时空化特征，包括“谓词性成分的名词化结构”、“形式动词＋双音动词”、“双音介词构成的介宾结构”、“双音连词在书面语体中的使用”、“以合偶词为基础的‘双＋双’结构”。

第五章，结语。对书面正式语体的自生机制、语法系统、欧化观点进行思考。

二 本书的研究特点

本书的研究特点可以归纳为以下三点。

第一，本书的研究是建立在对书面正式语体语法形式的广泛收集的基础之上的。

本书选用了各约计 3 万字的社论、学术论著、散文、社会评论、法律条文、科普文献共六个方面的语料，通过人工挑选的办法，并根据冯胜利（2010）提出的“语体”、“书面正式语体”与“文体”的差异，对具有正式色彩的书面语正式语法形式进行了较为全面地收集和鉴别，共收集到 19 类 41 个正式语法形式。

其中社论主要选用的是 2007—2008 年《人民日报》中的社论；学术论著，主要选用的是《文化遗产》和《中国社会科学》中的学术论文；散文，主要选用的是文学期刊《美文》和《散文选刊》中的文章；社会评论，主要选用的是《作品与争鸣》和《杂文月刊》中的文章；法律条文，主要选用的是《宪法》中的部分内容；科普性文献，主要使用的是《百科全书》中的部分内容。

第二，本书以冯胜利（2010 年至今）提出的语体语法理论为基础，以“书面正式语体语法的泛时空化特征”为着眼点，把各种书面正式语体语法形式作为一个系统，对其进行研究，力图证实书面正式语体语法形式的内在统一特征为“泛时空化”。

第三，注重探讨语法形式、时空特征和语体功能之间的对应关系。全书以书面正式语体语法系统的自生方式为纲，挖掘每一自生方式的典型语法形式，探究每一语法形式的泛时空化的语法机制。语法形式的探讨，发掘具有表达正式功能的形式，重视对语体制约下的语法规则的描写。时空特征的研究，着重探讨语法形式实现泛时空化的语法机制，并以泛时空化阐释语法形式与语体功能之间的对应性。此外，对书面正式语体语法体系的自生机制进行尝试探讨。

三 语法形式的鉴别和语料的来源

首先，语法形式的鉴别，本书主要采用了以下两种方法。

一是运用交际四要素来考察语法形式的语体属性。冯胜利（2010）指出“语体是直接交际的产物，语体的‘体’指说话者和听话者在交际时产生和遵循的原则和规律”，冯胜利（2011）提出了“决定语体性质的‘社交’要素可以简括为：场合、对象、内容、态度”，指出“交际中场景、对象、内容、态度的不同，将造成与之相应的语体形式的不同”。

也就是说，交际要素和与之对应的语体形式之间存在着一种“共变”的关系，这一“共变关系”为我们鉴别语法形式的语体属性提供了有效的方法，即利用交际要素的属性来鉴别与其对应的语体形式的语体属性。具体而言，凡是由非正式交际要素构成的非正式交际的语法形式必然不是正式语体语法形式，凡是可以由正式要素交际构成的正式交际的语法形式则为书面正式语体语法形式。

二是参考语法形式对于组成要素的语体选择。

冯胜利（2010）指出“语体不同则语法因之而异”。这里的“语法不同”实际上既包括语法结构形式的不同，也包括结构内部的组成要素的不同。不仅如此，结构形式与结构要素的语体属性具有很强的一致性，具体表现为以下两点。

第一，语法形式的正式等级与组成要素的正式等级成正比。语法形式越正式，组成要素也就越正式；语法形式越不正式，组成要素也就越不正式。

第二，在语体等级序列的不同层次上，对语法形式语体形式的要求度存在差异。越是在语体等级序列的两个极端上，语法形式对组成要素语体性质的要求越高，越挑剔；而越是接近语体等级的中间状态，其对组成要素的语体性质的要求就越低。也就是说，一个正式度极高的语法形式要求其中的组成要素也具有极高的正式性，一个非正式度极高的语法形式要求其中的组成要素也具有极高的非正式性，而当语法形式的语体等级越接近于通用体时，其对不同语体属性的组成要素的包容性就越强。

根据这一点，可以得知：要求组合成分具有较强书面正式语体性质的语法形式为书面正式语体语法形式，反之，要求组合成分具有较强口语非正式语体性质的语法形式为口语非正式语体语法形式。

其次，本书所使用的例句除了自编句以外均来自北大语料库，因此在正文例句中不再一一注明出处。

此外，本书将书面正式语体表达形式与口语非正式语体表达形式进行对比时，分别使用“a”和“b”来标注；由于很多情况下句子所表达的内容很难用口语性的词汇来表达，因此本书对比时主要是将所要对比的语法形式加以转变，而使用的词汇则基本保持不变。

第二章

拓展基础语法形式的新用法

冯胜利（2010、2011、2012、2013、2014）以交际最根本、最原始属性“确定彼此之间的关系和距离”来界定语体，从语体和语法最为本质的关系，即“语体的不同直接影响到语法合法与非法的对立”的角度，提出了“语体不同语法不同”，“书面正式语体用语法手段把正式表达和与之相关的口语表达之间的距离拉开”，其“拉距”的结果是“泛时空化”。

通过对书面正式语体语法形式的考察，我们发现，书面正式语体拉距变形的重要的手段之一是将一些基础语法形式的用法加以拓展，其拓展的结果是不仅生发出不同于基础语法的语法形式，而且在时空特征上实现了泛时空化。按照这一方式所产生的书面正式语体语法形式，我们发现以下典型的五类：

第一类是“和”字非名词性并列结构。

第二类是中性化的“被字句”。

第三类是“着”与弱动作动词的组合。

第四类是“们”与普通名词的组合。

第五类是“一＋量词”的“非计数”用法。

下面我们将在冯胜利（2010、2011、2012、2013、2014）的语体语法理论的基础上，具体探讨以上五类语法形式在书面正式语体中的语法规则，这些语法规则所具有的泛时空化特征以及其实现的语法机制。

第一节　“和”构成的非名词性并列结构

口语中并列结构仅限于连接名词性成分，五四以后出现了非名词性成分使用“和”构成并列结构的用法。王力（1958：472）在谈五四以后的新兴句法时，指出了这一结构形式是书面语里出现的新兴现象之一，并认为这类结构是欧化的结果；之后北京师范学院中文系汉语教研组（1959）也提到了这一现象，也认为是受外语的影响；冯杏实、杨兴发（1986）考察了“共宾结构”的历时和共时的使用情况，提出该类结构并非欧化的结果；贺阳（2007：136—149）则再次从欧化的角度对非名词性结构的发展进行了讨论。

根据冯胜利（2010）的语体语法理论，我们认为书面正式语体在传统的“和”字名词性并列结构的基础上，拓展出了连接谓词性并列结构的用法，这一新的用法大大降低了表达的事件的具体性和个体性，具有“泛时空化”的特征，是一种书面正式语体语法形式。

本节，我们首先介绍和补充书面正式语体中由“和”所构成的非名词性的并列结构；其次以动词性结构为例，讨论“和”字动词性并列结构的构成原理；再次讨论“和”字动词性并列结构的“泛时空”特征；最后总结，指出“和”字非名词性并列结构是语体语法作用的结果，是冯胜利（2010：11）“语体不同则语法因之而异”“没有不带语体的语法，没有不关语体的合法性”观点的有力的证明。

一　“和”连接的非名词性成分的类型

贺阳（2007：136—149）在较为全面地介绍非名词性成分并列的类型时，共提到了七类①，我们发现除了他所介绍的七种以外，还存在两个动宾结构的并列和作谓语的形容词的并列两种结构形式，即“(V_1+O_1) +和+ (V_2+O_2)”和“ADJ_1 +和+ ADJ_2”两类并列形式。根据句法位置的不同，下面我们将现代汉语书面正式语体中使用的“和”字非名词性的并列结构汇总为以下两大类。

① 贺阳（2006）把由“而、并且”所构成的结构形式也包含在该类结构中，我们认为“而、并且”所构成的非名词性并列结构与“和”所构成的并列结构本质上不同，前者本身就是具有正式语体性质的连词，整个结构是使用书面语体性质的连词构成的复句结构的变化形式，是另一种表达正式的语法手段，具体我们将在下一节中分析，而后者“和”自身不具有正式语体性，整个结构之所以表达正式是由于“和”改变了其中并列的谓词词性成分的性质造成的，这一点我们也会在下面具体分析，因此本书所指的“和”字非名词性并列结构不包含“而、并且”在内。

第一类，充当句子谓语的谓词性成分的并列，可以是充当谓语中心语的光杆动词的并列，也可以是携带时态助词或状语的动词性结构的并列，还可以是两个动宾结构的并列。具体如下：

A. V_1 + 和 + V_2

（1）我们高兴地看到，两个特区回归以后根据自己的实际情况选择和规划了发展的方向。

（2）活动现场到处悬挂和张贴着以两国国旗为背景的马中友好年横幅和宣传画。

（3）湖南、四川、宁夏等地也曾经发现和摧毁过制毒窝点。

B. （V_1 + T_1） + 和 + （V_2 + T_2）

（4）这些特点，规定了和规定着双方一切政治上的政策和军事上的战略战术。（转引贺阳，2007）

（5）一部分同志曾在这个伟大斗争中跌下了或跌下过机会主义的泥坑。（转引贺阳，2007）

（6）各个物种都已适应了自己区域里的生活条件，并已排斥了和消灭了原来的亲类型以及一切连接过去和现在的过渡变种。

C. （Z_1 + V_1） + 和 + （Z_2 + V_2）

（7）进一步做好新形势下金融工作，必须深刻理解和全面把握中央的决策和部署。

（8）政府坚决纠正和严肃处理了在城镇房屋拆迁、农村土地征用和征收等方面侵犯群众权益的违法行为。

（9）各级人民法院受理和及时审结了一大批知识产权民事纠纷案件。

（10）现代汉语曾经接受和正在接受印欧语言的巨大影响。（转引贺阳，2007）

D. （V_1 + O_1） + 和 + （V_2 + O_2）

（11）办法不光加强了政府的管理，也规范了政府行为和降低了投资者的风险。

（12）双方还签署了《伽利略卫星导航合作协定》和草签了《旅游目的地国地位谅解备忘录》两个文件。

（13）河南分公司既宣布撤销汇源公司和办理了更换原告手续，理应承担责任。

（14）他说，汉语教学中心的成立必将进一步加强中叙友好关系和推动双边文化交流。

E. ADJ_1 + 和 + ADJ_2

（15）尤其是当一个城市充塞着愈来愈多的下岗工人和待业青年时，对一个要混迹其中的农民的拒绝往往会更加残酷和彻底。

（16）再者，这轮选举比较文明和平静，竞选活动有条不紊。

（17）综观德国治理通胀的经验，其坚持利用高利率政策来抑制通货膨胀的态度和决心都很明朗和坚定。

（18）党中央、国务院和省委、省政府把清车作为反对腐败、加强党风廉政建设的大事来抓，是完全必要的和非常及时的。

（19）但是，由于这类评奖十分谨慎和非常严密，只有真正的优质产品才敢于去这类评奖活动中与其他产品一比高低。

以上五类谓词性成分的并列结构仅限于在书面正式语体中使用，口语非正式语体中一般对应的是两个谓词性的结构，这两个谓词性的结构或直接并列，或使用“还”、“也”等副词来衔接，当为动词性的结构时，还可以使用具有表达先后义的成分来把它们衔接起来，例如下面的例句：

（20）你得多多关心他，照顾他。（转引贺阳，2007）

（21）他们分析了一下那个问题，又讨论了一下。（自编句）

（22）你考虑一下这件事，然后再告诉我。（同上）

（23）这件衣服很好看，也很便宜。（同上）

第二类，限定成分的并列，包括状语、定语的并列，具体如下：

A. Z_1 + 和 + Z_2

（24）只有完全地、诚意地和坚决地执行这个纲领，才能达到保卫祖国战胜日寇之目的。（转引贺阳，2007）

（25）但实际上双方都没有真正和彻底地执行停火协议。

（26）人们的婚姻、生育、家庭观念已经和正在发生着深刻的变化。

（27）总之，国家已经和即将采取措施，为企业扩大出口创造有利条件。

B. D_1 + 和 + D_2

（28）唯独今天遇到世界上已经发生或正在发生的空前广大和空前深刻的人民运动及其对于中国的援助。（转引贺阳，2007）

（29）你不仅应该有一双庄稼汉的手，一副庄稼汉的身躯，而且应该有一颗庄稼汉的纯朴的、粗粗拉拉的、完全摒弃任何敏感和多情的心。

（转引贺阳，2007）

（30）我们都相信，这些信息被掌握在非常安全和非常杰出的人手中。

（31）法国总统府发言人卡特琳·科隆纳说，向伊拉克移交权力是一个期待已久和非常重要的事件。

（32）邓小平对自己国家的事务及影响中国的国际事务有着相当明智和非常广博的认识。

C. PP_1 + 和 + PP_2

（33）因此，我们的任务就是继续扩大同党外人士的合作，使他们在我们的反对官僚主义的斗争中，和在国家各方面的事务中，发生更大的作用。

（34）实际上，袁盎在朝廷当中，和在江湖当中，都有崇高的威望。

（35）为了娜塔利娅的幸福，和为了她的平静，为了她的社会地位，他最后离开了她。

二 “和”字动词性并列结构的构成原理

在传统语法以及现代口语非正式语体中，“和”是用来连接名词性成分的，不能用来连接动词或形容词性成分，这说明“和”要求他的并列项必须具有名词的属性。那么为什么书面正式语体中“和”出现了连接动词或动词性结构的用法呢？是书面正式语体中的“和”的性质发生了变化，还是与“和”相搭配的动词具有名词性？

我们认为答案在于后者。因为书面正式语体中能够与“和”相搭配构成并列结构的动词并非任何形式的动词，根据吕叔湘（1981：266）、冯胜利（2010），其中的动词必须是双音节动词，而不能是单音节动词。

那么，双音节动词和单音节动词又存在什么区别呢？为什么双音节动词或双音节动词性结构能够与“和”构成动词性的并列结构，而单音节动词不可呢？

原因就在于单双音节具有不同的韵律形态的功能，由此造成了单音节动词和双音节动词的词类属性有所不同。

冯胜利（2009：11—12）提出“汉语可以通过韵律这种超音段的手段，发挥其类似于音段形态手段的作用”，并进一步分析指出“双音化是现代汉语动词变成名词或兼类词的必要条件和形式标记”；王丽娟

(2009) 在此基础上对汉语的双音节动词和单音节动词进行了考察，证实了双音节韵律形态具有将动词名词化或使其动名兼类的功能，指出双音节动词在双音节韵律形态的作用下，既具有动词的性质又兼有名词的性质。

根据这一韵律形态理论，双音节动词之所以可以构成“和”字动词性并列结构便可以得到很好的解释：双音节动词由于兼有名词性，具备了“和”要求其并列项具有名词属性的条件，因此能够与“和”构成并列结构。单音节形式，由于不是“动词变成名词或兼类词的必要条件和形式标记”，因此单音节动词仅具有动词性，不兼有名词性，即王洪君(2001：247) 指出的“单音节动词保留了原有的单纯的动态性”，因此它不具备满足“和”要求其并列项具有名词性的条件，故无法使用“和”构成并列结构。①

由此可见，是双音节韵律形态的有无直接决定着“动词”与“和”所构成的并列结构的合法与不合法，而双音节韵律形态的有无本质上是动词是否兼有名词属性。也就是说，书面正式语体中双音节动词能够使用“和”构成并列结构的根本原因在于在双音节韵律形态作用下双音节动词兼有了名词的属性。

那么，我们有什么样的证据能够证明双音节动词能够使用“和”构成并列结构的根本原因是双音节动词在双音节韵律形态作用下兼有名词性呢？

王丽娟 (2009) 对《动词用法词典》(孟琮、郑怀德等，1999) 中 780 个双音节动词逐一进行了考察，发现 698 个双音节动词兼有名词的属

---

① 尽管单音节动词也可以使用“和”构成并列结构，如“洗和修”，但并不能由此而推出单音节动词与双音节动词均具有名词的属性。原因如下：首先，并非仅有单音节动词和双音节动词能够使用“和”构成这种以光杆形式充当主语和宾语的结构，事实上所有的谓词性结构均可，如动宾结构构成的“买汽车和卖汽车，都是很花费时间的”、“这一年他做的事情就是买了汽车和卖了汽车”，但我们不能因此而说“买了汽车”、“卖了汽车”之类谓词性成分自身具有名词性。可见，单音节可以构成“和”字结构并不能由此就推出它们与双音节动词具有相同的名词属性。其次，单音节动词构成的“和”字结构只能以光杆的形式充当主语和宾语，而不能以限定结构的形式来充当主语和宾语，如“＊这批机器的洗和修足足花费了他三天的时间”，而双音节动词二者均可，如“这批机器的清洗和维修足足花费了他三天的时间”。根据王丽娟 (2009) 的研究，这种只能以光杆形式充当主语和宾语的现象实际上是一种“结构式名物化”，与双音名物化不同，详论参见王丽娟 (2009：78)。鉴于以上两点，单音节动词构成的“和”字结构与双音节动词构成的“和”字结构并不相同，二者为两种不同性质的名物化。

性，仅有 82 个由于特殊原因而不具有这一属性，具体请详见王丽娟（2009：85）。对于其名词性的鉴别，文中提出了三条鉴别的标准，其标准及部分实例转引如下：

a. 能否受数量短语、指量短语等限定性成分的修饰，如：

（36）去了三次　爱了两年　吃了一次　用了五次　笑了一分钟
　　＊三次去　＊两年爱　＊一次吃　＊五次用　＊一分钟笑
　　三次离去　两年恋爱　一次吃喝　五次使用　一分钟微笑
　　这种吃法　那种维修　多项检查　几次谋杀　初次试验
　　＊这种吃　＊那种修　＊多项查　＊几次杀　＊初次试

b. 能否直接充当定语修饰名词，如：

（37）睡觉姿势　死亡时间　吃饭地点　走路方式　说话技巧
　　＊睡姿势　＊死时间　＊吃地点　＊走方式　＊说技巧

c. 能否受“大、小、新、老”等性质形容词修饰，如：

（38）＊大修　＊大查　＊大产　＊大批　＊大建　＊大献
　　大修理　大检查　大生产　大批判　大建设　大贡献

双音节动词和单音节动词在这三条标准上表现出了明显的对立，非常清楚地证明了双音节动词兼有名词性，而单音节动词不具备。其具体的论证这里不再赘述，请详见王丽娟（2009）。

双音节动词兼有名词性，这为它构成“和”字并列结构提供了条件，那么如何证明“和”字并列结构中的双音节动词兼有名词性呢？

我们发现动词或动词性结构使用“和”构成并列结构，除了要求其中的动词必须是双音节形式以外，还对动词的修饰限定成分有严格的限制：并列项中的动词不能分别被表达内容具体、具有将动作或事件具体化的修饰限定成分修饰。如存在以下几种不宜使用的情况：

1. 并列项中的动词不宜分别携带“得”字状态补语、动量补语、趋向补语、结果补语等补语性成分，否则会非常拗口，不通顺。试看下面的例句：

（39）a. 他们回顾了一下和分析了一下葡中两国在 1979 年建交以及解决澳门问题的背景、过程和重大事件。

b. 他们从不同角度回顾和分析了葡中两国在 1979 年建交以及解决澳门问题的背景、过程和重大事件。

（40）a. 他把老子的思想继承了下来和发展了起来，人们把老子和他合称为“老庄”。

b. 他继承和发展了老子的思想，人们把老子和他合称为“老庄”。

（41）a. 他把这件事情调查得很清楚和解释得很明白。

b. 他把这件事情调查和解释清楚了。

2. 并列项的动词不能使用动词重叠的形式，否则构成的句子拗口不通顺，试看下面的例句：

（42）a. 会议期间，来自全国各地的检察长认真分析了分析和研究了研究下半年检察工作面临的形势和任务。

b. 会议期间，来自全国各地的检察长认真分析和研究了下半年检察工作面临的形势和任务。

（43）a. 党政工和职工代表最近召开了一次协商会议，讨论了讨论和分析了分析协议的执行情况。

b. 党政工和职工代表最近召开了一次协商会议，讨论和分析了协议的执行情况。

（44）a. 塔赫里指出，这些说法都只是初步的，还需要进一步地调查调查和分析分析，才能最后确定。

b. 塔赫里指出，这些说法都只是初步的，还需要进一步地调查和分析，才能最后确定。

3. 不宜使用具体的时间性成分或表达两个动作先后关系的成分来分别修饰其中的并列项，试看下面的例句：

（45）a. 他去年学习了和今年改进了国外的先进技术。

b. 去年，他学习和改进了国外的先进技术。

（46）a. 在用了三个小时听取了谢铁澜厂长的汇报和后来又观看了生产车间之后，朱总理对车间门口欢送的人群说，你们厂不简单。

b. 在听取了谢铁澜厂长的汇报和观看了生产车间之后，朱总理对车间门口欢送的人群说，你们厂不简单。

4. 不宜分别在并列单项上使用“把”字结构来介引其宾语，也不宜在并列单项上分别添加将动作、事件具体化的副词性成分，试看下面的例句：

（47）a. 几年来，全市共提拔人武干部 121 名，调整 219 名，把人武干部队伍的结构改善了和把有关福利生活待遇落实了。

b. 几年来，全市共提拔人武干部121名，调整219名，改善了人武干部队伍的结构和落实了有关福利生活待遇。

（48）a. 事实表明，美国信息产业将部分生产和服务向海外转移把生产成本降低了和把劳动率提高了。

b. 事实表明，美国信息产业将部分生产和服务向海外转移降低了生产成本和提高了劳动生产率。

（49）a. 他们认认真真地调查清楚了和一点一点地分析明白了这件事情。

b. 他们彻底调查和全面分析了这件事情。

上面的例句中的a句均不同程度地有些拗口，不通顺，而去掉了那些修饰限定成分的b句非常通顺。

那么，为什么上面的这些限定成分不能用来分别修饰"和"字动词性并列结构中的并列单项呢？

原因就在于由"和"所构成的动词性并列结构要求其中的动词兼有名词的属性。一旦并列项的动词性被凸显，名词性丧失，便会无法满足"和"字结构对并列项的名词性要求，因而成为非法形式。我们上面所讨论的这些不宜使用的修饰限定成分却恰好与"和"字结构的要求相悖，它们不仅不具有凸显名词性的功能，反而具有凸显双音节动词的动词性、具体叙述性，减弱双音节动词兼有的名词性的功能。

我们具体来看上面的各种修饰限定成分凸显双音节动词动词性的功能：趋向补语表达的是动作的方向性，结果补语表达的是动作的结果，动量补语表达的是动作的时间性，状态补语表达的是动作的状态，均具有凸显动作性的功能，因为无动也就不可能有果，有了果则必有动；动词的重叠形式，本身就是一种口语表达形式，并且要求其动词具有较强的动作性，也具有凸显动作性的功能（刘月华，1983）；时间性状语成分，表达的是动作发生的时间，将动作或事件具体化，凸显了动词性；"把"字句的语法意义是"凸显致事对役事施加致使性影响的结果"（施春宏，2010），也要求动词具有较强的动作性，因此也具有凸显动作性的功能。

由于这些成分均凸显了其中动词的动作性，进而也就降低甚至消除了双音节动词的名词性，使得动词性结构无法满足"和"对其并列项所要求的条件，因此构成的表达形式有拗口不顺畅之感，甚至不合法。这恰好证实了我们上面分析的双音节动词在双音节韵律形态作用下兼有了动词和名词的双重属性是双音节动词能够使用“和”构成并列结构的原因。

但需要注意的是，“和”字动词性并列结构的动词是兼有名词性，而不是完全地名词化为一个名词，即冯胜利（2009：12）指出的“这里的双音化实际上相当于英文中的音段标记—ing”。由于它们仍具有动词性，因此所构成的“和”字并列结构中的动词单项仍可以携带时态助词，可以被具有抽象内容的状语，主要是表达动作性质的状语所修饰，可以携带宾语；作为整个“和”字并列结构也具有动词性，可以整体携带动态助词，可以整体被状语修饰，可以整体携带宾语，保留有动词的很多句法功能。

三 “和”字动词性并列结构的“泛时空”特征

以上我们分析了双音节动词使用“和”构成动词性的并列结构的原理是：在双音节韵律形态作用下动词兼有了名词的属性，满足了“和”字并列结构的要求。那么为什么“和”字并列结构能够表达正式的语体功能呢？

原因在于一方面双音节动词名词性的凸显具有表达正式的语体功能，另一方面该结构降低了对事件的具体叙述。下面我们来具体分析。

（一）双音节动词名词性的凸显表达正式的原因

双音节动词在双音节韵律形态的作用下兼有名词的性质，因此能够使用“和”构成动词性的并列结构。反过来从“和”对动词的作用来讲，“和”降低了动词的动作性，实现了在双音节韵律形态的作用下所获得的名词属性，即在这一结构中实现了将动词名词化的转变，而这一转化本身就具有较强的表达正式的语体功能。

那么，为什么动词名词化具有表达正式的语体功能呢？冯胜利（2010）提出书面正式语体的基本特征是“泛时空化”，动词名词化是否表现出了泛时空化的特征呢？下面我们通过分析动词和动词名词化的语义差异来回答这一问题。

对于动词和其名词化形式的语义差异，兰盖克（Langacker 1987）从认知的角度作出了很好的阐释。他指出，动词与其名词化形式采用的是两种不同的心理图式，前者是凸显（profile）动词的子状态（component states）的心理图式，后者是凸显由一个个子状态（component states）构成的整体空间（region）的心理图式，即二者对于个体性和整体性的凸显很不相同。他对二者语义差异的分析可以总结如下：

动词和它的名词化形式凸显的对象不同，动词凸显的是过程中一个个按照虚拟时间依次排列的子状态，即凸显的是内部的个体，当表达为具体的句子时，只能表达其中的一个子状态转化为现实的句子，即表达的内容具有个体性。相反动词的名词化形式则是凸显了由一个个子状态所共同构成的空间范域，而忽略了构成整个空间范域的一个个成分的个体性，凸显了整体性。

兰盖克（1987）对动词和它的名词化的语义差异进行分析的目的在于论证动词的名词化形式与名词本质上是相同的，从而证明通过表达形式的语义可以推断它的语法类别，而并没有关注动词的名词化所具有的表达正式的语体功能，那么为什么动词的名词化形式具有表达正式的语体功能呢？

原因就在于动词名词化以后凸显了由子状态（component states）所构成的整体空间范域（region），而忽略了对子状态的具体叙述，即削弱了动作事件的具体性和个体性，具有泛时空化的特征，满足了书面正式语体拉开与口语表达之间距离的语法属性的要求（冯胜利，2010），因此具有书面正式语体功能。

同样道理，“和”字动词性并列结构实现了其在双音节韵律形态的作用下所具有的名词性，因此在语义特征上也就具有泛时空的特征，所以该结构具有表达正式的语体功能。

（二）“和”字动词性并列结构对具体叙述性的削弱

“和”字动词性并列结构之所以能够表达正式，除了其凸显了双音节动词的名词性之外，另一个重要的原因是：由于要确保动词在双音节韵律形态的作用下所获得的名词性，并列的动词不能使用将动作具体化、凸显其动作性的修饰限定成分，因此使用“和”将动词或动词性结构并列又进一步去掉了将动词具体化的修饰限定成分，或降低了每一个动词所构成的事件的具体性，或降低了两个动作分别所构成的两个事件之间的时间关系性，等等。具体表现在以下几个方面：

1. 将两个动作行为并列，消除了动作或事件之间的时间关系或空间关系，试比较下面“和”字动词性并列结构与其对应的非“和”字并列句：

（50）a. 在算术上，阿拉伯人采用和改进了印度的数学记号和进位记法。（《中国儿童百科全书》）

b. 在算术上，阿拉伯人采用了印度的数学记号和进位记法，然后又按照自己的需要把它改进了一下。

（51）a. 方程解法技巧很多，需要在学习中经常练习才可能掌握和发挥。（《中国儿童百科全书》）

b. 方程解法技巧很多，需要在学习中经常练习才可能掌握住它，在以后使用中才能把它发挥出来。

（52）a. 单瓣的花香较浓，重瓣的略淡，但重瓣的植株适应性强，较易栽培和管理。（同上）

b. 单瓣的花香较浓，重瓣的略淡，但重瓣的植株适应性强，很容易栽培，以后管理起来也非常容易。

（53）a. 这增强了幼儿的生活目的性和锻炼了自制力。（《儿童心理》）

b. 这增强了幼儿的生活目的性，还锻炼了自制力。

上面例句的 b 例除了表达两个动作以外，还表达了动作事件之间的时间关系，如例（50）至例（52），或简单的加合关系，如例（53）；而在 a 例中这种时间上的先后关系或加合关系均被消除了。

2. 动词并列以后，将动词独立构成句子时所具有的可以将动作或事件具体化的时间、处所、具体的方式、结果等绝大部分修饰成分都消除掉了，由此降低了对每个动作行为的具体叙述。试比较下面的例句：

（54）a. 它们之间互相结合成生物群落，靠地球表层的空气、水、土壤中的营养物质生存和发展。（《中国儿童百科全书》）

b. 它们之间互相结合成生物群落，靠地球表层的空气、水、土壤中的营养物质生存下来，慢慢地发展起来。

（55）a. 坚硬的岩层具有弹性，当它被地壳运动挤压、拉张和扭曲时，会把内力慢慢地在岩层里聚集起来，就像我们拉张弹弓一样。（同上）

b. 当它被地壳运动用力挤压，向不同的方向拉张，被扭曲成不同的形状的时候，会把内力慢慢地在岩层里聚集起来，就像我们拉张弹弓一样。

（56）a. 星云盘上的物质在凝聚和吞并过程中，最后演化为行星和其他小天体。（同上）

b. 星云盘上的物质在一个一个地往一起凝聚，慢慢地互相吞并的过程中，最后演化为行星和其他小天体。

（57）a. 向阳红16号船在太平洋圈定10万平方千米的锰结核远景矿区，为研究、开发和利用海底宝藏，提供了宝贵的资料。（《中国儿童百科全书》）

b. 向阳红16号船在太平洋圈定10万平方千米的锰结核远景矿区，为研究清楚海底有什么样的宝藏，怎样把它们开发出来，怎样好好利用它们，提供了宝贵的资料。

例（54）中表达动作的方向的“慢慢地”和动作趋向的“下来、起来”在并列结构中均被消除了。例（55）中表达动作程度、方向、结果的“用力”、“向不同的方向”、“成不同的形状”在并列结构中也被消除掉了。例（56）中的“一个一个地”、“慢慢地”被消除掉了。例（57）中对动作具体叙述的“清楚”、“怎样”、“好好”以及“把”字结构在并列结构中均被消除了。

此外，我们发现存在一类“（V_1+V_2）+数量词+NP”的结构，其中的数量词是“V_1+NP”与“V_2+NP”的数量的总和，而对于每个并列项所支配的数量是多少并不清楚，例如下面的例句：

（58）从80年代中期到90年代初开展的全区文物普查，调查和发现文物点1700余处，采集、征集和发掘出土各类文物数千件。（《中国政府白皮书》）

（59）对工作不努力、群众意见大的干部延长转正期，先后降职和免聘了6名不称职的干部。（1994年报刊精选）

例（58）只讲明了“调查和发现文物点”总共的数量是“1700”，至于具体调查的数量、发现的数量并没有分别介绍；“采集、征集和发掘出土各类文物数千件”也是如此。例（59）也是如此，具体降职了多少人，免聘了多少人，并不清楚。该类结构恰好反映了“谓词中心语并列结构”并不凸显单个的并列项，而把它们当作一个整体来看待，具有“降低了充当并列项的动词的具体叙述，降低了其具体性和个体性”，即“泛时空化”的语法特征。

可见，“和”字动词性并列结构降低了对并列项的具体叙述，降低了表达内容的具体性和个体性，表现出了泛时空化的特征，满足了书面正式语体的基本特征，因此具有表达正式的语体功能。

综上，“和”字动词性并列结构之所以表达正式是由以下两个方面造成的：一方面，双音节动词在“和”字并列结构中实现了动词的名词性，降低了动词性，而动词的名词化具有去掉动词具体性、动作性和个体性的功能，即泛时空化的功能；另一方面，消除了将动词具体化的各种修饰限定成分，进一步降低了动作和时间的具体性，再次表现出了泛时空的特征。以上两个方面满足了书面正式语体的基本特征，因此该结构具有表达正式的语体功能。

四　小结

以上在我们补充介绍了汉语书面正式语体中“和”字动词性并列结构类型的基础上，根据冯胜利（2009）提出和王丽娟（2009）论证的韵律形态理论，分析论证了书面正式语体中能够使用“和”构成动词性并列结构的根本原因在于：在双音节韵律形态的作用下，双音节动词兼有了动词和名词的双重属性。然后，讨论了“和”字动词性并列结构表达正式的原因，指出原因有二：一方面，激活了动词的名词性，降低了动词性，去掉了动词具体性、动作性、个体性；另一方面，消除了将动词具体化的各种修饰限定成分，进一步降低了动作和时间的具体性，再次表现出了泛时空的特征。

冯胜利（2010）指出“表达正式的语体语法的根本原则是：用语法手段把正式表达和与之相关的口语表达之间的距离拉开”，通过本书的分析，我们可以断定：“和”字动词性并列结构的产生并非仅仅源自于“欧化”的作用，除了“欧化”的作用之外，恐怕更大的驱动力乃是汉语书面正式语体自身的语法规则。这不仅表现在它所具有的语体功能和语法特征，还表现在该结构的构成条件：并列项必须是具有书面正式语体性质的双音节动词，而不能是单音节动词，也就是说，它的构成必须符合书面正式语体的语法规则。这恰如冯胜利（2010）所指出的“如果语体语法是客观地存在，如果语体不同而语法也因之而异，那么现实中就没有不带语体的语法，就没有不关语体的合法性”。

由此可见，“和”字动词并列结构是语体语法理论的一个很好的例证，它为“语体语法理论”提供了语言事实上的佐证，同时也就告诉我们：语法的研究必须在区分语体的基础上进行，忽视语体的差异，语法研究必将一团乱麻；而反过来看，语法角度则是将语体研究深入下去的一个非常重要的研究视角。

第二节　被字句的中性化

汉语中的被字句是一个备受关注的语法现象，有关被字句的研究不仅数量众多，而且角度多样，包括对被字句历史演变的讨论，如王力（1943）、董志翘（1989）；对被字句表义特征语义色彩的讨论，如王力（1957）、李临定（1980）、马纯武（1981）、李临定（1986）、薛凤生（1994）、祖人植（1997）等等；对被字句结构规则的讨论，从生成句法的角度对被字句的讨论，如冯胜利（1997）、黄正德（1999）、邓思颖（2004、2008）、石定栩（2005、2008）、曹道根（2011、2012）等等；对特殊被字句的讨论，如袁宾（1987）、张延俊（2010）等等；从主观化的角度对被字句的讨论，如沈家煊（2001），张伯江（2001）；对被字句和其他句式的比较，如张谊生（2004），邵敬敏、赵春利（2005），等等。除了以上这些研究角度外，被字句的语体问题也是一个重要的关注点，对此国外学者有较早的讨论，如蔡菲（Chafe，1982）、布朗和尤尔（Brown and Yule，1983）、道格拉斯·拜伯（1988）等指出英语被动句是一种具有较强书面语色彩的结构形式；国内一些学者，如王力（1943：354）、李临定（1980）、王还（1983）、宋玉柱（1985）、贺阳（2007）等也指出现代汉语中的中性色彩的被字句也是书面语中的一种结构形式，王改改（2003）则对口语被字句进行了考察，潘文（2006）、郭圣林（2006）对不同语体文体中被字句的分布进行了考察。

中性化的被字句是一种表达正式的语体语法结构；具体来讲，其正式性质是相对于两个方面而言的，一方面是相对于一般的主动句，中性化的被字句的正式色彩要强于其对应的一般的主动句；另一方面是相对于消极意义的被字句，中性化的被字句具有较强的正式色彩，而消极意义的被字句具有较强的口语非正式语体色彩。

那么，为什么被字句相对于主动句具有书面正式语体的功能？为什么现代汉语中性化的被字句具有表达正式的功能，而消极意义的被字句却具有表达非正式的语体功能呢？被字句的中性化是如何实现的？被字句的正式语体功能和语义色彩的中性化是否存在着某种必然的关联？

本节我们将首先讨论现代汉语中性化的被字句相对于一般的主动句表达正式的原因；其次讨论消极语义色彩的被字句和中性化的被字句语体功能不同的原因；再次讨论表达正式的被字句的语义色彩中性化的实现条件；最后总结本节研究内容。

一　中性化的被字句与相应的主动句的时空差异

在书面正式语体中，尤其是科技性书面正式语体中，常常使用被字句的结构形式，并且相对于一般的主动句，被字句的书面正式语体色彩要强于一般的主动句，试看下面的例句：

（60）a. 土壤一旦被污染，其影响很难被消除。

b. 我们一旦把土壤污染了，就很难把这种影响消除掉。

（61）a. 有人认为，噪声已间接或直接地起到了犯罪作用。所以，噪声污染被称为“大都市罪犯”。

b. 有人认为，噪声已间接或直接地起到了犯罪作用。所以，把噪声污染叫“大都市罪犯”。

（62）a. 19 世纪末，北美草原上有 6000 万头美洲野牛，后来被大量捕杀，到 1889 年只剩下 150 头。

b. 19 世纪末，北美草原上有 6000 万头美洲野牛，后来人们大量捕杀它们，到 1889 年只剩下 150 头。

（63）a. 在西方，蟹状星云于1731 年被英国的天文爱好者发现。

b. 在西方，1731 年英国的天文爱好者看到了蟹状星云。

以上例句中的 a 与 b 相比，a 要更为正式，此外，很多专家学者也曾对口语和书面语中的被字句的分布情况进行了统计，结果表明书面语中被动句（英语）或中性化的被字句（汉语）要多于口语中的被字句（如蔡菲，1982；布朗、尤尔，1983；道格拉斯・拜伯，1988；潘文，2006；贺阳，2007）。

那么，为什么被字句要比一般的主动句要更为正式呢？

国外的一些研究给了我们很大的启发，道格拉斯・拜伯（1988：112）指出：“被动句的功能在于降低对施事的强调，或把施事降级到受事的位置，或将施事完全消除；这种变化目的是凸显动作的受事，即把无生命的、抽象的而非具体所指的事物，放到了凸显的位置。”

那么，为什么把受事放在了主语位置上，将施事降级到宾语位置上或者完全消除，会获得表达正式的语体功能呢？

对于这一点，道格拉斯·拜伯并没有再作深入的讨论。我们认为被字句之所以能够表达正式，原因在于动作的有生命体施事具有将事件具体语境化的功能，而将有生命主体降级为宾语或完全消除则降低了或者消除了有生命施事对于事件的具体化和具体语境化的功能。

动作的施事是动作的发出者，它将事件限定在了某一个人的身上，因此具有很强的将事件具体化的功能。此外，叙述事件时，叙述者和听者也往往更容易与动作的发出者，即施事，站在同一个角度，因此以施事为主语所构成的主动句具有拉近说话人、听话人和事件的关系的作用，能够增强事件与具体语境的联系，即具有将事件具体化的功能。相反，当我们以非生命的物体或者动作的受事的角度进行叙述时，则会拉开事件与说话人或听话的具体语境之间距离，降低了事件与具体语境的关涉性，进而降低事件的具体性。

被字句的一个很大的功能就在于改变叙述的角度，它把动作的施事从主语位置上降级到被字句的宾语位置或者完全消除，而把受事提升到主语位置，使之成为陈述的对象，其结果大大降低了事件与具体人物的关涉性，降低了语句所表达内容的具体性，因此具有表达正式的语体功能。这就是为什么英语的被动句和汉语的中性化的被字句均具有表达正式的语体功能的原因，因为它们在转换叙述角度的作用上是相同的。

英文中的被动句和汉语的中性化的被字句均具有表达正式的语体功能，这恰好是书面正式语体语法具有普遍性的一个有力的证明。

二 “消极色彩”被字句和“中性化”被字句语体的时空差异

英语中的被动句和汉语的中性化的被字句均具有表达正式的语体功能。但是，汉语中并非所有的被字句均具有表达正式的语体功能，而仅仅是中性化的被字句具有这一功能，汉语中的具有消极语义色彩的被字句是一种具有较强口语非正式语体性质的语法结构。那么，为什么消极语义色彩的被字句具有口语非正式的语体功能，而书面正式语体中被字句出现了中性化呢？我们下面具体来分析。

对于汉语书面语中的“被字句”语义色彩的变化，较早的讨论是王力先生。王力（1958：503）指出：“五四以后，汉语受西洋语法的影响，被动式的使用范围扩大了。这就是说，不一定限于不幸或者不愉快的事情。”对于该类被字句的使用范围，他进一步指出：“一般来说，这种语法结构只在书面语言中出现。在口语中，被动式的基本作用仍旧是表示不幸或者不愉快的事情。”此后，科尼利厄斯（Cornelius C. Kubler，1987：88—98）和贺阳（2007：162—179）均沿袭了这一观点，贺阳（2007：162）将其进一步深入，指出被字句发生了两个方面的变化，一是使用率增加，二是解除了消极语义的束缚。

以上学者在传统的口语和书面语的区分的基础上，指出了被字句在口语和书面语中语义色彩的变化，并将这种变化归因于“受西洋语法的影响”，即认为是欧化的语法。但这种观点并没有从根本上解释为什么“消极语义色彩”的被字句具有口语非正式语体的功能，而“中性化”的被字句具有表达正式的语体功能。那么其中的根本的影响因素是什么呢?

我们认为原因就在于被字句的“消极语义色彩”本质上将事件与其所关涉的主体联系起来，增强了事件与具体语境的关联性，因此将事件具体化了。由于其具体化的特征，因此该类被字句是一种表达非正式的语法结构。

很多学者曾对被字句的“消极意义”针对的对象，作过很多讨论，王力（1943：88）认为不如意是针对受事主语而言的，宋玉柱（1985）、李临定（1986：222—223）、李珊（1994：20）、崔宰荣（2002：209—236）则认为大多数情况下是对受事主语而言的，但有时却是对说话人而言的，祖人植（1997：48）又与以上观点有所不同，他提出如果“被”字句的主语指人或由人构成的团体，如意不如意是针对主语而言的，如果“被”字句的主语指事或事物，如意不如意则是针对主语的领属者或相关者而言的。

从被字句表达正式与非正式的语体功能的角度来看，被字句的不如意不管是针对受事主语，还是针对主语的领属者或相关者，其本质上都是增强了说话人或听话人与受事主体的关联性，增强了事件的具体语境性，具有将事件具体化的功能，由于这一消极意义具有增强事件的具体化的功能，因此消极语义色彩的被字句具有很强的口语非正式语体的功能。也就是说，尽管消极语义色彩的被字句也把施事降级到了“被”的宾语位置，把受事放在了凸显的位置，但是由于被字句的消极语义色彩仍具有将事件与说话者或听话者关联起来，将事件具体化的功能，因此该类被字句并不具有表达正式的功能。

根据上面的分析，消极意义的语义色彩是被字句具有口语非正式语体性质的决定因素，这一因素弥补了被字句将施事降级所去掉的具体性，使整个事件仍具有较强的与说话者或听话者相关联，使语境具体化的特征。因此，被字句要真正发挥其表达正式的语体功能，就必须去掉“消极的意义”，实现中性化。书面正式语体的被字句语义色彩的中性化恰好满足了这一要求，因此获得了表达正式的语体功能。反过来看，可以说被字句的“语义色彩的中性化”实际上是为满足书面正式语体的泛时空特征，从而与口语非正式语体拉开距离的必然结果，即被字句具有降低事件具体性、降低事件具体语境性的功能，因而为书面正式语体所利用，但是传统的被字句的消极语义色彩违反了泛时空的要求，因此，为满足表达正式的要求，书面正式语体的被字句就必然要实现中性化。

三 书面正式语体被字句中性化的实现条件

上面我们分析了“消极语义色彩”的被字句具有表达口语非正式语体功能的原因，分析了书面正式语体的被字句中性化是语体要求的必然结果。那么，中性化的语义色彩具体又是通过什么语言手段来实现的呢?

对于被字句中性化的实现条件，祖人植（1997）的研究非常具有启发性。他对被字句中的谓语动词的语义语法特征与其表达的意义之间的关系作过考察分析，指出：“C 的 VP 动态性越强，所表示的动作或状态具体程度越高，它含有不如意色彩的比率越高；相反，C 的 VP 静态性越强，它所表示的动作或状态的抽象程度越高，其含有不如意语义色彩的比率越低。”（祖人植，1997：50）

祖人植（1997）考察的是动词性结构的动态性的强弱对于被字句语义色彩的影响。但我们发现，实际上最根本的不是动词性结构的动态性的强弱而是动态性强弱背后的最为本质的具时空性和泛时空性，即搭配对象的具时空性和泛时空性是被字句消极语义色彩和中性化的决定因素。

我们对北大语料库中“老舍长篇”和“百家讲坛”中的被字句动词的使用情况进行了考察，发现：口语非正式语体中被字句的动词绝大多数为单音节具体动作动词，具有较强的动作性，表达的是具体的动作行为；而书面正式语体中被字句的动词绝大多数是双音节动词，并且类型不局限在动作动词一类，还可以是认知类动词、弱动作动词、抽象动词等等，其具体性和动作性均相对较弱。

“老舍长篇”和“百家讲坛”中具有正式色彩和非正式色彩的被字句中所使用的动词如下：

A. 非正式被字句的动词

（64）撤、派、炸、落、冲、卖、裹、揪、刮、拦、调、杀、按、划、绊、挂、拉、打、带、赶、削、沤、堵、骂、冻、遮、缠、看、啄、呛、吸、挤、接、送、选、提、夹、轧、学、联、烫、说、镶、花、摘、拴、碰、辞、摔、搬、揍、激、撵、卷、围、晒、挑、占、飕、刁、踏、废、引、吹、猜、撩、惊、钉、清、搂、挡、迷、夺、噎、扣、催、捉、湿、螫、穿、拾、拿、画、轰、抓、包、糊、染、扯、扒、哭、救、捕、捆、掀、饿、领、管、呼、锁、骑、吵、吞、逼、握、喝、映、顶、箍、耍、扶、推、踹、用、捡、叼、滑、买、撞、咬、瞪、问、找、传、背、逐、啃、搀、偷、气、分、罚、审、抱、拧、附、唬、欺、浇、窃、粘、追、吓、上、听、震、逮、踩、害、弄、毁、抬、指、飘、扔、吃、套、压、焊、淹、写、扎、剪、数落、奚落、枪毙、打扮、开除、添补、破坏、收拾、惊醒、看见、去掉、知道、恨、演

B. 正式被字句中的动词

a. 弱动作动词

（65）包含、并列、定义、规定、表现、划成

b. 心理认知类动词

（66）作为、评为、聘为、认为、誉为、看作、当作、希望、同情、感染、感动、感觉、强调、尊重、注意、期望、重视、推导、感知、体验、启发、考虑、认可、接受、激发、理解、认识、关注、爱、承认、认同、确定、归结、意识、低估、评审

c. 双音节具体性低的动词

（67）熏陶、培养、赋予、吸引、量化、玷污、虚化、同化、拘束、涵盖、抑制、沉淀、边缘化、抽象化、制度化、结构化、设计、推导、研究、解释、征服、塑造、把握、吸纳、分解、提及、证实、利用、排拒、折磨、合成、电离、对待、统治、转化、发明、扼杀、忽略、主导、喻为、胁迫、引进、开发、排斥、淘汰、抛弃、积压、点燃、消磨、封锁、限制、解决、获得、提拔、接纳、抹杀、歌颂、确认、论证、给予、推动、保护、应用、调制、传送、捕捉、选举、支持、收藏、照射、吸附、埋葬、录取、收录、引用、克隆、传阅、养活、邀请、切割、观察、告

发、发现、管理、服务、衡量、观测、提到、实验、改写、抵消、去除、使用、出售、购买、修剪、加工、掩饰、审查、控制、处死、检举、超过、遮蔽、驱遣、拒绝、报废、流放、消耗、出卖、左右、霸占、滥用、搁置、埋没、屠杀、管制、改变、占领、淡忘、破坏、取消、囚禁、圈禁、摧残、接见、摇动、淤塞、护送、包围、阻截、喝止、阻止、消灭、催眠、翻译、照耀、唤醒、铸成、用来

A 类绝大部分为单音节动词，具有较强的动作性，表达的动作内容具体，而 B 类为具有书面正式语体性质的双音节动词，动作性不强，具体性不强，有许多为抽象动作动词。

此外，我们发现书面正式语体和口语非正式语体的被字句的主语 NP_1 和宾语 NP_2 在具体性和抽象性上，也表现得很不相同。口语非正式语体中为具体名词，而书面正式语体中可以为抽象名词和集合名词，请看如下的情况：

先看 NP_2 的情况，NP_2 可以为抽象名词或集合名词，NP_2 也可以不出现，例如：

（68）神经细胞的生长具有很强的特异性，他发现神经细胞似乎是被一个目标吸引着或牵引着，他把这种现象叫作化学趋向性。

（69）因为那个时候的人，好像已经被商业大潮，卷得冲昏了头脑。

（70）麦子在进入中国的最初阶段，被认为是有毒的，吃了麦子，容易得上“风雍”之症。

（71）如果信息不充分，欺骗行为不能被观察到，信用就可能成为大问题。

再看 NP_1，可以为抽象名词，如：

（72）如气候的变化，臭氧层的破坏，还有物种的消失，需要经过几十年才能被人们意识到并形成危机。

（73）在纳米科技及其发展方向上，传统的学科之间的差别，已经迅速地被跨学科的合作所抹杀。

（74）每一种伟大的思想，既有为善的可能性，也有被滥用的可能性，我们应该对科技发展的正反两方面的作用都要保持高度的敏感。

以上事实表明书面正式语体中的被字句所搭配的动词的动词性和具体性较弱，甚至有的是抽象动词，搭配的名词多为抽象的概念，不具有具体性；而口语非正式语体被字句的构成成分多是具体的内容。被字句与动作

性和具体性弱的双音节动词以及抽象内容的名词性成分相搭配时，其消极语义色彩消失了，变成了中性；而在口语非正式语体中，被字句与动作性强、动作具体的单音节动词相搭配，具有明显的消极意义。据此，我们可以得出：书面正式语体中被字句的中性化，是由其搭配成分的弱动作性和抽象性造成的，具体包括动词的双音化所造成的弱动作化和抽象化，动作的发出者和承受者的去个体化和抽象化。

那么为什么动词等搭配成分的去具体性、去个体性和抽象性会造成被字句的中性化呢?

原因在于消极和不愉快的事情，也就意味着动作对于主体构成了损伤，而要构成一种损伤，就必然对于动词的具体性、动作发出者的具体性、动作承受者的感知性具有较高的要求，动作的内容越具体，动作性越强，对事物的影响性就越大，因此也越容易造成消极意义；反之，如果动词的动词性弱或者内容抽象，那么动作对于事物的直接的作用力就越小或越不具体，因此也就无法表达消极语义了。受事成分也是如此，它越具体、越个体化，也就越容易感受所造成的损失；相反越抽象、越不具体，或者越不具有感知性（非生命名词），那么语句的消极意义也就越小；而施事越群体化或完全消除，那么动作的关涉对象就越不具体，也就越不易与具体的语境相关联，因此消极意义也就越不明显了。

根据王力（1958：430—433）的分析，消极意义的被字句是从表示“蒙受”、“遭受”意义的动词“被”虚化演变而来的，因此保留了“消极的语义色彩”。根据本书的分析，动词“被”的“蒙受”、“遭受”义是在口语非正式语体中通过与具有较强具体性和个体性特征的成分相搭配而保留下来的，因此，口语非正式语体中的被字句具有消极意义特征。在书面正式语体中，“被”字标记与去具体性、去个体性或抽象化的成分相搭配，由此消除了其消极意义特征，实现了中性化。

综上所述，被字句具有将施事降级从而降低事件的具体性的功能，而传统的被字句所具有的消极语义色彩，加强了事件的语境关联性，将事件具体化，因此具有口语非正式语体的功能，在书面正式语体中，与非具体性的、个体性的，甚至抽象性的成分相搭配，是被字句实现中性化的条件。

四　小结

综合以上研究，我们可以得出下面的结论：

被字句由于具有将有生命施事降级或消除，从而降低事件与语境的关联性，降低事件的具体性的功能，因此被广泛地运用于书面正式语体中。传统被字句所具有的不如意的语义色彩，仍具有将事件与说话者或听话者或事件的关涉对象联系起来，即具有将事件具体化的功能，因此该类被字句具有表达非正式语体的功能。“被”字句要真正地实现其表达正式的功能，就必须去掉其消极语义色彩，实现中性化。在书面正式语体中，与动作性弱或抽象性的双音节动词和非个体性、非具体性的或抽象性的名词相搭配，消除了被字句的消极语义色彩，实现了中性化，从而真正成为一种表达正式的语法结构。

被字句在书面正式语体中使用和其语义色彩的中性化，充分体现了“语体需要驱动语法进行加工变形，而加工变形又必须按照语体所要求的特征模式来进行”的语体语法机制，是对语体语法理论（冯胜利，2010a）的又一非常有力的证明。

第三节　“着”与“非动作动词”的组合

很多学者（如王力，1943：380、1944：290；北京师范大学中文系，1959：139；科尼利厄斯，1987：62—69；向熹，1993：下516；等等[①]）指出，五四以来，现代汉语中“着”的使用发生了变化，并将这种发展

① 除了这些从欧化和书面语的角度对“着”进行考察的研究以外，很多学者还对“着”的历史来源和语法意义进行了探讨，有关历史来源的研究如：孙朝奋（1997）、赵金铭（1979）、曹广顺（1986）、梅祖麟（1989）、杨秀芳（1992）、吴福祥（1996、1997）、张赪（2000）、陈宝勤（2006）、蒋绍愚（2006）等等；有关语法意义的研究如：太田晨夫（1958）、王了一（1954）、陈刚（1980）、倪立民（1980）、袁毓林（1981）、胡树鲜（1981）、于根元（1983）、木村英树（1983）、刘宁生（1985、1987）、屈承熹（1987）、马希文（1987）、宋玉柱（1989）、黎天睦（1989、1991）、戴耀晶（1991）、金奉民（1991）、费春元（1992）、杨晓黎（1993）、叶萌（1993）、张黎（1996）、冯广艺（1998）、陆俭明（1999）、陈月明（1999）、钱乃荣（2000）、李大勤（2000）、方梅（2000）、赖先刚（2001）、肖奚强（2002）、李文山（2007）。本书是从书面正式语体的角度讨论“着”，因此暂不一一介绍这些研究成果。

变化归因于受欧化语法的影响。贺阳（2007：127—130）继承欧化说，并进一步指出："五四以来，在书面语中，'着'的使用比起以往来要多出许多，许多本可以不用'着'的场合，为了更清楚地表明动作的进行或状态的持续，也往往在动词后加'着'。"贺阳（2007）指出了书面语中"着"的变化，是值得肯定的，但将这种变化的原因解释为"为了更清楚地表明动作的进行或状态的持续"，则是值得探讨的。

冯胜利（2009b：1—2）对语体和文体进行了区分，他指出"语体是直接交际的产物"，而文体则"无论怎样定义，就其一般类型而言，它所传达的信息都不是直接交际的需要"。根据这一基本观点以及其语体语法的理论，我们对现代汉语中"着"的使用情况进行了考察，发现现代汉语中的"着"是一个兼有口语非正式语体、书面正式语体和文体三方面功能的语法形式，并且不同语体或文体中的"着"的使用规则和语法意义也并不相同。为了更清楚地分析书面正式语体中"着"的表达正式的功能，本节将分别对口语非正式语体、书面正式语体和描写文体中的"着"进行讨论，分析不同语体或文体中的"着"字结构的类型与特征，在已有研究的基础上讨论不同语体和文体性质的"着"的语法意义，并对语体性质的"着"表达正式与非正式的原因进行分析。此外，我们还指出与"V+着"语义基本相同的"V+有"结构是一种表达正式的语法形式。

本节安排具体如下：

第一小节，讨论口语非正式语体中"着"字结构的类型，分析该类"着"的语法意义，解释该类"着"字结构表达非正式的原因。

第二小节，讨论描写文体中的"着"的结构特征与类型，分析该类"着"的语法意义和文体功能。

第三小节，讨论书面正式语体中的"着"的结构特征与类型，讨论该类"着"的正式语体语法意义，解释"着"表达正式的原因。

第四小节，指出"V有"是与"V着"相似但具有表达正式语体功能的语法结构，指出"一有"是一种表达正式的形态手段。

第五小节，总结本章主要内容。

一　"着"的传统用法——口语非正式用法

（一）"着"的使用规则

根据目前有关"着"的研究成果（如吕叔湘、1981；张黎、1996；

陈建民、1984；木村英树、1983；宋玉柱、1989；袁毓林、1992；李文山、2007；等等），我们将具有口语非正式语体的“着”字的使用规则归纳为以下几类：

第一类，“V＋着（＋点儿）”独立成句，构成祈使句，如：

（75）听着！　躺着！　看着点儿！　学着点儿！

第二类，“形容词＋着呢”，表程度，带有夸张的意味，如：

（76）漂亮着呢！　路远着呢！　这孩子淘着呢！　时间早着呢！

第三类，“V＋着”充当状语表达动作的方式，例如：

（77）小王笑着把小李推到了旁边。（转引张黎，1996）

（78）孩子听着听着就睡着了。（同上）

第四类，“V＋着”充当普通主谓句的谓语中心语，表达动作的持续，例如：

（79）他们一直就在这院里住着，其他老街坊都搬走了，就我们两家儿。

（80）这人跟这儿跪着，旁边还得有俩人侍候着。

（81）但愿叶小钢快回来，我们都等着呢！

（82）你瞧，北京城这寒冬腊月，室内、室外的理发师傅忙着呢！

（83）听说又要拍电视连续剧《水浒传》了，不少出版社都瞄着呢！

第五类，“V＋着”充当存在句的谓语中心语，例如：

（84）前面站着一个人。（自编句）

（85）今天学校门口前面一直停着一辆车。（自编句）

（86）你们家门口放着很多木头。（自编句）

除了“形容词＋着＋呢”表达程度的一类之外，其他结构中，与“着”相搭配的动词均为动作性强的动词，即王力（1944：303）指出的“‘着’字本是由‘附着’的意义变来的，所以它必须跟在动作性颇重的动词的后面”。此外，“V着”前的限定成分均为非描写性的状语，如“处所状语、表频度、时间、范围的副词”等。

（二）“着”的口语非正式体语法意义

以上我们分析了“着”在口语非正式语体中的使用，那么该类在口语非正式语体中使用的“着”的语法意义是什么呢？

对于“着”的语法意义，存在多种说法，陆俭明（1999）共总结了十种，并在此基础上提出“着”的语法意义为“表行为动作或状态的持续”。

从上面所谈的“着”在口语非正式语体中的使用情况来看，无论表达动作持续的“着”字结构，如第三类中的部分和第四类，又有表达状态持续的，如第三类的部分和第五类，还是表达“进入某种持续状态”如第一类，又或是表达程度高的“着”其与状态的持续密切相关，均不具有描写性。我们认为它们的语法意义就是陆俭明先生提出的“表示动作或状态的持续”，并且根据郭锐（1993）对动词的过程结构的分析，“着”表达的是动词内部的过程，而非现实时间，即图2－1中的t_2部分。

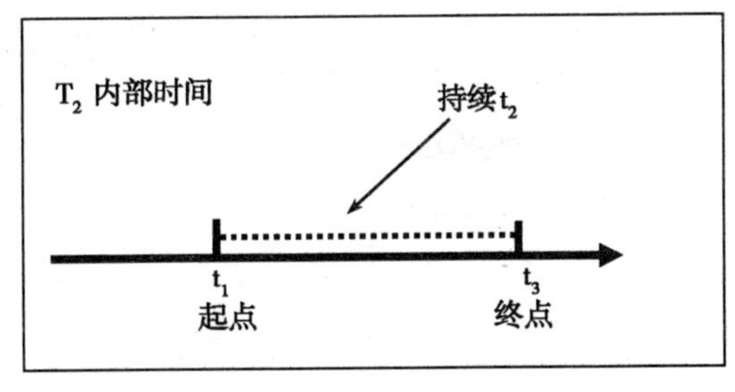

图2－1　动词的内部结构

由于“着”表达的是动词内部的持续过程，而不具有现实时间性，因此在口语非正式语体的具体时空化的要求下，动词后附“着”构成的“V着”无法独立成句。陈刚（1980：23）、刘宁生（1985：127）均曾指出“V着”无法足句的特征，方梅（2000：47）也曾指出“着”具有依存性。

因此，在口语非正式语体中，当“V着”要独立成句时，就必须通过其他的表达现实时空性的成分来实现。其中表达动作持续的“V着”句，使用的表达现实时空性的手段主要有：语气词“呢”；时间副词，如“正、一直、在、还”等；总括性的范围副词，如“都、全”；表达时间的短语成分；等等，并且这多种成分往往搭配使用，如下面的例句：

（87）他看着我。（自编句）

他正看着我呢。

（88）他们说着这件事情。（自编句）

他们都在说着这件事情呢。

（89）我们查着这件事情。（自编句）

我们都在查着这件事情呢。

（90）他们爬着山。（自编句）

他们刚才还爬着山呢。

（91）他最近和我唠叨着这些事情。（自编句）

他最近一直在和我唠叨着这些事情。

而表达状态的持续的“着”字句，当所在的句子为存在句时，由于存在句本身表达现实的存在，即具有现实的意义，因此“存在句”的结构便可以为“V 着”附上现实意义，所以存在句中的“V 着”可以不添加其他表达现实时空的成分。该类表达状态持续的句子，例如：

（92）前面那个村里住着一个 130 岁的老人。（自编句）

（93）她头顶上一直扎着个冲天辫儿。（自编句）

（94）那个房间昨天晚上一直亮着灯。（自编句）

（95）你们家门口和我们家门口都站着两个人。（自编句）

该类表达状态持续的口语非正式语体的“着”字句，从存在句的结构上来看与汉语中具有描写功能的带“着”的存在句似乎相同，但实际上其功能并不相同。该类存在句不具有描写作用，或者是“V 着 + NP”无法构成对主语“NP”的描写，如例（92）中的“一个老人”构不成对“前面那个村子”的描述；或者是添加了其他的成分突出了对事件的叙述，而降低了对人物或事物的描写，如上面例句中的例（93）、例（94）、例（95）中的“一直”、“都”。总之，该类带“着”的存在句并不是描写句，而是一般的叙述句。

此外，由于“V 着”不具有现实时间性，所以“V 着”在口语非正式语体的一种重要的存在方式是充当其他动词的状语，或连动句的前项，即方梅（2000：47）提出的“‘着’具有依存性”。在这种情况下，句子的现实时空性是由主要谓语动词来实现的，而“V 着”处于状语等非主要谓语动词的位置，因此它可以不具有现实时空性。

由上面的分析可见，口语非正式语体中的“着”字句，尽管自身不具有现实时间性，但是它通过其他的成分实现了现实的具体时空性，因此具有口语非正式语体的性质。

综合以上研究，我们认为口语非正式语体中的“着”既可以表达动作的持续，又可以表达状态的持续。由于“着”表达的是动词的内部过程结构中的持续段，因此当“V 着”要独立成句时，必须通过其他的成分来实现其现实时空性。这些成分主要有时间副词、范围副词、语气词、存在句的结构，或充当句子的非主要谓语成分，等等，在它们的作用下，口语非正式语体的“着”字结构实现了现实的具体时空值，因此具有口语非正式语体的性质。此外，口语非正式语体的“着”字结构是一种叙述句，而不具有描写性。

二　描写功能性质的“着”

（一）具有描写功能的“着”的文体功用及其类型与特征

现代汉语中还有一类具有明显的描写功能的“着”字用法，那么这些具有描写功能的“着”字句的性质是什么呢？它们是属于语体的还是属于文体的呢？

我们先来介绍目前有关“着”字句的描写功能的重要讨论和研究，然后在此基础上对该类“着”字句的文体性质进行分析。

较早谈论“着”字句的描写功能的是范方莲先生。范方莲（1963：386）讨论“存在句”时，指出带“着”的存在句主要出现在描写的场合，不大出现在一般叙述中，指出“实际上，这种句子中的动词和一般动词谓语句的动词相比，特点很不一样。它只表示某一事物存在的姿态，不表示某个主体的动作行为，前面不能加上名词主语。虽然后面经常带‘着’，前面也不能加上表示进行的‘正’或‘在’”。

之后，陈刚（1980：24—26）在将“着”与英语的进行式对比的基础上，对该类“着”进行进一步的分析，并提出了“描绘句”的概念。他区分了“着”表达“状态持续态”和“动作持续态”的功能，并且对“状态持续态”和“动作持续态”在传统白话文中和现代北方作品中的实际使用情况进行了考察对比。他指出：“在传统白话文里，附‘着’动词的使用情况大概是这样：单句或主句的主要动词附‘着’的不多，而且其中绝大多数是状态；在从句和状语里，附‘着’动词没有态的限制。似乎可以这样说，状态持续态是附‘着’动词作为主要动词的典型用法，而动作持续态极少用于主要动词。”至于现代作品，尽管他指出没有多大出入，但也看到了其中的一些变化，指出“把附‘着’的动词，特别是表示动作持续态的附‘着’动词大量用作主要动词，都是新例。这种新例至今只通行于书面，没有渗入口语”，并指出“‘描绘句’在传统白话文里不多，在现代白话文里有一些发展”。

刘月华（1983：457）从存在句的角度，指出“存在句的表达功能主要是描写客观环境，人物的穿着打扮和姿态等，即存在句是说明、描写的，不是叙述的”。

泽田启二（1983：231—253）将“在V”与“V着”进行了对比，发现“V着”在小说中很容易找到，而“在V”主要使用于口语中，指出“‘在V’和‘着’的表现形式不同。在小说的叙事部分，包括文章开头的自然现象、天气情况的描写以及首次出现的句子，经常使用‘V着’”，提出“‘V着’主要用于表示‘动作、作用的样子、状态’，既然如此，就很难与表示状态的‘地’分开”。

李临定（1986：90—91）从一般动词构成的存在句与由“有”和“是”构成的存在句的对比的角度，指出“它们的区别在于，‘有’、‘是’存在句只是单纯地表示事物的存在，而由一般动词构成的存在句则是通过各种具体动词把事物存在的方式或状态形象地表达出来”。

刘宁生（1985b：126）区分了动词的两个语义范畴：“动作”和“状态”，其中“状态”是通过“V着”实现的，与“V了”不同，并通过实际的统计考察指出“场景描写舞台提示中的‘着’的出现频率大大超过人物语言中的‘着’的出现频率，这充分说明‘着’在使用上具有描写性，以此区别于其他表示动态的语法形式”。

费春园（1992：22）指出“‘着’的分析其实并不需要那么复杂，我们完全可以用一个统一的意义来解释所有‘着’的分布，即描画情状或表情状”，其中的“情状”是相对于“陈述”而言的，即“‘情状’则表示一种运转状态，侧重于对情景的描绘与模拟。”

赖先刚（2001：49）从语用的层面分析，指出“着”表达的是“即时状态”，并将它与“持续状态”和“静态状态”进行了区分，指出“本书所说的‘即时状态’，与上述的‘状态’是不同层面的两个概念，是一种描绘性的状态（一种定格的具象——没有具体的具象便谈不上描绘性）”。

李大勤（2004：37）发现“进行说”、“持续说”对状语、祈使句谓语等位置的“X着（0）”缺乏解释力，而通过“V着”与状态形容词的比较，指出“‘着’的基本语法功能就是使某种动作、行为、活动乃至性质转变为一种相关的‘状态’”，并把“着”的这种功能称为“状态化”。

除了以上研究以外，其他学者对“着”的描写功能也有所涉及，但基本上没有突破以上观点，故不一一详述。

尽管以上研究已经看到了“着”的描写功能，但由于其研究仍是在没有区分“着”的不同的语体或文体性质的基础上进行的，因此并没有把握住该类“着”的根本的性质和意义。那么，该类“着”的语法性质是什么呢？

根据冯胜利（2010）对“文体”功能的讨论，我们认为该类具有描写功能的“着”是一种“描写文体”的语法手段。该类具有“描写文体”性质的“着”字结构，不仅仅包括带“着”的具有描写性的存在句这一类，除此之外，还包括“具体动作动词（包括单音节动词和某些双音节动词）+着”充当句子谓语中心语的非存在句。具有“描写文体”性质的“着”字结构具体包括以下两类：

第一类，由V着构成的描写性存在句，其结构为：处所 NP_1 + V + 着 + NP_2。该类“着”字句的 NP_1 为具体的处所名词，根据范方莲（1963：392），NP_2“最常见的是数量名结构，……名词前可以有修饰语，名词后可以有同位语”。从这些结构特征来看，实际上 NP_2 是带有个体描绘性特征的表达具体事物的名词性结构，NP_2 是构成 NP_1 整个具象的一个单位。其中的“V”可以是单音节的，也可以是双音节的，但均为具体动作动词。该类的例句，如：

（96）在门的后方，在一个很不显眼的地方，还摆放着一台可以控温的电热水器和一些茶具。

（97）炕里边躺着一个头发斑白的老头；中间是一个十岁左右很枯瘦的男孩子；一个十五六岁的女孩子披衣坐在炕上，瞪着一双深沉的眼睛，紧瞪着白芸。

（98）香积厨后面，有两排木屋，最旁边的一间，屋里堆着一篓篓还没有完全晒干的腌萝卜，屋角摆着张破旧的竹床。

（99）商店明晃晃地一间挨一间，人群川流。海鲜馆门前乌亮的灯泡照耀下的玻璃水槽内游动着鱼鳖蟹虾，鳞片闪闪，晶莹剔透，输氧管使水面不时冒出一串串气泡。

第二类，由V着构成的非存在句，结构为 NP_1 + V + 着 + NP_2，该类结构中的动词单双不限，但也均为具体动作动词，并常常带有描述人物动作状态的修饰性状语。该类例句如：

（100）谢先生已经退后了七八步，他的手虽然牢牢地握着剑，但是除了退步之外，他已经不知道还能做什么了。

（101）丁鹏的手玩弄着小香的柔发，这已经成了他一种习惯，坐在车子里的习惯。

（102）这会儿，他专心地卷好一支喇叭烟，仔细地研究着他新做成的这支烟，不跟李芒说话了。

（103）他抬起头充满期盼地看着她。

该两类具有描写功能的“着”字结构，具有以下三个特征：

1. 充当谓语的动词为具体动作动词。

2. 句子具有较强的描述性，其中存在句的“V 着”中的 NP_2 为具有个体描绘性特征的表达具体事物的名词性结构，而非存在句的“V 着”常常带有描述动作状态的修饰性的状语。

3. 该类句子不太常用时间副词、语气词、范围副词等表达现实时空意义的修饰性成分，尤其不使用语气词“呢”。

以上我们对该类具有描写文体性质的“着”字句的结构和特征进行了讨论。那么，我们是根据什么来断定具有描写功能的“着”字结构的文体属性的呢？依据有以下几点：

第一，该类“V 着”很少用于直接的交际。我们发现以上两类具有描写性质的“着”很少用于直接交际中，如当被询问在做什么的时候，应回答为“在 + V”，而不应回答为“在 + V + 着”，例如：

（104）小王在干什么呢？（自编句）
　　　他在看书。
　　　他在认认真真地看着书。

（105）他们在忙什么？（同上）
　　　他们在收拾东西。
　　　他们在急急火火地收拾着东西。

（106）他在北京做什么呢？（同上）
　　　他在北京学习汉语。
　　　他在北京学习着汉语。

以上例句中，使用“V 着”来回答的均让人感觉很别扭，远不如去掉“着”顺口。

冯胜利（2009b：1）指出“语体是直接交际的产物”，而“文体既可以是指文章的体裁，又可以指文学作品的形式。无论文体怎样定义，就一般类型而言，它所传达的信息都不是直接交际的需要”，并进一步指出“凡是不用于直接交际的语言形式不是语体”。据此，我们可以断定该类“V 着”是一种具有描写功能的文体语法形式。

第二，从分布来看，该类具有描写功能的“V 着”不能用于直接的交际中，而主要是用于文学作品中，从表达功能来看，它们或对空间里的场景进行描写，或对人物的动作行为进行描述，具有真实地复现事物或动作行为的真实状态的表达效果。下面分别看以上两类的分布情况和表达功能：

1. “V 着”构成的存在句，根据范方莲（1963）等人的研究，主要用于描写场景的语段中，刘宁生（1985：126）对《雷雨》、《日出》、《北京人》三个剧本中的场景描写舞台提示语言和剧中人物语言这两种情况中的“着”的出现情况分别进行了统计，结果表明场景描写舞台提示中的“着”的出现频率大大超过人物语言中的“着”的出现频率，与范方莲先生的观点相一致。此外，我们还发现该类“V 着”句经常是众多描写点中的一个描写点，与其他的描写点并列，共同完成对一个场景的描写。例如：

（107）屋子很小，像一切穷人的房子，屋顶低低地压在头上。床头

所要描写的场景　　　　　　　描写点一

挂着一张烟草公司的广告画，在左边的墙上贴着过年时粘上的旧画。（转引范方莲，1963）

描写点二　　　　　　　描写点三

（108）北房是王家，门口摆着水缸和几个破木箱，一张长方桌放在

描写点一　　　　次描写点一　　　　次描写点二

云彩缝里射出来的阳光下，上边晒着大包袱。左边一家是程家，门上挂着下

次描写点三　　　　　　　描写点二

半截儿已经脱落了的破竹席子；窗户上糊着许多香烟画片；……（同上）

次描写点一　　　　　次描写点二

（109）那天我们是下午 3 点到达摄影棚的，摄影棚里的气氛和上次

所要描写场景

试镜大不相同了，里面有两部摄影机，两个摄影师、一个导演、四个场务

描写点一

（布景、灯光等）、一个化妆师和一个助理化妆师……好些人都在忙碌着。（北大语料库）

描写点 N

以上语段是描写某一场景的语段，“V 着”所构成的语句为其中的描写点，描写的是大场景中的某一个位置的具体形象。这些语句形成的是某一个处所的具体的情景，具有将现实状况模拟下来的作用，达到让读者读后有亲眼目睹、形象具体的效果。

2. 由具体动作动词加“着”构成主谓句，也主要使用于文学作品中。我们从 HSK 词汇表中选取了一批双音节形式乙级或丙级动词①，考察它们与“着”字相搭配在“北大语料库”中的“应用文”和“文学作品”两类子语料库中的使用率，结果如表 2－1 所示：

表 2－1 “着”在不同文体中的使用率

	应用文②中的用例数量			文学作品中的用例数量		
	V 着	V	V/V 着	V 着	V	V/V 着
观察着	11	5683	0.1%	327	2601	12.6%
讨论着	7	9588	0.9%	63	2441	1.5%
测量着	3	1082	0.2%	8	134	6.0%
演奏着	7	569	1.2%	19	348	5.5%
研究着	4	31294	3.5%	72	4029	13%
追赶着	4	359	1.1%	83	769	10.8%
奔跑着	10	197	5.1%	106	780	13.6%
交谈着	10	855	1.1%	104	1513	6.9%
等待着	163	1580	10.3%	1150	3703	31.3%
欢呼着	5	577	0.9%	51	1071	4.8%
注视着	170	347	49%	1832	2716	67.5%
练习着	2	613	0.3%	11	619	1.7%
辩解着	0	322	0%	10	426	2.3%
猜测着	1	620	0.2%	55	724	7.6%
行走着	1	752	0.1%	21	727	2.9%

① 之所以从 HSK 词汇表乙级或丙级动词中选择，是因为这类词的正式程度比较适中，既可以符合应用文的语体要求，又可以满足文学作品的语体要求。此外，我们也照顾到词本身的文体分布的不同对于统计结果的影响，因此，分别选择了应用文中使用率多于文学作品、接近于文学作品以及少于文学作品的三种情况的词进行比较，结果表明文学作品中 V 着的使用率均高于应用文。

② 由于北大语料库中“应用文”语料库和“文学作品”语料库所包含的语料范围非常大，所以这里不具体说明所用语料的篇名，具体可见北大语料库的“路径列表”。

统计结果表明，文学作品中的“着”字句要多于应用文中的“着”字句，尤其是原字使用数量在应用文中远远多于文学作品的词，其“着”字句的使用率却低于文学作品[①]，这足以说明“着”字句的文学文体性质或非正式语体性质，而该类“着”字句在口语中又是不会使用的，即陈刚（1980：25）指出的“这种新例至今还只是通行于书面，没有渗入口语”，由此可见“着”是一个具有文体性质的形式标记。

除了从使用的数量上可以证实“V着”的文体性质以外，还可以从“V着”的表达内容上和表达功能上得到证实。由具体动作动词后附“着”构成的句子，是对动作行为当时状态的描述，这表现在，它们并不以叙述者叙述事件所在的时间为参照点，因此尽管所表达的动作是发生在过去，但并不具有过去的意义；而是直接指称动作行为发生的当时时间，即“即时”时间。我们非常赞同赖先刚（2001）提出的“着”表达“即时状态”的观点，认为该类“着”字句是对人物动作行为的“即时状态”的描述。

由于该类“着”字结构是对动作行为的“即时状态”的描写，所以该类“V着”能够使听者（更准确地讲是读者）离开自己阅读时所处的现实世界的时空，进入所叙述的事件发生当时的那一时空；产生仿佛身处事件发生的现场，身临其境，亲眼目睹了主体的动作姿态的表达效果；具有展现事件发生的真实情景，真实地再现动作发生当时的具体状态的功能，即具有赖先刚（2001：46）提出的“唤起具象”的功能；而不是单纯地对动作或事件的叙述。如下面的例句：

（110）他是怎么搞的？怎么一会生气，一会又笑容满面地盯着她。

（111）“还有什么？”他紧张地瞪着她。

（112）他抬起头充满期盼地看着她。

（113）难怪那么瘦，原来是营养不良啊，他同情地想着。

（114）乃亭愤怒的用力推开他，指着苏苹。

以上例句，均是描述了事件发生当时人物动作行为的真实动作姿态，

---

① 至于应用文中为什么会存在一定数量的“着”字句，原因就在于应用文毕竟不是纯语体的产物，其中也会存在描写性的语句，所以应用文中存在一定数量的具有描写性质的“着”字句，也就不足为怪了，但应用文中的描写性语句总体还是比文艺性文体中的描写语句要少得多，因此将应用文中的“着”字句的使用情况和文学作品中的“着”字句的使用情况进行比较，得出的数据能够反映“着”字的性质。

达到了将当时的情景再现在读者面前的表达效果。

前面我们分析该类“着”字结构的语法特征时谈到过，该类“V着”常在动词前添加一些带“地”的修饰性状语成分[①]，特别是在“V着”独立成句时，这些修饰成分是必有的，否则在没有上下文的情况下难以独立成句。[②] 如：

（115）高乃文生气地瞪着上面的字，不知道是对上头的报告生气，还是对她不爱他而生气。

高乃文瞪着上面的字。

（116）她小心地看着他的表情。

她看着他的表情。

（117）她边紧抓住他的衣领边害怕地喊着。

她喊着。

（118）难怪那么瘦，原来是营养不良啊，他同情地想着。

他想着。

该类句子还经常用在直接的对话内容之后，即引号之后，此时可以是不带任何修饰语的“V着”句，如下面的例句：

（119）“小苹！”他催促着。

（120）“老天啊！”他呢喃着。

（121）“我看它们长大后也大不到哪去。”他咕哝着。

（122）“是……我们拿蛋糕的时候，刀子滑掉了，杜琪姐要蹲下去拿，结果没站好，一个不稳，就……”苏苹抽抽噎噎地说着。

该类放在对话内容之后的“V着”是对说话人说话当时的状态的描述，并且句子所表达的时间是动作发生的即时时间，而不是相对于说话者所处时间的过去时间。

陈刚（1980：25）在列举“着”的新发展的用法时，指出了这一用法，而没有把它作为他所说的“描绘句”的一类。我们认为，实际上该

① 泽田启二（1983：248）曾指出“‘着’主要用于表示‘动作、作用的样子、状态’，既然如此，就很难与表示状态的‘地’分开”，也就是说“地”的使用实际上恰好是“着”表达状态的一个反映。

② 陈刚（1980：25）也曾举例指出：“‘风吹着’‘鱼游着’，虽具备了造句条件，但是作为单句，显得很不自然。……但是‘西北风猛烈地吹着’‘一群鱼在水池里来回游着’却不给人以不自然的感觉。”

种用法就是由“着”构成的描绘句，是对说话人说话时状态的描述。

由以上分析可见，以上两类“着”字句的主要功能在于描述，具有真实地再现事物或动作发生当时的真实状态的功能，可以让读者产生身处其中、亲眼目睹的效果。小说中对事件的叙述与电视剧一样，均是要把发生的动作事件生动地展现在读者的面前，该类“着”与具体动作动词相搭配构成具有描述性的句子，恰好满足了这一需要，因此在小说类文学性文体的描写语段和叙事语段中被广泛使用。据此，我们认为该类“着”实际上是小说等文学作品为获得真实生动的表达效果而使用的一种语法手段，是文学类文体的语法手段。

从白话文不存在该类“着”到现代文学作品中该类“着”的大量使用，我们可以发现，文言被破除以后，表达文体的各种语法手段，在文体表达需要的驱动下，也在不断地发展。除了该类“着”以外，我们在收集现代汉语书面正式语体句式时，也注意到一些现象，如“由代词充当中性语的名词性结构”，如“疲劳了一天的她”；又如非位移终点的“双音节动词 + 在 + NP”，如“翱翔在天空中”等，它们既不在口语中使用，同时又不具有书面正式语体色彩，而主要是用于文学性的作品中。我们认为该类结构实际上是文言破除以后，原有的白话文形式不足以满足表达文体的需要，在文体表达需要的驱动下产生的一类增强文学表达效果的语法形式。它们是文体驱动的结果，是文体的语法表达手段，与本书所谈的书面正式语体的语法手段的产生动因不同，形成的结构所具有的特征也不相同，即冯胜利（2009b：3）指出的“理论上，语体和文体的内容不同，其构成的原理也不一样，因此分属于不同的研究领域”。目前一些学者在讨论该类语法形式时，将它们定为书面语，根据冯胜利（2009b）对语体和文体的区分，这种做法是不恰当的，也正是由于这个原因，所以本书没有将它们收作书面正式语体语法形式。

综合以上研究，我们认为由“具体动作动词”后附“着”构成的描述性的“V 着”是文体的一种语法手段，更准确地讲是“描写文体”的表达手段，不具有“语体”的语法性质。

（二）“着”的文体语法意义

根据以上对该类具有描述功能的“着”字句的特征、类型、表达内容与表达功能的分析，我们非常赞成赖先刚（2001：46—49）提出的“即时状态”的观点，并进一步指出这一语法意义仅是具有描述功能的

"着"的语法意义，即"着"的文体语法意义为"表达状态或动作的即时状态"，其功能主要是再现事物或动作发生当时的真实状态，具有使读者离开现实时空进入事件发生的那一时空的功能，能够产生身临其境的文学效果。

三　书面正式语体性质的"着"

（一）表达正式的"着"字结构的类型与特征

除了以上两种不同属性的"着"字结构以外，现代汉语中还存在一类具有表达正式功能的"着"，例如下面的例句：

（123）在相当长的一段时间里，自然条件主宰着人类的命运。

（124）生命与环境构成一个有机整体，两者保持着和谐的适应关系。

（125）扬子鳄长约 2 米，背部暗褐色，腹部灰色，皮肤上覆盖着大的角质鳞片。

（126）绒毛的长短标志着棉花的优劣。

那么表达正式的"着"字句的结构与特征是什么呢？

我们发现具有书面正式语体性质的"着"，与具有口语非正式语体性质的"着"和具有"描写文体"性质的"着"所搭配的动词的性质很不相同。以上我们分析了具有口语非正式语体性质的"着"和具有"描写文体"性质的"着"所搭配的动词均为具体动作动词，当为单音节动词时，具有非常强的动作性，当为双音节动词时，仍表达具体的动作。我们发现书面正式语体中与"着"搭配的动词或不具有动作性或为抽象动作动词。根据其构成的结构的不同，可以分为以下三类：

第一类，由"着"后附在抽象双音节弱动作动词"VV"之后构成的存在句，其基本结构为"处所名词 NP_1 + VV + 着 + NP_2"。该类存在句的特征主要表现为以下几点：

1. NP_2为抽象名词或集合名词，不具有具体的描绘性；并且与一般的存在句不同的是，具有描写功能的存在句的"NP_2"多包含将 NP_2具体形象化、个体化的描绘性修饰定语，而表达正式的存在句的 NP_2包含的是非描写性的限定性定语。

2. VV 多为双音节动词，按照静态和动态也可以分为两类，静态的，如"埋藏、布满、储存、收藏、堆积、居住、充满、保存、记载、遍布、分布"等，动态的，如"放射、发育、繁衍、栖息、散发、生长、诞生、流传、发生、流行”等。

这些词与具有文学文体性质的静态和动态存在句中的动词，如“埋、放、藏、堆、写”和“走、跑、跳动、飞舞、观察”相比，其动作性很弱，内容比较抽象，并且后附“着”时，并不像单音节动作动词那样，可以表现出持续或动或静的情状。

王安龙（1993：202）将动词分为动作动词和状态动词，指出“汉语里有一些表移动的、动作性强的动作动词，在某些条件下表现为持续的运动的情状，而在另一些条件下则表现为持续的静止的情状”。我们发现具有文体性质的“着”所搭配的动词便是可以表现为情状的动作性强的动词，而书面正式语体中的“着”所搭配的动词则是不能表现为情状的弱动作性动词。

3. 由该类双音节构成的“VV 着”并不表达状态的持续，而仍是表达动作的持续，只不过该类动词的动作性非常弱。

该类具有书面正式语体性的“VV”句，所对应的一般的表达形式为“VV 了”，或“在 + VV”，或直接用动词“VV”，试看下面的例句及其对应的一般表达形式：

（127）a. 四川省自贡市地下埋藏着丰富的盐卤和天然气资源。

b. 四川省自贡市地下埋藏了丰富的盐卤和天然气资源。

（128）a. 在她今年初的周记里，记载着她想象中的地球被污染后的情景。

b. 在她今年初的周记里，记载了她想象中的地球被污染后的情景。

（129）a. 在那些终年冰封的永久性冰雪地带，生长着大量的含有红色素的藻类。

b. 在那些终年冰封的永久性冰雪地带，生长了大量的含有红色素的藻类。

（130）a. 峡谷的密林里发育着由阿丁枫、印度栲、小果紫微等组成的热带低山半常绿雨林。

b. 峡谷的密林里发育了由阿丁枫、印度栲、小果紫微等组成的热带低山半常绿雨林。

第二类，基本结构为“NP_1/S_1 + VV + 着 + NP_2/S_2”，其基本特征为以下几点：

1. NP_1/S_1不是施事主语，也不是处所名词，多为抽象名词或事件内容。NP_2/S_2 为抽象非物质名词，不具有具体的形象性。

2. 尽管形式上 NP_2/S_2 不是处所名词，整个句子构成的也不是存在句，但该类句子的基本语义内容是 NP_2/S_2 抽象地存在于 NP_1/S_2 之中，NP_2/S_2 是从 NP_1 透露出来的一种语义内容。

3. VV 为弱动作性动词，其动作性稍强于“是、等于”等动词，“VV”表达的不是主体发出的动作，而是表明 NP_1 与 NP_2/S_2 之间存在的某种关系。该类动词如：

（131）表现、标志、包含、体现、象征、代表、反映、呈现、表达、包孕、蕴含、寄于、产生、显示、寄托、发挥、饱含、隐含、凝聚等等。

4. 由该类动词构成的“VV 着”也不具有情状性，不表达形象化的状态，因此也不表达情状的持续。

该类动词构成的“VV 着”所对应的一般表达形式或为“VV 了”，或直接使用“VV”，或“VV + 补语”，试看下面的例句及其对应的一般表达形式：

（132）a. 人均 GDP 超过 1000 美元就意味着经济社会发展正在进入一个新的关键阶段。

b. 人均 GDP 超过 1000 美元就意味经济社会发展正在进入一个新的关键阶段。

（133）a. 丰腴饱满的躯体和端正大方的容貌，体现着青春、健美和充沛的生命力。

b. 丰腴饱满的躯体和端正大方的容貌，体现了青春、健美和充沛的生命力。

（134）a. 不管在哪里，划龙舟都承载着中华民族同舟共济的精神内涵。

b. 不管在哪里，划龙舟都承载了中华民族同舟共济的精神内涵。

第三类，构成的句子的基本结构为“NP_1 + VV + 着 + NP_2”，其特征为以下几点：

1. NP_1为施事或经事，NP_2为受事。

2. 动词为抽象动作动词，其动作性要比前两类稍强，但又远不如单音节动词和双音节具体动作动词的动作性强，这类动词可以直接带“着”

充当句子的谓语构成独立的句子，而不需要添加其他成分，与具有描写语体性质的“V着”必须添加一定的修饰或在特定条件下才能够独立成句不同。这类动词如：

（135）创造、保护、忍受、适应、联系、模仿、享受、指望、带领、吸引、控制、预示、冲击、指引、决定、经历、经受、推行、崇信、掩盖、利用、威胁、渴望、维系、引领、维持、感受、担任、困扰、记挂、倾吐、支撑、磨砺、阐释、接受、追求、教育、思念、袭扰、充实、掌握、继续、仰望、牵动、压抑、遭受、享用、携带、扼守、抵御、兼任、主宰、统帅、操纵、阻碍、指导、保守、繁衍、统治、调节等等。

3. 该类表达的是抽象的动作的持续，不具有状态持续的意义。

该类“VV着”所对应的一般的表达形式或为“VV了”，或为“一直在+VV”，或直接使用“VV”，甚至有时采用哪种形式均有些差异，试看下面的“V着”句及其对应的一般表达形式：

（136）a. 这两种相反的力量控制着地球表面的变化，使它保持一种相对稳定的状态。

b. 这两种相反的力量控制了地球表面的变化，使它保持一种相对稳定的状态。

（137）a. 他带着病残之身兢兢业业、勤勤恳恳地教育着农民的下一代，这种精神使我更增加了对他的尊敬和感佩。

b. 他带着病残之身一直在兢兢业业、勤勤恳恳地教育农民的下一代，这种精神使我更增加了对他的尊敬和感佩。

（138）a. 性格决定着人的命运。

b. 性格决定人的命运。

（139）a. 发达国家和不发达国家之间存在着根本性的矛盾和抵触，充斥着穷富之间的对立。

b. 发达国家和不发达国家之间存在着根本性的矛盾和抵触，一直在充斥穷富之间的对立。

c. 发达国家和不发达国家之间存在着根本性的矛盾和抵触，充斥了穷富之间的对立。

从上面的例句看，“VV着”有时与“VV了”相对应，如例（136）；有时与“一直+在+VV”相对应，如例（137）；有时又与“VV”相对应，如例（138）；有时又均可，如例（139）。

根据以上的分析，我们发现现代汉语书面正式语体中与“着”相搭配的以上三类动词主要是属于郭锐（1993：416）按照动词的内部过程所区分的动词类型中“V_{c2}、V_{c3}、V_{c4}”类，如第二类不仅动作性最弱，而且内容也最为抽象，第一类动作性也很弱，内容也较为抽象，第三类内容非常抽象，动作性稍高于前两类。口语非正式语体中动词基本上属于“V_{c5}”类，我们将其示意图转引如图2－2所示：

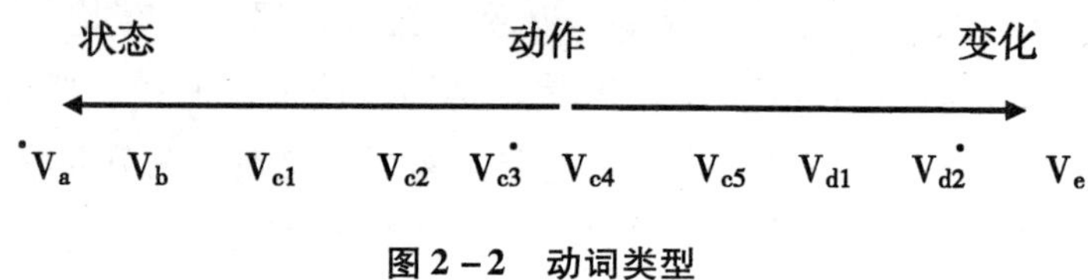

图2－2 动词类型

可见，书面正式语体中的“V着”与口语非正式语体中的“V着”所遵循的规则并不相同，前者与抽象的弱动作性的动词搭配，而后者与具体的强动作性动词搭配。

（二）“着”的书面正式语体语法意义以及表达正式的原因

根据上文中我们对书面正式语体中的三类“V着”句的结构以及构成成分特征的分析，我们认为：书面正式语体中的“着”的语体语法意义是标识动词处于内部过程结构的持续段，或动作的持续，或关系的持续，或存在的持续，但不具有情况持续的意义。

那么，为什么“着”具有表达正式的功能呢？为什么“V着”会比其对应的一般表达形式，如“V了”、“在V”或“V”要更为正式呢？

根本的原因在于“着”表示的是“动词内部过程结构”中的“持续段”，而不是现实世界事件的具体过程，因此不具有现实时间性。相比之下，其对应的一般表达形式，如“V了”通过其完结性带有了现实具体化的意义，“在/正在＋V”则是直接表达了现实的时间，因为“在、现在”是表达现实时间的时间副词。我们具体来看它们的不同。

首先，“V着”和“V了”，前者是通过“着”直接表示处于动作或状态的持续段，而“V了”则是通过这类动词完结所造成的结果具有持续性来表达持续义的。也就是说“V着”直接标识处于动词内部的持续性，而“V了”则是先表达完结，完结之后造成的结果是持续的，因此带有了持续义。

于根元（1983）和刘宁生（1985）曾就一般的存在句中的这类现象

作过解释。于根元（1983：117）指出“有些动词造成的动作很快就完成了，而造成的状态可以持续很久，说动词完了，也就意味着状态形成了”；刘宁生（1985：16）则认为“后附‘着’的是状态动词，后附‘了’的是动作动词，‘着’与‘了’绝不相同，但二者的差别在存在句里得到了中和”。我们认为书面正式语体中的“V着”和“了”的差别也是如此，并且“V了”与“V着”表达语义内容相同是以表达的持续是动作完结以后的持续为前提的，而不是完结点之前的持续，即图2－3中的C部分，而不能是B部分。

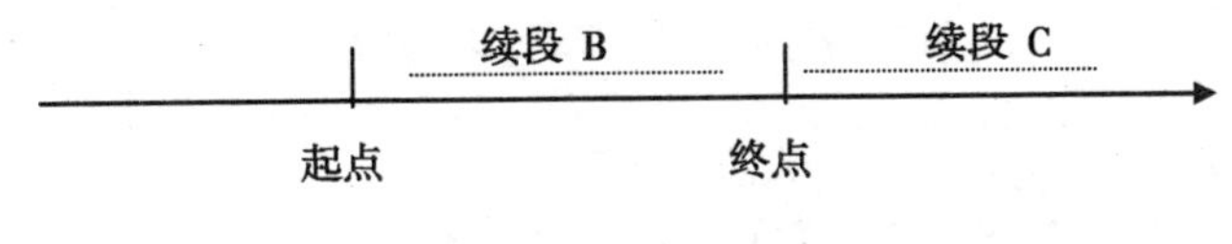

图2－3　动词时间结构

因此，“了”无法与“正”、“正在”共现，如“＊它们正在影响了经济的发展”和“＊这个地区在发展了农业”为非法形式。

那么，为什么“V了”具有口语非正式语体的特征，而“V着”具有书面正式语体的特征呢？

原因在于，尽管“$了_1$”和“着”均表达的是动词内部的过程结构中的时间点，但二者在表达事件的具体性上并不相同，“$了_1$”因为表达动作的完结性，而使动作有界化，因此仍具有将事件具体化的功能，而“着”表达的是动作的持续，没有起点和终点，故不具有将事件具体化的功能。对于“$了_1$”和“着”的表达完整性和非完整性的差异，戴耀晶（1991：94）作过对比和讨论，他指出“着”具有“非完整性”，而“了”具有完整性，“‘着’的非完整性表现在它是对时间进程中的时间起始后与终结前之间持续情况的观察”，他将“他母亲打量着我”和“他母亲打量了我”进行了对比，并将二者在时间轴上的表现进行图示（1991：95）（见图2－4）

戴耀晶教授指出：“如图2－4所示，‘了’的观察角度是外部，观察范围是AC整个事件，因而认为具有完整性。‘着’的观察角度是内部，观察范围是AC事件的一部分B，即事件的持续部分，因而认为它具有非完整性。”

正是“了”与“着”的这种差异造成了“V了”表达的事件较为具体，而“V着”不具体，具有泛时空的特征，因此“V着”具有表达正

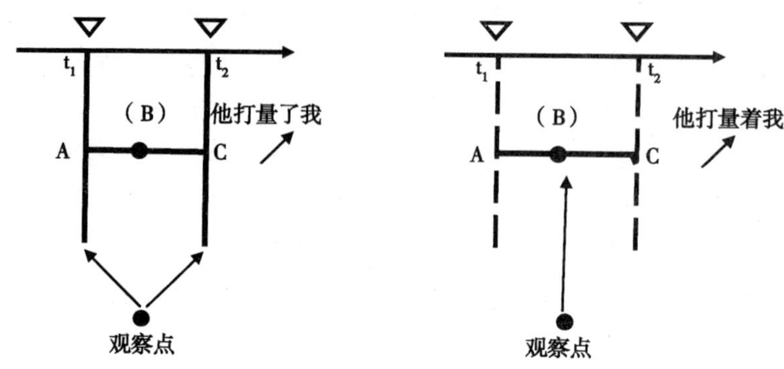

图 2－4　“了”“着”时间对比

式的语体功能。

其次，再看“V 着”和“在 + V”。“在”、“正在”等时间性成分本质上是赋予不具有现实意义的语法句子以现实意义值的成分，因此使用了这些成分，句子便变成具有现实的具体时空性，因此带有口语性特征。

从以上分析可见，“V 了”和“在/正在 + V”是具有表达现实时空性的语法成分，而“V 着”表达的是动词内部的结构过程，不具有现实时空性。所以当用“着”替换“V 了”或“在 + V”实际上就是去掉了口语表达的具体时空标记，而为语句增加了泛时空化特征，因此“V 着”具有表达正式的语体功能。至于使用“V 着”来代替“V”的例句，则是凸显动作处于过程结构中的持续段，以此增强句子的泛时空性。

根据上面的分析，我们认为“V 着”是书面正式语体中为满足拉开与口语非正式语体距离的需要而产生了一种形态手段，并且这一形态手段被广泛地使用以表达正式。

以上，我们回答了“着”由于表达的是动词内部过程中的持续段，不具有现实时空性，因此能够表达正式。此外，前面我们谈到了在口语非正式语体中，由于“着”不具有现实的时空意义而无法独立成句；但是，我们发现书面正式语体中的“V 着”却是可以独立成句的，这又是什么原因造成的呢？

原因就在于与“着”相搭配的动词以及所构成的整个语句，具有泛时空的特征，而不需要具体的时空性。这种泛时空特征恰好为不具有现实时空意义的“着”提供了使用条件，因此“V 着”可以独立成句，而不会出现句子不自足的情况。也就是说，书面正式语体的“着”一方面具有表达正式的语体功能，另一方面其使用条件是与具有泛时空特征的成分搭配，而不能与具体动作动词相搭配。

通过上面的讨论，我们从“着”的语法意义的角度分析了“V着”能够表达正式的原因，即“着”表达的是动词内部过程结构中的持续段，不具有具体的时空性，所以使用了“着”可以去掉口语表达形式所具有的具体时空性，增强其泛时空性。那么“V着”构成的书面正式语体中的句子的泛时空性具体有什么表现呢？我们发现表现在以下几点：

首先，书面正式语体中的“V着”能够独立成句，而口语非正式语体中的“V着”无法独立成句。例如：

(140) 如“北霸天”周寿娃统治着大荆、腰市、黑龙口一带，地理位置十分重要。

(141) 他与王时敏二人有“开继之功”，直接影响着清代画坛。

(142) 在南极大陆边缘和所临海域中，生活着种类稀少，但数量可观的动物。

(143) 这是人类第一次用仪器记录地震，标志着人类开始了征服地震的历程。

其次，书面正式语体中的“V着”句，在不添加其他表达时间的副词，如“在”、“正在”、“一直”等时，所表达的事件的时间性比较模糊，不像其对应的口语表达形式具有具体的时间意义，有时在没有语境的情况下，还可以对应几种不同的口语表达，试看下面的例句：

(144) a. 波兰在伊拉克南部核心地带领导着一支约有9500名士兵的联军部队，其中包括一些匈牙利士兵。

b. 波兰在伊拉克南部核心地带领导了一支约有9500名士兵的联军部队，其中包括一些匈牙利士兵。

(145) a. 英语在世界传播体系中占据着强势地位，给其他语言文化留下的话语空间十分有限。

b. 英语在世界传播体系中占据了强势地位，给其他语言文化留下的话语空间十分有限。

(146) a. 在这所校舍简陋的中学内，孩子们接受着正规教育大纲所规定的数、理、化知识。

b. 在这所校舍简陋的中学内，孩子们接受了正规教育大纲所规定的数、理、化知识。

c. 在这所校舍简陋的中学内，孩子们正在接受正规教育大纲所规定的数、理、化知识。

（147）a. 会上显露出来的英美与苏联的矛盾在战后进一步激化，影响着整个世界历史的发展。

b. 会上显露出来的英美与苏联的矛盾在战后进一步激化，影响了整个世界历史的发展。

c. 会上显露出来的英美与苏联的矛盾在战后进一步激化，正在影响整个世界历史的发展。

上面例（144）、例（145）中使用“了”表达的是动作的“实现”与“完结”，这种“完结义”具有将事件具体化的功能，而“着”则消除掉了由“完结义”带来的具体性。

例（146）、例（147）既可以表达“已经VV了”，也可以表达“现在正在VV”，甚至包含“将来继续VV”的语义，但替换为任何一种形式均与“VV着”所表达的语义稍有差异，这充分体现了“着”的泛时空性特征。

再次，当句子所表达的内容非常抽象，并非陈述某一发生的事件，而是表达一种类似于哲理性、规律性的内容时，也可以使用“着”来表达，并且用了“着”以后，其正式性增强，其对应的一般表达形式往往是使用“会、可以、能”等情态助词修饰动词，如下面的例句：

（148）a. 命运和情绪统治着世界。

b. 命运和情绪能统治世界。

（149）a. 科学影响着人类的发展。

b. 科学可以影响人类的发展。

（150）a. 这种素质的好坏，决定着一个民族、一个国家的成就和进步。

b. 这种素质的好坏，会决定一个民族、一个国家的成就和进步。

该类语句所表达的内容，是非现实性的，可以适用于任何的时空，表现出了很强的泛时空的特征。

这些语句只有加上了“正在/在”时，才能够表达现在时，但这种现在时间不是“着”表达的，而是“正在/在”所表达出来的。试将下面的例句与上面的例句加以比较：

（151）命运和情绪正在/在统治（着）世界。

（152）科学知识正在/在影响（着）人类的生活。

（153）这种素质的好坏正在/在决定（着）一个民族、一个国家的成就和进步。

例（148）、例（149）、例（150）表达的内容可以适用于任何时间空间，而例（151）、例（152）、例（153）则仅适用于现在，是一个具体的事件。二者的这种不同恰好反映了“正在/在”和“着”表达的时间的性质的不同，后者表达的是现实具体时间，而前者表达的是非现实事件，具有泛时空的特征。

最后，我们发现使用“VV 着”独立构成的句子，不宜使用范围确定的时间段来充当句子的状语，而其对应的口语表达“在 + VV”或“VV + 了”不受这种限制，具有描写功能的“V 着”句，也不受此限制，试看下面的句子：

A 组

（154）a. 这两年，科学社会主义影响着周恩来的思想。

b. 这两年，科学社会主义一直在影响周恩来的思想。

c. 科学社会主义时时刻刻影响着周恩来的思想。

（155）a. 杜威的教育思想，这两年影响着美国教育和世界其他国家的教育。

b. 杜威的教育思想，这两年一直在影响美国教育和世界其他国家的教育。

c. 杜威的教育思想，至今影响着美国教育和世界其他国家的教育。

（156）a. 税务总局的电脑系统，这两年储存着 21 万个纳税大户的资料。

b. 税务总局的电脑系统，这两年储存了 21 万个纳税大户的资料。

c. 税务总局的电脑系统，目前储存着 21 万个纳税大户的资料。

（157）a. 去年，塔克拉玛干沙漠地区，储藏着极为丰富的石油天然气资源。

b. 去年，塔克拉玛干沙漠地区，储藏了极为丰富的石油天然气资源。

c. 几千年以来，塔克拉玛干沙漠地区，储藏着极为丰富的石油天然气资源。

B 组：

（158）铃声敲响了，他认真地看着屏幕。

（159）那一刻，他用心地做着每一项工作。

（160）昨天，那张桌子上放着两个红色的杯子。

（161）今天，那座房子前面停着一辆吉普车。

具有书面正式语体性质的“VV 着”不能使用范围确定的时间段来修饰，恰好反映了“VV 着”的泛时空性特征，因为表达的时间性不具体，因此不能够与具体的时间段相搭配。

综合以上分析，表达正式的“VV 着”具有泛时空的特征，而这种泛时空化特征是由“着”的语体语法意义，即“表达动词的内部过程的持续段”造成的，在书面正式语体中，“着”成为表达书面正式语体的一种形态手段。

四 与具体动词搭配的与“V 着”近义的“V 有”

现代汉语中还存在一种语义上与“处所 NP + 具体动词 + 着 + NP”非常类似的“处所 NP + V 有 + NP”结构，例如：

（162）赵州桥的价值还在于拱板和望柱上刻有许多刀法细腻、灵活多变的雕像。

（163）避暑山庄占地 564 万平方米，至今珍藏有清代帝后生活用品和陈设品 2 万多件。

（164）在邵永成办公室的墙上，挂有“高瞻远瞩”四个遒劲大字。

（165）酸雨中含有多种无机酸和有机酸，绝大部分是硫酸和硝酸。

能够与“有”相搭配的动词多为具体的带有附着义的动词，极个别的为抽象动词；宾语位置的名词也多为具体名词，个别可以是抽象名词。“V 有”与“V 着”不同的是，宾语位置的名词可以是定中结构构成的名词短语，也可以是光杆名词，上文我们分析了描写性的“V 着”多是数量名结构或带有修饰语的定中结构，如下面的“V 有”替换为“V 着”时，需要给光杆名词添加一定的修饰语：

（166）a. 十字路口装有监测器。

b. 十字路口装着监测器。

c. 十字路口装着几个测量器。

（167）a. 工地搭有彩门。

b. 工地搭着彩门。

c. 工地搭着几个彩门。

（168）a. 地下设有车库。

b. 地下设着车库。

c. 地下设着一个约有20平方米的车库。

此外，“V着”句与“V有”在文体和语体性质上也不相同，上面我们分析了“V着”具有很强的描写性，而“V有”则更侧重于客观的陈述，是一种表达正式的语法结构，该类结构中的“V有”可以看作一种表达正式的形态标记。

那么，为什么该类“有”具有表达正式的功能呢？我们认为原因有以下几点。

首先，与这里的“有”与抽象的“存在义”有着密切的关系。朱德熙（1986：2）指出“存在句中存在着两种语义关系，即句首处所名词和句末普通名词之间的抽象的存在关系，以及句首处所名词、句末名词与动词之间的及物性（tranistivity）关系（施事、受事、与事等）。前者属于高层次上的关系，后者则是低层次上的关系”，“存在句表示事物以某种方式存在，如果把动词的具体意义抽去，存在句就相当于一个不指定具体存在方式只表示抽象存在的‘有’字句”，他进一步指出“我们可以设想一种抽象的存在，即不确定任何具体方式的存在。这种抽象‘存在’的概念在汉语里是用‘有’来表示的。例如要说‘床上躺着病人’这句话，如果把‘方式’抽去，只论‘存在’，那就要说‘床上有病人’”。

我们非常赞同朱德熙先生提出的“存在句存在着抽象的存在关系”，也赞同“床上有病人”的“有”表达的是存在关系。但认为更准确地讲“床上有病人”句中的“有”表达的是一种具体的存在关系，而不是抽象的存在关系；附着在动词之后的“有”才是表达存在句抽象存在意义的成分，是将隐含在“句首处所名词、句末名词与动词之间的及物性（tranistivity）关系”中的抽象的存在关系表达出来的成分。由于“V有”中的“有”所表达的是隐含在“句首处所名词、句末名词与动词之间的及物性（tranistivity）关系”中的抽象存在义，是去掉了具体的存在方式，因此“有”是表达正式的一个形态标记。

其次，与“有”的性质有着密切的关系。对于“V有”结构中“有”为词还是“语”，学者们存在争议。吕叔湘（1980：630）认为V和“有”结合紧凑，类似一个词；史有为（1984：39）认为“V有”是介于词和短语之间的语言成分；潘耀武（1990：333）则认为单音节组合而成的“V有”可以看作“词根附加后缀的动词”，而双音节V构成的“V有”可以看成“述补短语”；文炼（1993：82）支持“连动结构”的看法。

我们发现该类词所具有的特征与嵌偶词非常相似，表现为能够与很多动词相搭配，尤其是单音节动词，即具有句法自由的特征，而同时又不能自由使用，即具有黏着性，并且构成的“V有”具有典雅的语体色彩；唯一不同的是该类“有”可以与某些双音节形式相搭配。鉴于这些特征，我们认为“有”很可能是一个功能化的嵌偶词，由最初的嵌偶词，变成了一个表达抽象的“存在义”的形态标记，因此可以与双音节形式相搭配，但由于其嵌偶性质，因此具有典雅的特征，这与现代汉语中的一些名词性语缀“员、者、化”等非常相似。

该类“V有”其语义功能在于表达抽象的存在义，而其语体功能是与口语表达形式拉开距离。与具体动词构成的“V着”具有文体功能而不具有语体功能，因而在书面正式语体中缺少表达“某处存在某物”的正式表达形式，“V有”恰好满足了这一表达需要。可见，“V有”中的“有”是书面正式语体为满足拉开与口语非正式语体的要求而产生的一种形态标记，语体的需要驱动了语法的发展。

五 小结

本节的研究指出“着”是一个兼有语体性质和文体性质的形态标记，在语体和文体中具有不同的语法意义，并且其语法意义的不同决定了其语体和文体功能的不同，具体如下。

口语非正式语体中“着”表达的是动作或状态的持续，在口语非正式语体中“着”与具体动作动词构成“V着”，但由于“着”表达的是动词内部过程结构中的持续段，因此“V着”无法独立构成自足的句子，或者需要其他的成分来实现其具体的时空性，从而获得独立，或充当另一谓语性成分所构成的句子的某一个句法成分，表现出依附性。

在文体中，“V 着”与具体的动作动词相搭配，或者添加修饰性的状语，或者直接用于对话之后，其文体语法意义是“表达动作或状态的及时状态性”，具有使读者离开现实时空进入事件所在的时空的功能，能够产生很好的文学效果。

在书面正式语体中，“着”与具有书面正式色彩的抽象动词和弱动作动词相搭配，一方面书面正式语体性质的动词的泛时空特征为不具有现实时空性的“着”提供了使用的环境；另一方面不具有现实时空义的“着”代替具有具体化功能的口语表达形式，从而与口语表达形式拉开了距离，成为表达正式的一种形态手段。

现代汉语中还存在一类可以与具体动词相搭配具有表达正式功能的“V 有”形式，其中的“有”表达的是抽象的存在关系，是具有表达抽象存在义和表达正式的语体功能的形态标记。此外，该类结构具有典雅的色彩，“有”很可能是一种功能化的嵌偶词，即由嵌偶词发展为表达正式的形态标记。与具体动词构成的“V 着”具有文体的功能，因而在正式语体中缺少表达“某处存在某物”的正式形式，“V 有”的存在恰好弥补了书面正式语体中的这一表达空缺，是语体驱动语法的一个有力的证明。

经过本节的研究，我们发现以往研究忽略了对“着”的语体功能和文体功能的区分，而在二者的混合物的基础上寻找“着”的语法意义，因此对于“着”的语法意义存在很大的分歧，并且每种说法都只能解释一部分现象。

朱德熙（1987：326）曾指出：“进行语法研究的时候，必须区别语料中的不同层次以保证研究对象内部的均匀和一致。这就像化学家研究水的性质时，必须先把混在水里的杂质分离出来一样。作为化学家，不能把溶液跟纯净水混为一谈；作为语言学家，也不能无视口语、书面语、方言和新兴句式的区别。”本节所谈“着”就是一个兼有多种性质的语法形式，是区分语料的不同层次进行语法研究的一个有力证明。冯胜利（2009b）对“文体”和“语体”本质属性的区分，对书面正式语体、口语非正式语体、典雅语体的区分，为我们区分不同性质的材料进行语言研究奠定了理论的基础，并提供了更多的研究视角。

第四节 “们”与普通名词的组合

一 引言

五四运动之前，“们”主要用于代词之后，而不能用于普通名词之后。五四之后，“们”的使用发生了变化，在书面语体中可使用于普通名词之后。这一新的用法引起了很多学者的注意，相关的研究主要可以分为三大角度：一是研究该类现象的来源，认为它是欧化语法的结果，持该观点的有王力先生（1944：463）和贺阳（2007：135）；二是研究该类用法的“们”的语法意义，具体研究将在下文中详述；三是考察该类结构的语体属性，涉及这一角度的只有陶振民（2002）和贺阳（2007：135），而且他们只考察了它们的语体分布，并没有通过分析该类结构的语法特征来阐释其语体功能的成因。

本书将根据冯胜利（2010）提出的语体理论，讨论“普通名词+们”结构的书面正式语体的属性，然后通过分析对比它与其对应的口语表达形式的语法特征，阐释其具有书面正式语体功能的原因，最后分析该研究的理论意义。

二 “普通名词+们”在书面语体中的使用

汉语中表达多个个体时，存在两种具有明显不同语体功能的表达方法，一是使用“普通名词+们”的结构，二是由限定性成分与名词所构成的名词性短语，这些限定成分包括“数量词”、“指示代词”、“领属定语”、“限定定语”等（本节主要以“数量名”为例来对比分析）。这两种表达方法所表达的语义均是“多个个体”，但是其语体性质很不相同，前者具有表达正式的语体功能，而后者不具有表达正式的语体功能，多用于口语非正式语体或中性语体中。试将下面例句中的 a 句和 b 句加以比较：

（169）a. 隧道埋深最深的地方达到 2500 米，工人们将在地下 2000 多米深的地方施工。

b. 隧道埋深最深的地方达到 2500 米，来这里干活的工人要在地下 2000 多米深的地方施工。

（170）a. 当身着蓝色训练服的航天英雄杨利伟出现在台湾大学生面前时，大学生们以持久、热烈的掌声向他致意。

b. 当身着蓝色训练服的航天英雄杨利伟出现在台湾大学生面前时，在场的很多大学生都以持久、热烈的掌声向他致意。

（171）a. 高校学生的健身消费属于中等水平，器械齐全、能洗浴是大学生们比较在意的硬件。

b. 高校学生的健身消费属于中等水平，器械齐全、能洗浴室是很多大学生比较在意的硬件。

（172）a. 在该校校庆十周年之际举行的教学研讨会上，教师们总结了在海外教授中文的经验。

b. 在这个学校校庆十周年的时候举行的教学研讨会上，在海外教学的一些教师总结了在海外教授中文的经验。

例（169）中的“工人们”与“来这里干活的工人”，二者相比前者具有表达正式的功能，而后者是一种口语非正式语体的表达形式；例（170）中的“大学生们”和“在场的很多大学生”也是前者为正式，而后者为非正式；例（171）和例（172）亦是如此。这说明“普通名词+们”结构具有表达正式的语体功能，而其对应的“由限定性成分与名词所构成的名词性短语”不具有表达正式的功能。

冯胜利（2010）指出书面正式语体是用语法手段把正式表达和与之相关的口语表达之间的距离拉开。据此，我们认为“普通名词+们”结构中的“们”是书面正式语体中表达多个名词个体时的一种形态手段，它是将与其对应的口语非正式语体的表达形式，即“由限定性成分与名词所构成的名词性短语”拉开距离的一种语法手段，是语法为满足书面正式语体表达的需要而产生的一种表达正式的语法形式。

简而言之，该类“们”是汉语表达多个名词性个体时所采用的一种与口语表达形式拉开距离的形态手段，具有表达正式的功能。

三　“普通名词+们”的“泛时空”特征

冯胜利（2010）指出，书面正式语体语法具有不同于口语非正式语体语法的语法属性，那么具有书面正式语体功能的“普通名词+们”具有什么样的不同于口语表达形式的语法特征呢？

我们下面来看一下“普通名词+们”的语法意义。对于“们”的语法意义，存在多种观点，主要可以总结为四类：（1）复数说，持该观点的主要学者有吕叔湘（1980）、陶振民（1991）、李艳惠、石毓智（2000）等等；（2）群体说，主张该观点的主要有宋玉柱（1982）、陈光磊（1987）、张谊生（2001）、储泽祥（2000）等等，此外还有一些学者所持观点与“群体说”很相近，如赵元任（1980：126）认为“们”指集体，张斌（1998：216—217）指出“们”是把事物当作一个整体来看，刘丽艳（2002）指出“们”强调整体的功能，等等；（3）有定说，由童盛强（2002）最早提出，石毓智（2003）也指出了这一点；（4）个体限定说，陈俊和（2009）提出“们”是“个体限定标记”，其语义功能为“不可确定的具有有生性的多数个体因素（非限定数）通过‘个体化’（们）来表示其个体限定义”。

以上四种观点中的“有定说”是从对象的有定和无定的角度进行考察的结果，而“复数说”和“群体说”则是从表达多数的角度进行考察的。因考察角度不同，因此“有定说”与其他观点并不冲突，是对“们”的另一语法特征的说明。

“复数说”的提出，具有明显的将汉语的“们”等同于英文的“_ S”的痕迹，随着研究的深入，很多学者指出了其不足之处，具体详见陈光磊（1987）、宋玉柱（1982）、张谊生（2001）等等，这里不一一赘述。

至于“个体限定说”，是指把众多的成员作为一个个体来看待，因此，从本质上与“群体说”观点相同，都是强调“们”具有突出“外部整体”，而忽略“内部个体”的功能，即通过忽略一个个个体的边界，突出个体所构成的整体的边界，把多个个体看作了一个整体，我们可以将由突出个体到突出整体的变化进行图示（见图 2 –5）：

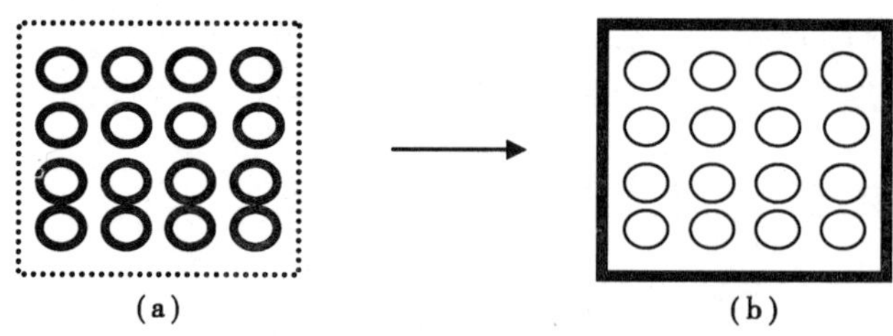

图 2 –5 “突出个体”与“突出整体”

可见，“去掉个体性，凸显整体性”是书面语体性质的“普通名词 +

们”的语法特征。那么，与其相对应的口语表达形式又具有什么样的语法特征呢？

汉语中与“们”相对应的口语非正式语体的表达形式通常采用的是“数量结构 + NP”结构。对于“普通名词 + 们”相对应的“数量名”结构的表意特征，很多学者也曾作过论述，如陈光磊（1987：32）指出：“‘数·量·名’的配置式表示的是累计量，确切量。”张斌（1998：216—217）指出“加数量词是把事物一个一个来计算的”；储泽祥（2000：60）则进一步指出“汉语的‘数量 + N’，‘数量’使 N 个体化，要求 N 必须是个体性的”，“个体量词强化了这种个体化的倾向”。

可见，与“们”相对应的口语非正式语体的表达形式“数量结构 + NP”是凸显所表达事物的个体，为图 2 – 5 左端的（a）图，即具有个体化的功能，具有具体时空性的特征。

综合上面的分析，“们”的语法作用就是将“凸显内部的个体成员”转变为“凸显由个体成员所形成的整体边界”。从凸显个体成员到凸显整体，实际上就是一个去掉个体性、具体性的过程，即泛时空化的过程，因此“们”是一个将口语表达形式的个体性和具体性消除，进而拉开与口语表达之间的距离的形态手段，具有书面正式语体的属性。“数量名”结构是凸显个体，具有具体时空化的特征，因此它是一种拉近与口语表达之间距离的语法形式，具有口语非正式语体的性质。将由限定性成分与名词所构成的表达多个个体的名词性短语变为“普通名词 + 们”的结构形式，实际上是通过“们”这一形态手段，去掉或降低了表达对象的具体时空性，具有了泛时空的特征，因此该类结构是一种表达正式的语法形式。

四　小结

以上我们分析了书面正式语体中“普通名词 + 们”具有泛时空化的特征，而其对应的口语表达形式则具有具体化的特征，由此可见，“们”是书面正式语体表达多个个体时的一种表达正式的形态手段，这一形态手段通过凸显表达对象的整体性，降低其个体性，从而获得了表达正式的语体功能。

通过对“普通名词 + 们”这一结构表达正式的语体功能的分析，我们看到，书面正式语体和口语非正式语体采用的是两种不同的语法机制，是两个独立的语法体系，由此也就告诉我们：语法的研究必须在区分语体的基础上进行，忽视语体的差异，语法研究必将一团乱麻；而反过来看，语法角度是将语体研究深入下去的一个非常重要的研究视角。

第五节 “一+量词”的“非计数”用法

一 引言

“一+量词”，一般而言是用来表达数量的，但是“五四”以后这一形式出现了非计量的用法，王力（1943：371）较早指出了这一变化发生在书面语中，贺阳（2007：54—58）继承王力先生的观点，进一步证实了“这种广泛使用主要是书面语现象”，并且他们均指出现代汉语中“一+量词”的不表计量用法主要用于以下两种情况。

一是用于判断句中，如：

（173）他曾荣立战功，也曾参加过多次军事演习，是一名久经磨砺的优秀军官。（新华社2004年新闻稿）

（174）新西兰的奥贝尔博士是一位致力于泰卡鸡研究的动物学家。（《中国儿童百科全书》）

（175）这显然是一件对农民有百利而无一害的好事。（新华社2004年新闻稿）

二是常用于抽象名词或名词化的动词之前，此时多用“一种”。下面我们分别来看用于名词化的动词之前和用于抽象名词之前的情况。

用于名词化的动词之前的，例如：

（176）一种安慰，一种支持，一种鼓励，都是心理学上的情感肯定。过分的肯定便是恭维。（《读者》）

（177）生物学上把这种具有臭腺、毒刺等的动物所具有的鲜艳体色和花纹称为警戒色。这是动物自我保护的一种适应。（《中国儿童百科全书》）

用于抽象名词之前的，例如：

（178）在“怪笑”时，眼睛不停地转动，故意显出一种傲慢的神气，好像专门与人寻开心似的。（同上）

（179）海象很爱睡觉，一生大部分时间是躺在冰上度过的。它们习惯过一种宗族式的集群生活。（同上）

除此之外，王力（1943）、贺阳（2007）还从欧化的角度，对其性质和功能进行了分析。王力（1943）指出该类"一+量词"是受印欧语言中不定冠词用法的影响，虚化了其表示数量的含义，成为"名词性成分的标记"。至于其功能，王力（1943：371）则解释为"这种无定冠词性的'一个'和'一种'在汉语语法的发展上起了很大的作用，它不但能凭借造句的力量使动词、形容词在句中的职务更为明确，更重要的是，在很长的后面跟着的是一个名词性的仂语，这样就大大增加了语言的明确性"。贺阳（2007：101）与王力（1943）的观点基本相同，指出"'一+量词'名词性标记用法的发展具有积极的意义，对现代汉语向表达精密化和明确化这一总的发展方向演进起到了促进作用"。

对于以上观点，我们发现有以下几点值得重新思考。

第一，用于"判断句"中的"一+量词"与用于"抽象名词或名词化的动词"之前的"一+量词"是否完全相同，是否具有典型的计量功能？

第二，用于"抽象名词或名词化的动词"之前的非计量的"一+量词"，是否果真为"名词性成分的标记"，它们的功能是不是"增加了语言的明确性"，"使表达精密化和明确化"？

第三，如果非计量的"一+量词"不是"名词性成分的标记"，其功能不是"增加了语言的明确性"，"使表达精密化和明确化"，那么它的本质功能又是什么？

第四，王力先生和贺阳教授指出非计量"一+量词"属于书面语语体，但并未解释该结构为什么具有书面语语体功能，那么其书面语体功能的成因又是什么呢？

二　非计量"一+量词"的语法属性

下面我们先依次来分析讨论上面的前三个问题。

先看第一个问题。我们发现用于"判断句"中的"一+量词"与用于"抽象名词或名词化的动词"之前的"一+量词"并不相同，前者具有典型的计量功能，应属于普通的计量数量结构，理由有以下几点。

首先，从判断句的结构来看，"一+量词"具有明显的"计量"功能。根据黄鸿森（1980：36），定义句的基本结构为"被定义概念=种差+邻近的属概念"，其中被"一+量词"所修饰的"NP_2"表达的是一个具有外延义的集合，而被定义项"NP_1"则是集合概念中的成员，

“NP_2”与“NP_1”的关系实际上就是“NP_1是NP_2的一个类型或个体”，“一＋量词”的功能就是对“NP_2”进行限定、量化，使得整个“一＋量词＋……＋NP_2”表达集合中的一个个体，从而使得定义项与被定义项之间构成了等同关系。可见，判断句的构成结构决定了“一＋量词”必定具有“计量”功能。

其次，反过来看，如果判断句中的“一＋量词”的功能在于“计量”，从而将集合量化为个体，那么，我们可以推断：一旦NP_1与NP_2之间的个体与集合之间的关系不复存在，那么“一＋量词”就会成为多余的成分，从而不再被使用。那么事实是否果真如此呢？汉语中的“NP_1＋是＋NP_2”形式的判断句，如“她是老师”，恰好证实了这一推断。刘丹青（2002：412）指出，“NP_1＋是＋NP_2”判断句中的“NP_2”的性质发生了变化，变成一个只有内涵没有外延的无指成分。这也就是说，在“NP_1＋是＋NP_2”结构中，NP_2不表达一个包含多个个体的集合，NP_1与NP_2之间的“个体”与“集合”的关系已不存在。正因为这个原因，NP_2不再需要“一＋量词”来限定便可以与NP_1构成等同关系，由此出现了“NP_1＋是＋NP_2”的结构形式。这恰好从反面证明了判断句中的“一＋量词”实际上是具有典型“计量”功能的普通量词。

由以上两点事实，我们认为判断句中的“一＋量词”并不属于非计量的“一＋量词”。①

再看第二个问题。基于以下事实，我们认为“名词性成分标记”的观点和“增加了语言的明确性”、“使表达精密化和明确化”的观点也很难成立，具体如下。

首先，如果该类“一＋量词”是“名词性成分的标记”，它的功能在于“凭借造句的力量使动词、形容词在句中的职务更为明确”，“在很长的后面跟着的是一个名词性的仂语，大大增加了语言的明确性”，那么它应该能够运用于任何名词之上，包括典型的具体名词，以标识其在句中的职务。但事实上很多名词性的成分是不宜添加该类成分的，试看下面的例句：

---

① “NP_1＋是＋一＋量词＋……＋NP_2”形式的判断句也具有一定程度的书面语体色彩，但其语体色彩是由判断句的结构形式所致，而并非其中的“一＋量词”造成的。至于其结构形式为什么具有书面语体色彩请详见王永娜（2010：79）。

（180）a. 卡文迪许实验室首先创立了研究生培养制度，充分发挥导师的作用。

b. 卡文迪许实验室首先创立了研究生培养制度，充分发挥导师的一种作用。

（181）a. 春秋战国时期，诸子并起，百家争鸣，呈现了学术思想的高度繁荣。

b. 春秋战国时期，诸子并起，百家争鸣，呈现了学术思想的一种高度繁荣。

（182）a. 秦存善又带头在自己的一部分责任田里栽了苹果树和山楂树。

b. 秦存善又带头在自己的一部分责任田里栽了一种苹果树和一种山楂树。

（183）a. 直到20世纪中叶，封建宗法制度还笼罩着哈萨克地区。

b. 直到20世纪中叶，一种封建宗法制度还笼罩着哈萨克地区。

以上例句添加了“一＋量词”之后，有的明显感到别扭不顺口，如例（180b）和例（181b），有的则语义有所改变，如例（182b）和例（183b）。尤其是具体名词，即使可以添加“一＋量词”，也多数只能理解为计量量词，如上面的例（182b），加了“一种”之后，表达的是某一特定类型的苹果树和某一特定类型的山楂树，具有明显的计量分类功能，而不属于非计量的“一＋量词”。可见，并非所有的名词均可以添加这种“名词性成分的标记”。非计量“一＋量词”是“名词性成分的标记”，却不能用来标识典型的具体名词，这就不得不使我们对“名词性成分的标记”的观点产生质疑。

其次，如果该类“一＋量词”为“名词性成分的标记”，那么用与不用二者语义上应该没有差异，但是事实上，抽象名词前添加与不添加该类“一＋量词”，语义有所不同。添加之后所表达的内容增加了一种不确定、不具体的感觉。试比较下面的例句：

（184）a. 在“怪笑”时，眼睛不停地转动，故意显出一种傲慢的神气，好像专门与人寻开心似的。

b. 在“怪笑”时，眼睛不停地转动，故意显出傲慢的神气，好像专门与人寻开心似的。

（185）a. 因此，树袋熊的身上总是散发着一种馥郁清香的桉叶香味。

b. 因此，树袋熊的身上总是散发着馥郁清香的桉叶香味。

（186）a. 人们往往以为孔雀开屏是在与游人比美，其实这是鸟类的一种本能的求偶表现。

b. 人们往往以为孔雀开屏是在与游人比美，其实这是鸟类的本能的求偶表现。

（187）a. 原来，鲸在遇难时会发出一种超声波。

b. 原来，鲸在遇难时会发出超声波。

例（184b）中的“傲慢的神气”，表达的是依据经验想象出来的通常情况下的“傲慢的神气”的形象，而当在其前面加上“一种”构成（184a）“一种傲慢的神气”时，就难以确定“一种傲慢的神气”到底是什么样子，并且表达出了“傲慢的神气存在多种类型”的语义。

例（185b）中的“馥郁清香的桉叶香味”，我们也一般是按照常规的“桉叶香味”来理解，而（185a）添加了“一种”构成了“一种馥郁清香的桉叶香味”则排除掉了常规的香味，让人猜测不出到底是什么样的香味。

例（186b）中的“本能的求偶表现”，其中“本能的求偶”将“表现”具体化，“本能的求偶表现”表达的是一种具体的内容，而（186a）变成了“一种本能的求偶表现”则使其不具体，不知道到底是什么样的表现，似乎与“一般情况下的本能的求偶表现”有所不同。

例（187b）中的“超声波”我们会按照“超声波”的概念来理解，而（187a）中的“一种超声波”似乎又多了一些特征，而这些特征到底是什么却是未知的，也增加了不具体性。

由上面的分析可见，用于抽象名词或名词化的动词之前的不计量的“一 + 量词”并不是将表达的内容“明确化”和“精确化”，而是将具体的内容“不具体化、不确定化”；此外，以上例句中的“一种”尽管计量功能大大降低，但也仍残留有“表类型”的语义内容，表达出了“是此种而非彼种”的含义，只不过具体是什么类型是不确定的，与无定冠词“a”并不相同。

最后，我们发现一些由“一种”构成的名词性结构，去掉了“一种”会造成句子不自足，无法独立。要重新实现句子的独立自足，有时可以通过添加“修饰语”来实现，但当添加的修饰语为口语性词汇时，二者在语体性质上存在着明显的差异：前者具有书面正式语体的性质，而后者具有口语非正式语体的性质。试看下面的例句：

（188）a. 从某种意义上说，“三废”是一种资源。

b. 从某种意义上说，“三废”是资源。

c. 从某种意义上说，“三废”是很好的资源。

（189）a. 未成熟的稻麦倒伏后，又能直立起来。这也是植物的一种感觉，称为重力感受性。

b. 未成熟的稻麦倒伏后，又能直立起来。这也是植物的感觉，称为重力感受性。

c. 未成熟的稻麦倒伏后，又能直立起来。这也是植物具有的非常灵敏的感觉，称为重力感受性。

（190）a. 如果我们能够作出这种提议，这至少是一种鼓励。

b. 如果我们能够作出这种提议，这至少是鼓励。

c. 如果我们能够作出这种提议，这至少是对她的很不错的鼓励。

以上例句去掉“一种”之后，均有不同程度的不顺口，或者至少不是一种很好的表达，而将一种替换为特定的修饰语之后重新独立自足。

有时还可以在动词之后加“了$_1$”来替代该类“一＋量词”，实现句子的独立，同样二者在语体色彩上也表现出了明显的差异。试看下面的例句：

（191）a. 他们对大陆的看法仍保留在“文化大革命”时那样，对“文化大革命”有一种恐惧。

b. 他们对大陆的看法仍保留在“文化大革命”时那样，对“文化大革命”有恐惧。

c. 他们对大陆的看法仍保留在“文化大革命”时那样，对“文化大革命”有了恐惧。

（192）a. 费亭美欣赏一番之后，便得到一种满足。

b. 费亭美欣赏一番之后，便得到满足。

c. 费亭美欣赏一番之后，便得到了满足。

可见，该类“一＋量词”具有与一般的修饰语，甚至时体助词相同的句法功能，它们的存在有着句法要求上的依据，而并非为了“表达更明确、精确化”。

由以上三点，我们可以断定“不计量”的“一＋量词”并不是简单的“名词性成分的标记”，其功能也并不是“增加了语言的明确性”或“表达精密化和明确化”。那么，不计量的“一＋量词”的本质到底是什么？它的本质功能又是什么呢？

上面我们分析了该类不计量的“一＋量词”在足句功能上与定语，甚至时态助词“了$_1$”是相同的，只是“口语性定语”和“了$_1$”具有口语非正式语体的性质，而该类“一＋量词”所构成的表达形式具有书面正式语体的色彩，也就是说，“一＋量词”与“普通定语”和时态助词“了$_1$”具有类似的足句的句法功能，只是二者的语体性质不同。

那么，它们所具有的相同的句法功能又是什么呢？

根据黄国营（2000：64）对“语法句”和“语用句”的区分，从“语法句”实现为“语用句”的条件是“在时空、情态、共喻圈方面赋值后而取得现实意义”。“修饰语”和时态助词“了$_1$”以及不计量的“一＋量词”具有足句的功能，这说明它们的句法功能就是为“语法句”赋值，从而使“语法句”实现为“语用句”。因此，我们可以得出，它们本质上均是为“语法句”赋值的限定成分。

通过上面的分析，我们可以得出：非计量的“一＋量词”本质功能在于为“语法句”赋予现实意义值，使“语法句”实现为“语用句”。

三　非计量“一＋量词”的“泛时空”特征

如果不计量的“一＋量词”与“了$_1$”和“普通定语”一样，均是为“语法句”赋值现实意义的限定成分，那么，我们需要回答的是：为什么前者具有书面正式语体的功能，而后者具有口语非正式语体的功能？二者为“语法句”所赋的值有何不同？

我们发现，不计量的“一＋量词”在表达时空意义上，与“普通定语”、“了$_1$”等成分确实存在很大的差异，前者具有泛时空的特征，而后者则是将时空具体化，并且正是这种差异导致了二者语体功能的不同。

对于“普通定语”、“了$_1$”所表达内容的语法特征，陈平（1987）和戴耀晶（1991）分别作过讨论。

陈平（1987：88）指出“领属性定语具有强烈的定指性质，带有这类定语的名词性成分一般作定指理解。……一般性的定语成分，限定性越强、越具体，该名词性成分的定指性也就越强”。可见，定语具有将名词性成分定指化、具体化的功能。

戴耀晶（1991：94）在对比分析“着”和“了$_1$”时指出，“了$_1$”表达的是从外部观察整个事件，所表达的内容具有完结性，使动作有界化。根据这一分析，“了$_1$”也同样具有将事件具体化的功能。

不计量的“一＋量词”，根据上面我们对使用与不使用“一＋量词”的语句的对比，使用不计量的“一＋量词”不是将所表达的事物具体化，而是降低了表达内容的具体性。也就是说，不计量的“一＋量词”为句子所赋的值不是“具体时空化特征”的现实意义值，而是降低了所表达内容的具体性，赋予的是“泛时空化特征”的现实意义值。

可见，由于限定性定语、时体助词“了$_1$”和不计量的“一＋量词”均是为语句赋现实意义值，因此它们可以互相替换；但是它们所赋予的现实意义值的性质不同，口语性词汇充当的限定成分和“了$_1$”赋予的是具体时空化的现实意义值；而非计量的“一＋量词”赋予的是泛时空化特征的现实意义值。那么，这又与它们的语体功能存在什么样的关系呢？

冯胜利（2010）指出“书面正式语体的基本原则是用语法手段把正式表达和与之相关的口语表达之间的距离拉开”，而“拉距变形”的基本特征是“泛时空化”，即“减弱或去掉具体事物、事件或动作中时间和空间的语法标记”。也就是说，书面正式语体的语法形式具有泛时空的特征，而口语非正式语体则与此相反，具有具体化、个体化的特征。据此，非计量的“一＋量词”之所以具有书面正式语体色彩，而一般的限定性定语和“了$_1$”具有口语非正式语体色彩，便可以得到很好的解释了。原因就在于，尽管同样是为“语法句”赋值，但前者所赋的值是泛时空性质的，满足了书面正式语体的基本特征；而后者是具体时空性质的，满足了口语非正式语体的基本特征。

四　小结

综合以上分析，非计量的“一＋量词”的主要句法功能是为“语法句”赋值，从而实现由“语法句”到“语用句”的转变，但由于所赋予的现实意义值具有泛时空化的特征，降低表达内容的具体性，因此该类结构具有书面正式语体的性质。口语性质的“限定性定语”以及“了$_1$”赋予的是将事物或动作具体化的现实意义值，因此它们具有口语非正式语体的性质。对比二者，我们可以看到，口语性质的“限定性定语”、“了$_1$”

与不计量的“一+量词”是分别为满足口语非正式语体语法和书面正式语体语法要求的语法形式。据此，我们就很难说不计量的“一+量词”的产生仅仅是欧化作用的结果了，恐怕其产生的更大的内在动力乃是汉语书面正式语体自身的语法规则。“限定性定语”与不计量的“一+量词”之间的语法功能以及自身的不计量特征的存在，再次证实了冯胜利（2010）提出的语体语法的理论，“语体不同则语法也因之而异”。

第六节　书面语体判断句

我们发现在口语非正式语体中，一般使用由谓词性成分充当句子谓语构成的陈述句来陈述事物的状况，而在书面正式语体中则将其变为判断句，以拉开与口语非正式表达形式之间的距离。

本节，我们将讨论能够表达正式的两种判断句的结构形式；分析其表达正式的原因，并在此基础上分析不同类型的判断句在表达正式上的差异性。

一　定义句形式的“NP_1+是+XP+的+NP_2”

（一）定义句形式的“NP_1+是+XP+的+NP_2”的类型

定义句是解释概念时使用的句子，黄鸿森（1980：36）在《定义和定性叙述》一文中曾指出：“逻辑学中常用的下定义的方法一般是属概念（母类概念）加种差（子类差），列为公式就是‘被定义概念=种差+邻近的属概念’。其中‘种差’就是被定义概念跟与之平列的其他概念之间的差别。‘邻近的属概念’就是比定义概念大一级的概念。”他以“人是会创造和使用劳动工具的动物”为例，分析指出“‘被定义概念’是‘人’；‘种差’是‘会创造和使用劳动工具’，‘邻近的属概念’是‘动物’”。

现代汉语书面正式语体将定义句的结构形式加以利用，将一般的叙述句变为“NP_1+是+［XP+的+NP_2］”的结构形式，从而与口语表达形式拉开距离。

书面正式语体中使用的“NP_1+是+XP+的+NP_2”与严格的定义句的结构基本相同，但其中的“NP_1”与“NP_2”之间并不是严格的“种概念”与“属概念”之间的关系，“种差”也不像真正的定义句那么严格。书面正式语体中定义句形式的“NP_1 + 是 + ［XP + 的 + NP_2］”，具体包括以下几类：

第一类，“NP_1 + 是 + XP + NP_2”，其中“NP_1”和“NP_2”具有“种概念”与“属概念”的关系，XP 尽管不是严格意义上的能够揭示“被定义概念跟与之平列的其他概念之间的差别”的内容，但反映的也是事物的性质状态。该类对应的口语非正式的表达形式为“NP + VP/AdjP”，是对主体对于事物的性质状态的认识的陈述。[①] 定义句形式是将原来的谓语“VP/AdjP”（我们将其记为 XP）充当 NP_1 的属概念 NP_2 的定语，共同构成一个名词性的短语，然后充当“是”的宾语。试看下面的例句以及其对应的一般陈述句：

（193）a. 美国是一个充满矛盾的国家。

b. 美国有很多矛盾。

（194）a. 中国是拥有深厚精神传统的大国。

b. 中国有很深的精神传统。

（195）a. 伦敦是一座具有两千多年历史的大城市，处在泰晤士河下游的开阔河谷中。

b. 伦敦有两千多年的历史，……

（196）a. 臭氧是一种具有微腥臭、浅蓝色的气体。

b. 臭氧稍微带有点腥臭味，颜色很浅。

第二类，结构为“$NP_{处所词}$ + 是 + XP + $NP_{存在物}$”，对应的口语非正式的表达形式为“$NP_{处所词}$ + 有 + XP + $NP_{存在物}$”，或“$NP_{处所词}$ + V 了 + XP + $NP_{存在物}$”，或“NP 处所词，NP + VP/AdjP”，表达的是某处存在某物或存在某事。前两类是直接将“有”或“V 了”替换为“是”，而后一类则是将“原来的谓语”充当原来的主语的“定语”，构成一个定中式名词性结构，然后充当“是”的宾语，而“处所名词”则充当“是”的主语。试看下面的例句及其对应的一般陈述句：

（197）a. 那夜天上是密密的乱星，树头栖隐着双宿的娇禽。

① 由于是将表达主体对于事物的性质状态的认识的一般叙述句变成了一个具有表达正式功能的定义句形式，因此该类定义句具有主观性，由此也就可以解释张伯江、李珍明（2002）指出该类结构在语用具有强烈主观表达的原因了。

b. 那天晚上天上有很多星星，……

（198）a. 近前观看，眼前是一片淡灰色的圆桶形大罐，罐与罐之间由纵横交错的管道相互连接。

b. 走到前面一看，有一片淡灰色的圆桶形大罐，……

（199）a. 身上是一套浅蓝天鹅绒的衣裙，项下一串珠链，手里拿着一个白狐手笼。

b. 身上穿了一套浅蓝天鹅的衣裙，……

（200）a. 窗外是灿烂的朝阳，万千条的杨柳在阳光中摇曳。

b. 窗外，朝阳特别灿烂，……

（201）a. 操场上是正在锻炼身体的老人。

b. 操场上，很多老人正在锻炼身体。

（202）a. 天空中是一群正在翱翔的雄鹰。

b. 天上，很多雄鹰在飞。

第三类，结构为“［V + NP_2 + 的］ + 是 + XP + NP_1”，对应的口语非正式的表达形式为“（有/是） + XP + NP_1 + V + NP_2”，表达的是某人做了某事。正式形式是使用“的”将谓语“V + NP_2”名词化为“V + NP_2 + 的”，然后充当“是”的主语，而“XP + NP_1”由主语变成了“是”的宾语。试看下面的例句以及其对应的一般陈述句：

（203）a. 现在住在这间屋里的是一位做小买卖的中年男子。

b. 有一个做小买卖的中年男子住在这间屋子里。

（204）a. 发现这块化石的是一名叫迈克·纽曼的苏格兰汽车司机。

b. 是一个叫迈克·纽曼的苏格兰汽车司机发现了这块化石。

（205）a. “中国缅印马军事考察团报告书”，计三十余万言，其中最主要的是中、英、缅甸共同防御计划草案。

b. “中国缅印马军事考察团报告书”，计三十余万言，其中中、英、缅甸共同防御计划草案最重要。

（206）a. 地铁口的那位靠乞讨为生的老太太已经不在了，取而代之的是一个断了胳膊的小孩。

b. ……一个断了胳膊的小孩代替了她。

第四类，结构为“［NP_1 + V + 的］ + 是 + ［XP + NP_2］”，对应的口语非正式语体的表达形式为“NP_1 + V + NP_2/S 是 + ［XP + NP_2］”，该类是将主语和谓语“NP_1 + V”通过“的”名词化为“NP_1 + V + 的”充当

“是”的主语，原来的宾语“XP + NP_2”或“S”由原来的动词的宾语变为“是”的宾语。试看下面的例句以及其对应的一般陈述句：

（207）a. 雕像描写的是一个天真活泼的小孩和一只白鹅玩耍的形象。

b. 雕像描写了一个天真活泼的小孩和一只白鹅玩耍的形象。

（208）a. 库赖在现场愤怒地说，以色列修筑的是一道“种族主义隔离墙”，正在把约旦河西岸圈禁成一孤立地区。

b. 库赖在现场愤怒地说，以色列修筑了一道“种族主义隔离墙”，正在把约旦河西岸圈禁成一孤立地区。

（209）a. 伊朗现在需要的是一场革命。

b. 伊朗现在需要一场革命。

（210）a. 尤其需要注意的是，正在出现的全球化技术孕育着巨大的解放和解构潜力。

b. 我们得多注意一下，正在出现的全球化技术孕育着巨大的解放和解构潜力。

（211）a. 而在中国，首先考虑的是，怎样跟队友协作，达成自己的目标。

b. 而在中国，先得考虑怎样跟队友协作，达成自己的目标。

（212）a. 令人欣慰和感佩的是，在 20 世纪 90 年代的“困境”中，始终有一批学者在坚持马克思主义哲学史研究。

b. 特别欣慰和感佩，在 20 世纪 90 年代的“困境”中，始终有一批学者在坚持马克思主义哲学史研究。

以上几种情况所构成的“NP + 是 + ［XP + 的 NP］/S”比其对应的一般陈述句在正式程度上均有不同程度的增强，可见定义句形式的“NP + 是 + ［XP + 的 NP］/S”是一种表达正式的句法结构。

但是需要注意的是，当“是”的宾语是一个名词性的成分时，名词前的修饰限定语 XP 是必不可少的，而且限定成分越丰富句子就越正式，而如果没有修饰限定语，句子要么不合法，如第一类构成的“*美国是国家”，要么不具有书面正式语体性质，如下面三个句子：

（213）前面是树。（自编句）

（214）他吃的是米饭。（自编句）

（215）昨天来找我的是他。（自编句）

以上这三个句子均是口语非正式的表达形式，不具有正式性。

（二）定义句形式的"NP_1 + 是 + XP + 的 + NP_2"表达正式的原因

上面我们分析了具有表达正式语体功能的定义句形式的"NP_1是 XP 的 NP_2"的类型，那么为什么定义句形式的句法结构能够表达正式呢？

原因就在于定义句是对定义项的概念内涵进行的解释，而不是对事物表现出来的一般状况的叙述。

根据黄鸿森（1980：36）定义句的基本格式是"被定义概念 = 种差 + 邻近的属概念"，其中的种差是最能够揭示被定义项本质的最根本的内容，是抽象概括被定义项所指称的个体对象的共同特征和本质特征，去掉具体性和个体性而形成的。此外，NP_2是 NP_1的上位概念，由 NP_1到 NP_2同样也经历了一个去具体性、个体性，概括出共同性质特征的过程。从定义句与一般叙述句的对比来看，定义句是对事物性质属性以及所属范畴的阐释，而不是对事物表现出来的状况的一般陈述；二者相比，定义句是一种抽象的思维过程，是去掉了事物的个性和具体性，是对事物的本质的认识，因此定义句是一种表达正式的句法结构形式。在书面正式语体中，这一结构形式被推广使用，构成了上面所谈的几种结构形式。

具体来讲，由一般叙述句变为定义句形式，其中的成分的性质也发生了改变，表现出了泛时空的特征，这主要表现在以下两点。

1. 其中的 XP 性质的改变，由对事物的性质状况的一般叙述或描述变成了表达事物性质属性的成分，是从性质属性的角度对事物进行的限定，如第一类将口语中的"NP + VP/AdjP"变为"$NP_{种概念}$ + 是 + VP/AdjP + 的 $NP_{属概念}$"，一般陈述句的谓语"VP/AdjP"由"陈述事物的一般性质状况"变成了"事物的性质属性"；第二类将口语形式的存在句变为"$NP_{处所词}$ + 是 + XP + $NP_{存在物}$"，其中的"XP"由对状况的一般描述变为对事物性质的界定，第三类和第四类中的"XP"也发生了同样的变化。

2. 由一般叙述句变为定义句结构，其中的 NP_2凸显的是其作为全量性质的范畴义，这一点在第一类判断句中非常明显，NP_2与 NP_1是"属概念"与"种概念"的关系，NP_2是对 NP_1抽象概括而形成的范畴名词；第二类、第三类和第四类，尽管充当"是"的宾语的 NP_2与原句的 NP 在形式上没有变化，但是我们认为其本质存在差异，前者凸显的是全量性质的类指义，而后者并不凸显这一点。"NP_2"的全量类指性质突出表现在以上表达正式的定义句形式中，"NP_2"要求必须具有特定的修饰限定语"XP"，否则构成的表达形式不具有正式的功能，如上文的例（213）—

例（215）。这是因为由于NP_2是全量性质的类指名词，而定义句结构的“NP_1 + 是 VP/AdjP + 的 + NP_2”表达的是“NP_1”和“VP/AdjP 的 NP_2”具有等同的关系，而个体性质的“NP_1”显然是无法与全量类指性质的“NP_2”构成等同关系的，因此必须使用特定的成分将全量类指性质的“NP_2”加以限定，使之成为一个个体。修饰限定语 XP 的功能就在于此，它是通过表达NP_1的性质属性将全量性质的“NP_2”限定为一个个体，由此满足“主语”和“宾语”的等同关系；因此当 XP 缺少时，或者构成非法的形式，如“美国是国家”，因为“美国”与“国家”不构成等同关系，或者其中的“NP”的性质发生变化，变成一个只有内涵没有外延的无指成分①，整个结构也由定义句结构变为表达类属的判断句，并且不具有表达正式的语体功能，因为该类结构不具有去具体性的功能。

由以上的分析可见，由一般的叙述句变为定义句形式改变了成分的性质，表现出了去具体性和个体性的特征，是一种表达正式的结构替换手段。

二　表达正式的“是……的”

（一）“是……的”表达正式的条件

在现代汉语中“是……的”存在多种用法②，但并非所有的“是……的”均具有表达正式的语体功能，我们发现能够表达正式的“是……的”是“表达事物的态度和观点”的“是……的”，如下面的例句：

（216）a. 它与我们地球之间的距离是比较近的，仔细观测可以看出它在天球上的移动。

b. 它与我们地球之间的距离比较近，仔细观测可以看出它在天球上的移动。

（217）a. 这里边，把文化和科学联在一起提现代化，是不很恰当的。

b. 这里边，把文化和科学联在一起提现代化，不很恰当。

（218）a. 这个演变过程是十分漫长而复杂的，大致可分为五个发展阶段。

---

① 类指和无指的区别请参见刘丹青（2002：412）。此外，本书的“全量”、“类指”概念也是借鉴于该文。

② 参见宋玉柱（1978）、赵淑华（1979）、吕必松（1982）、田泉（1996）等等。

b. 这个演变过程十分漫长而复杂，大致可分为五个发展阶段。

（219）a. 可以这样说，高雅文化与通俗文化虽然有质的不同，但在一定条件下是可以相互转化的。

b. 可以这样说，高雅文化与通俗文化虽然有质的不同，但在一定条件下可以相互转化。

（220）a. 北半球的西风带里，大气是呈波浪起伏式运动的，波浪的低谷区就是低压槽。

b. 北半球的西风带里，大气呈波浪起伏式运动，波浪的低谷区就是低压槽。

该类“是……的”与其他类型的“是……的”很不相同，这表现在以下几个方面。

首先，赵淑华（1979：66）、吕必松（1982：26）等均指出该类“是……的”是可以一起省略的，而其他类型的“是……的”无法整体省略，试看下面的句子：

（221）这家衣服是红的。

＊这家衣服红的。

（222）它是昨天来的北京。

＊他昨天来北京。

其次，根据田泉（1996：29）该类结构形式中的“是”、“的”是重读的，而其他的并不重读。

再次，从语义上来看，该类“是……的”句子所表达的内容是主体对于事物是主观认识，而非对事件发展状况的叙述，刘月华（1983：491）将其解释为“多表说话人的看法、见解或态度”。从句子的形式来看，能够使用“是……的”来表达正式的句子有以下几种情况。

1. 形容词性结构作谓语的句子，例如：

（223）这种愿望是极为纯朴的，但即使是现在看来，我也不会认为它是幼稚的。

（224）如果把这些大风能量都利用起来发电，那将是非常理想的。

（225）如果地球气候变暖的趋势继续下去，后果将是十分严重的。

2. 以“程度副词 + 难/易/好 + 动词性结构”为谓语构成的句子，例如：

（226）这样大的压力，我们在地球表面是很难想象的。

（227）陈先生认为在直销立法和公众对直销形成正确观念之前是很容易盛行的。

（228）美国人是很好相处的，环境顺利与否，他们并不计较。

3. 以“情态动词＋动词短语”为句子的谓语，这类情态动词如“可以、应该、能够、要”等等，例如：

（229）科学家断言，只要从管理和技术上采取严格的安全措施，事故是可以避免的。

（230）事实上，如果真的给科技人员一片展示才华的天地，大部分科技人员是愿意扎根农村的。

（231）相信绝大多数群众是通情达理的，是能够配合政府去解决问题的。

4. 以“动词＋可能补语”为谓语动词，例如：

（232）除了月亮，其他卫星用肉眼是看不见的。

（233）至于阿巧姐有所误会，无论如何是解释得清楚的。

（234）这比什么都宝贵，也确实是我们永远学不完的。

5. 有＋形容词/动词，例如：

（235）关于建立一个完整的工业体系问题，周恩来的认识后来也是有发展的。

（236）我是个流浪艺人，虽然穷，但我是有尊严的。

6. 由“心理动词”充当谓语的句子，不含有表示时间、方式、地点的状语，例如：

（237）毛泽东是喜欢看山的，也写下过许多咏山之作。

（238）范徐丽泰说，保持香港的平稳过渡和繁荣稳定始终是中方的目标，中方是希望会谈成功的，会谈破裂的责任在英方。

（239）对于发生过的事情我大部分是知道的，每天我都跟章明基通电话。

以上几种类型的句子表达的均是主体对于事物的认识，属于主观认知的内容，而不是对发生的事件的叙述。

根据以上几点，我们认为“是……的”是将表达主体对于事物的认识的一般叙述句加工变形，以表达正式的一种句法结构。

（二）“是……的”的判断句本质

根据上面的分析，表达主体对于事物认识的“是……的”句具有表达正式的语体功能。那么，“是……的”是一种什么样性质的结构形式呢？

对于“是……的”的性质，一种观点认为“是……的”是表达语气的成分，持该观点的如：赵淑华（1979：64）指出“‘是’和‘的’有时表示强调、肯定或态度坚决，有时表示语气的委婉或缓和”；吕必松（1982：25）则认为“‘是……的’结构表示肯定和确信的语气”；宋玉柱（1978：75）认为“‘是……的’结构是表强调的，其中的‘是’是副词，‘的’是语气助词”，此外持该观点的还有岳中奇（1997：40）；等等。

那么，“是……的”果真是表达语气的成分吗？我们认为并非那么简单，因为如果“是……的”是表达强调或肯定的语气，那么我们可以推出强调和肯定的语气具有表达正式的语体功能。但事实并非如此，现代汉语中具有强调或肯定语气的成分很多，但它们并不表达正式，如下面的句子：

（240）a. 我会去北京。（自编句）

b. 我一定会去北京。

（241）a. 这个问题非常严重。（同上）

b. 这个问题的确非常严重。

（242）a. 他反对破坏环境。（同上）

b. 他坚决反对破坏环境。

（243）a. 他很高兴。（同上）

b. 他是很高兴。

（244）a. 他去过北京。（同上）

b. 他真的去过北京。

上面的a句添加上语气成分“一定”、“的确”、“坚决”、“是”、“真的”变成了b句以后，句子的口语非正式语体性质并没有发生改变。这说明强调或肯定的语气与书面正式语体色彩之间并无必然的联系。由此，我们可以推断“肯定、强调的语气”很可能并不是“是……的”最根本的性质。

那么，“是……的”性质到底是什么呢？

我们认为吕叔湘（1947）指出了该类结构形式的最根本的性质，即“是……的”是一种判断句。吕叔湘（1947：266）在讨论“的”字时，曾指出："上面有'是'字的，严格说，下面的'的'字不该算是一个语气词：'是'和'的'联合起来把一句叙述句改造成一般判断句，……"并且进一步看到了"是"和"的"作用的不同，指出："这一类句子也是确认语气，但确认的作用是由'是'字发挥的，'的'字只是和'是'字相应的一个语尾。但如省去'是'字，只留'的'字，这个'的'字就不妨当语气词看了。"持该观点的，还有杨石泉（1997：442），他提出："它们只不过是宾语为'的'字结构的'是'字句。"此外，田泉（1996）和李讷、安珊迪、张伯江（1998）的研究，也比较接近这一观点。田泉（1996：30）提出"'是'是对发话人所述命题加以确认，'的'表示发话人对所认定的事理持肯定的态度"。李讷、安珊迪、张伯江（1998：98）就其中的"的"进行了讨论，将"的"的语法意义概括为"对一个事实的确认"，指出"含有语气词'的'的句子是说话人向听话人表明肯定态度的方式，而不是为了告诉听话人发生了什么"，认为其本质的特点是在于表示主观的确认态度。这两种观点均与"是……的"表达判断的本质非常接近。

我们赞同吕叔湘先生的观点，认为"是……的"本质上就是一种判断句，但需要补充的是，我们认为尽管"是……的"具有确认语气的作用，但其根本的作用不是表达确认语气，而是对某一命题进行断定。"是……的"是对主观认识内容进行断定的一类判断句，其中的"肯定、确信的语气"是判断句表达判断的一种伴随性特征，因为是对内容进行判断和断定，自然会带有确信的意味，会显得更加肯定、确信和郑重，在语气上便带有了强调、肯定的语气效果。

（三）"是……的"表达正式的原因

那么，为什么"是……的"具有表达正式的功能呢？

原因就在于它是对命题的断定，也就是说"是……的"将一般叙述句的谓语命题化，使用"是……的"对其进行断定，由此改变了叙述句的性质。因此，尽管从"NP + VP/AdjP"到"NP + 是 + VP/AdjP + 的"，其中的"VP/AdjP"形式上没有发生变化，但是其性质发生了变化，进入"是……的"句以后，由于被命题化而去掉了现实意义，表现出了泛时空的特征，而"是……的"是一种判断句的形式，是基于经验或某一标准对事物的辨别和断定，是一种抽象的思维过程，因此，"是……的"具有表达正式的语体功能。

三 不同的判断句在表达正式上的差异性

以上，我们分析了定义句形式的“NP_1 + 是 + XP + 的 + NP_2”和“是……的”具有表达正式的功能。实际上，判断句的表达正式的功能不仅在现代汉语中有所体现，在古代汉语也非常明显，吕叔湘（1947：113—114）在《中国文法要略》第八章中的“判断句式的利用”这一小节中，就谈道：“判断句式，因为以辨别是非为用，一般说来要比叙事句式沉重一些。凡是说话要表示煞断的口气，就常有依循这个原则的转变。”只不过，吕先生只看到了它们在语势上的变化，而并未看到更为本质的正式与非正式的转变。

判断句具有表达正式的功能，但是我们也发现不同的判断句在表达正式的程度上存在差异：

首先，从整体来看，定义句形式的“NP_1是 XP 的 NP_2”要比“是……的”更为正式。

其次，在定义句结构形式内部，不同类型的形式在正式程度上也存在差异，如同为定义句形式的“NP_1是 XP 的 NP_2”，第一类要比其他几类略显正式。

最后，现代汉语中还有一类表达事物类属的判断句并不具有表达正式的语体功能，试看下面的例句：

（245）这本书是我的。（自编句）

（246）这件衣服是红的。（自编句）

（247）他是教师。（自编句）

这说明“判断句”内部具有层次性，有的具有表达正式的功能，有的则不具有，有的表达正式的程度高，而有的则稍低。

我们发现这种表达正式程度的差异是与它们所表达内容的抽象性程度直接相关的，抽象概括程度不同，正式的程度也就不同。如定义句形式的判断句的第一类要比其他类型在抽象概括的程度上更高，定义句形式的判断句对事物性质和所属范畴的抽象概括程度又比“是……的”要高一些；而“是……的”是对事物的认识态度的断定，这又比对较为显性的类属的断定要抽象一些；对事物类属的断定，之所以不具有表达正式的功能，是与其中的 NP 仅表内涵而无外延的“无指”用法密切相关的。

对于判断句内部的差异，吕叔湘（1947：267）从它们所表达的语势上作过论述，他指出："就以上例句而论，有已成事实的确认，有一般的事理的确认，有未成事实的预断，这里面的语势也不一致，大体依上面次序由弱到强：对于未来的事实加以确认，自然要比确认过去的事实更为有力。"吕叔湘先生指出了内容性质的不同对于语势的影响，根据本节的分析，我们认为其本质是表达内容的泛时空化程度造成了正式程度的不同。

四　小结

本节指出了将一般的叙述句变为判断句是书面正式语体表达正式的一种结构替换的手段，并对具有表达正式功能的判断句进行了分析，具体内容如下。

第一小节，指出定义句形式的"NP＋是＋XP＋的＋NP"是一种表达正式的句法结构，讨论了该类结构具体包括"NP_1＋是＋XP＋NP_2"、"$NP_{处所词}$＋是＋XP＋$NP_{存在物}$"、"［V＋NP_2＋的］＋是＋XP＋NP_2"、"［NP_1＋V＋的］＋是＋［XP＋NP_2］"四类，解释了该类表达正式的原因是由于它们将一般的叙述句变成了对事物内涵的解释，改变了一般叙述句的成分的性质，表现出了去个体性、具体性的特征。

第二小节，指出"NP＋是＋XP＋的"是一种表达正式的句法结构，讨论了"是……的"本质上是一种判断句形式，是对表达态度观点性质的命题内容的断定；该类之所以能够表达正式一方面是由于"是……的"将一般叙述句的谓语命题化，另一方面"是……的"是对命题的断定，是一种较为抽象的思维形式，因此具有表达正式的功能。

第三小节，分析了判断句内部的层次性，指出不同形式的判断句在表达正式程度上存在差异，而这种差异是由抽象概括程度的高低决定的。

第七节　"等＋NP"

一　汉语中的列举助词及其语体属性的不同

张谊生（2001：36—44）指出现代汉语中表示列举义的助词共有四组十二个：等、等等，云、云云，一类、之类、之流、者流、一流，什么的、啥的、$的_3$，并根据传统书面语和口语的区分方法，对其语体性质作了介绍。本节，我们根据冯胜利（2009b）提出的语体理论中对"正式与典雅”、“正式与非正式”的区分，对以上四组十二个表达形式的语体性质重新进行了梳理，我们认为“云、云云、之类、之流、者流”具有比较强的文言色彩，属于典雅语体的成分；“一流、一类”具有书面正式语体色彩，但使用较少；“等”具有明显书面正式色彩并且经常使用，其使用形式有两种，一是直接后附在列举项之后，二是与表达列举项的属概念的名词短语相搭配，共同后附于列举项之后，该两种形式相比较而言，后者的正式色彩要强于前者；“等等”的正式色彩弱于“等”，强于“什么的、啥的、的$_3$”；“什么的、啥的、的$_3$”是口语非正式语体的表达形式。①

本节我们着重讨论具有较强正式语体色彩的“等 + NP”和具有较强非正式语体色彩的“什么的”，认为前者是书面正式语体表达列举的一种表达手段，而“什么的”则是口语非正式语体的一种表达手段。

我们先来看二者在正式与非正式上的差异，试比较下面例句：

（248）a. 火山喷发的大量气体中含有一氧化碳和二氧化硫等有害气体。

b. 火山喷发的大量气体中有一氧化碳、二氧化硫什么的。

（249）a. 世界上泉的种类很多，除断层泉、虹吸泉、自流泉外，还有温泉、冷泉、间歇泉等多种类型。

b. 世界上泉有很多种，除了断层泉、虹吸泉、自流泉，还有温泉、冷泉、间歇泉什么的。

（250）a. 望诊是医生通过视觉观察病人的神色、形态、舌苔和大小便等症状，来测知体内的变化和病情。

b. 望诊是医生看一下病人的神色、形态、舌苔和大小便什么的，来猜出身体里出了什么毛病。

对比以上例句，“等 + NP”是典型的表达正式的表达形式，而“什么的”是典型的非正式的表达形式。

但需要注意的是，并非所有的“什么的”都可以转换成“等 + NP”，如下面的例句不能替换为“等 + NP”：

① 至于“等等”、“等”、“什么的”三者的正式色彩的差异，主要是来自于词汇的不同。“等”属于出现于书面正式语体中的文言单音节词，与黄梅（2007）提到的“望、祝、命”属于同类；而“等等”则使“等”这一文言单音节词在现代汉语中成为构词语素，因此“等等”的正式程度要弱于“等”；“什么的”在语音形式上带有轻声成分，是典型的口语词汇形式。

（251）咱俩都定下一条，死后家里的东西，像房子、衣物、用具什么的，都留给闺女。

（252）车斗里装了很多的水果，有苹果、梨、桃子、橘子什么的。

（253）冬天，他们休班时背上那支老式洋炮，有时真能打到一些野货，像山鸡、兔子什么的。

该类句子是通过列举一个个的个体来解释说明前面的 NP 的具体所指，该类列举形式不能替换为“等 + NP”的形式。

同样也并非所有的“等 + NP”都可以转换为“什么的”，如下面的例句：

（254）解放战争时期他任东北野战军司令员等职，指挥了辽沈、平津等重大战役。

（255）就着路灯细看，见不远处树枝上横七竖八地挂满了衣服、背包等杂物。

（256）噪声的影响及危害十分复杂。这与噪声的性质有关，也与人的生理、心理等因素有关。

该类句子要突出的是处于中心语的 NP，而不是处于定语位置一个个的个体。

这两类不可以互相替换的句子，恰好反映了二者的不同。

二　“等 + NP”与“什么的”的“时空”差异

上面我们通过对比指出了“等 + NP”是典型的书面正式语体的表达形式，而“什么的”是典型的口语非正式语体的表达形式，那么，为什么“等 + NP”具有表达正式的语体功能，而“什么的”却具有表达非正式的语体功能呢?

其原因也在于二者对于个体和整体的凸显不同。

先看“等 + NP”，从列举项“NP_1、NP_2、NP_3、……NP_n”与“等 + NP”的关系来看，“等 + NP”中的 NP 为属概念，而列举项“NP_1、NP_2、NP_3、……NP_n”为一个一个的种概念，NP 是包含了“NP_1、NP_2、NP_3、……NP_n”的一个集合，是对“NP_1、NP_2、NP_3、……NP”共同特征的概括，去掉了一个个列举项的个体性和具体性，即“等 NP”是通过凸显整体来总括个体列举项的表达手段。

“什么的”，我们认为是使用了虚指义来直接代替列举未尽的个体列举项，因为“虚指”的不具体性、不确定性，因此可以表达列举未尽之义，而并不像“等 + NP”是对个体的抽象概括的结果。“什么的”的替代个体的性质，也可以从疑问词“什么”得到证实。疑问词是对具体内容的询问，如“你中午吃什么”只能用一个具体的个体事物来回答，如“吃米饭”，而不能用一个集合名词来回答，若回答为“吃食物”，等于没有回答。由此可见，疑问词“什么”指代的是个体的事物，而不是总括性的集合名词。表虚指的“什么的”是从“什么”虚化而来的，也同样是对个体事物的代替。

由上面的分析可见，“等 + NP”是通过抽象概括来表达列举，而“什么的”则是利用自身的虚指义来代替列举未尽的个体。二者的这种差异突出表现在，当要强调个体是什么时，不宜替换为“等 + NP”的形式，而当突出的不是一个一个的列举项，而是列举项的整体范畴，列举项更像是一种修饰限定成分时，则不宜替换为“什么的”。我们在上文中所谈到的不可互替的例句，便是这种情况，转述如下：

“什么的”不可以替换为“等 + NP”，例如：

（257）咱俩都定下一条，死后家里的东西，像房子、衣物、用具什么的，都留给闺女。

（258）车斗里装了很多的水果，有苹果、梨、桃子、橘子什么的。

（259）冬天，他们休班时背上那支老式洋炮，有时真能打到一些野货，像山鸡、兔子什么的。

该类例句中的列举项，是用具体实例来解说前面的较为抽象的名词，该类语句需要突出的就是一个一个的个体，在这种情况下使用“等 + NP”便无法达到实例解说的效果，而且与前面的 NP 形成重复。

“等 + NP”不能替换为“什么的”，例如：

（260）我国的上海、北京、天津、西安等 20 多个城市都不同程度地出现了区域性地面沉降。

（261）就着路灯细看，见不远处树枝上横七竖八地挂满了衣服、背包等杂物。

（262）噪声的影响及危害十分复杂。这与噪声的性质有关，也与人的生理、心理等因素有关。

该类句子中的“等 + NP”重点要表达的是“NP”，如例（260）要表达的是我国 20 多个城市出现了区域性地面沉降，而到底是哪些城市并不是重点；例（261）要表达的重点是挂满了杂物，“衣服”“背包”是举例性的限定成分；例（262）要突出的是除了与噪声的性质有关，还与人自身的因素有关，至于到底有哪些形式不是要详细说明的内容，在这种情况下就不宜使用凸显个体列举项的“什么的”。

由于“什么的”凸显的是列举项的个体性和具体性，因此具有表达口语非正式的语体功能，而“等 + NP”则是将其个体、具体性消除掉，凸显的是由众多个体组合而成的整体的整体性，具有泛时空化的特征，是书面正式语体所采用的一种拉开与口语表达形式之间的距离的语法手段，具有表达正式的语体性质。

第八节　结语

本章讨论了汉语书面正式语体语法形式的一个重要的来源是在基础语法形式的基础上拓展出新的用法，与此同时，在时空特征上，也实现了由“具时空”向“泛时空”的转化，即拓展产生的书面正式语体语法形式普遍具有泛时空化的特征。这些在基础结构上拓展新用法的语法形式至少包含了本章所谈的七类典型语法形式，这些语法形式通过拓展其原有用法，与新的语法成分相搭配组合，其结果是在时空特征上去掉了其具体性、个体性，实现了泛时空化，由此产生了不同于原有基础语法的表达正式的语法形式。除了以上本章中所谈的七类语法形式，是否还存在其他形式，则需要日后进一步探索。

第三章

句法移位改造基础语法为新形式

第二章，我们讨论了书面正式语体在一些基础语法形式的基础上拓展出了新用法，在时空特征上实现泛时空化，从而构建出了一些表达正式的书面正式语体语法形式。除了拓展基础语法的新用法这一语法手段之外，句法的移位和句法位置的上移，也是实现泛时空化特征，构建书面正式语体语法形式的重要手段，例如以下四类语法形式便是通过这一手段来实现的：

第一类，“动宾＋宾语”结构。

第二类，“V＋向/往”结构。

第三类，“NN＋VV＋N（N）”结构。

第四类，“当……的时候/时”。

以上四种语法形式，前三者与相对应的基础语法形式对比而言，是通过句法移位来实现泛时空化的，第四类语法结构与其对应的基础语法形式相比，则是通过句法位置的高低来实现不同的时空范畴的。下面，我们在已有研究的基础上，根据冯胜利（2010）的语体语法理论，来详细分析其泛时空化特征及其语法机制。

第一节　书面语“动宾＋宾语”的泛时空化机制及相关问题

“动宾结构＋宾语”结构是一种具有很强书面语色彩的语法形式，它既可使用于新闻标题，亦可在书面语体的正文中大量出现。这一现象自产生之初就引起很多学者的注意，相关的研究如：杨伯峻（1982），李临定（1983），饶长溶（1984），刘玉杰（1993），崔山佳（1994），方绪军

（1995），邢公畹（1997），汪惠迪（1997），段晓平（1997），华玉明（1997），刘大为（1998a、1998b），丁喜霞、原雪梅（1998），罗昕如（1998），高更生（1998），刁宴斌（1998），张博（1999），凌德祥（1999），晏鸿鸣（1999），卢传福（1999），杨海明（2001），朱怀、郭家翔、陈仕平（2002），冯胜利（2005b：473—474），任泽湘（2007），朱军、邹立志、盛新华（2008），刘辰诞（2008）等，其研究主要集中于对该结构的规范性与规律性的探索；而对其书面正式语体功能的成因并没有深入探讨。

本节将在冯胜利（2003）提出的书面正式语体概念的基础上，根据冯胜利（2010）语体语法的基本思想，对造成“动宾结构＋宾语”和其他相关形式之所以具有不同语体功能的语法机制进行深入的讨论，具体内容如下。

首先，对比分析汉语中几类均为动宾结构，但语体差异却非常明显的表达形式的结构性质。

然后，在此基础上，分析由 N_0 并入 V_0 构成的动宾结构（$[V_0 + N_0]V_0$）书面正式语体功能的构成机制，以及双音节动宾短语、离合词、双音节动宾式动词的语体功能的构成机制。

然后，讨论由“动宾结构（$[V_0 + N_0]_{V_0}$）”发生核心移位构成的“动宾结构＋宾语（$[V_0 + N_0]_{V_0} + NP$）”的书面语体功能的构成机制，以及同样是通过核心移位构成的代体结构具有口语性的原因。

最后，总结本书的主要研究内容，指出本书研究的理论意义。

一　“动宾结构＋宾语”与相关结构的语体功能与句法特征分析

现代汉语中存在四类结构关系均为动宾关系，但语体色彩明显不同的表达形式。我们发现与其语体性质相对应，它们的句法特征也有所不同。这四类表达形式及其句法特征如下。

第一类，双音节动宾短语，我们将它们记为“V＋N”，它们具有典型的短语的特征，如：能够自由扩展；构成成分为自由语素；“了、过、着”可以附加在“V”之后，但不能用在宾语之后；“V＋N”不能够再携带宾语。在语体性质上，它们属于口语非正式语体。该类双音节动宾短语如：

（1）买菜、看书、吃糖、洗碗、搬书、喝茶第二类，离合词，我们把它们记为“V－N”。该类双音节动宾形式能够扩展，合时为词，离时为语，是“可词可语”的一类双音节动宾形式（冯胜利，2001）。从语体性质上来看，离合式动宾动词绝大部分属于口语非正式语体，扩展以后其口语非正式语体性质大大增强。该类动词及其扩展形式如：

（2）帮忙、道歉、结婚、洗澡、吃亏、出差

帮他们的忙、道一个歉、结了婚、洗了一个澡、吃了他的亏、出了两趟差

第三类，典型的双音节动宾式动词，它们能够整体携带宾语，并且携带的宾语可以是个体名词也可以是非个体名词，不能够扩展，能够整体被“了”等助词修饰，我们将该类动宾动词记为“VN”。从语体属性来看，该类词内部的语体层次较多，这里我们只选取具有较强书面语色彩的和具有较强口语非正式色彩的两个极端，举例如下：

A. 口语非正式语体性质的双音节动宾动词：

（3）抱怨、得罪、提醒、挖苦、讨厌、关心、注意、当心、埋怨、讨好

B. 书面语正式语体性质的双音节动宾动词：

（4）怀疑、贪污、出版、调剂、抗议、增产、起草、示意、玩味、平反、出席、出口

第四类，根据高更生（1998），该类双音节动宾形式的典型特征是具有较强的正式语体色彩，原本不能携带宾语却出现了携带宾语的用法，并且该类表达形式的数量在不断的增长。该类双音节动宾形式如：

（5）点睛、揭秘、感恩、取证、做客、进军、夺冠、加盟、执教、取样、会师、探营、入围、探源、亮相、现身、称雄、称霸、揭幕、解码、丧生、挂帅、扬威、留学

该类双音节动宾形式的通常用法与介词性结构构成“P＋NP＋［V＋N］”或“［V＋N］＋P＋NP”的结构；在书面正式场合下，则将介词的宾语转换为自身的宾语。其携带宾语和不携带宾语的用法如：

（6）联手：与工商管理部门联手—联手工商管理部门

转会：转会到阿森纳队—转会阿森纳队

赠书：赠书给希望小学—赠书希望小学

做客：到我们的演播室做客—做客我们的演播室

连线：与前方记者连线—连线前方记者

有的“动宾结构 + 宾语”中的宾语还可以是原结构的定语，如：

（7）控股：控两家公司之股份—控股两家公司

登顶：登世界之巅之顶—登顶世界之巅

将该类双音节动宾形式与其他几类对比，会发现它们具有以下几点特征。

1. 该类双音节动宾形式扩展能力很弱，有的完全不能扩展，有的即使能扩展也只能作有限扩展，如：

A. 不允许扩展的，如：

（8）倾情—＊倾了情　转会—＊转了会　会师—＊会了师　聚焦—＊聚了焦

B. 有限扩展的，如：

（9）登陆—登了陆——＊登了诺曼底的陆　收徒—收了徒—＊收了他的徒

入籍—入了籍—？入了北京的籍　落户—落了户—？落了上海的户

从这一特征来看，不能够扩展的 A 组与双音节动宾动词非常相似，而能作有限扩展的 B 组与双音节动宾动词差别稍大一些，与离合词和动宾短语则很不相同。

2. 该类双音节动宾形式一般不能携带宾语，不能整体被携带“了”，不能整体重叠，也不能够在双音节韵律形态的作用下名词化，这表现在该类双音节形式无法充当形式动词的宾语，如“＊进行驻军、＊进行加盟、＊进行援手”等均为非法形式。其对“了”的接受情况例举如下：

（10）亮相银屏—＊亮相了银屏

在银屏上频频亮相—？在银屏上频频亮相了

（11）缺席金马颁奖礼—＊缺席了金马颁奖礼

在金马颁奖礼上缺席—？在金马颁奖礼上缺席了

（12）赠书希望工程—＊赠书了希望工程

向希望工程赠书—？向希望工程赠书了

（13）转岗其他行业—＊转岗了其他行业

向其他行业转岗—？向其他行业转岗了

从该类特征来看，它们与双音节动宾短语和离合词存在相似之处。

3. 该类双音节动宾形式内部的构成成分尽管句法上绝大部分不自由，但是两个构成成分的语义内容以及二者之间的动宾语义关系却非常清晰，整体意义等于构成意义之和，即“ab = a + b”。该双音节形式可以替换为由其构成成分所对应的双音节形式或单音节自由形式所构成的动宾组合，即“［V + N］ = VV + NN”或“［V + N］ = V + N”，例如：

（14）驻军—驻扎军队　感恩—感谢恩德　收徒—招收徒弟
抢滩—抢占滩头
取证—取得证据　赠书—赠送图书　借力—借助力量
落幕—落下帷幕
夺冠—争夺冠军　丧生—丧失生命　探源—探求来源
受宠—受到宠爱

该类形式即使有的产生了引申义，其本意也仍清晰可辨，从本义到引申义的引申线索也很清晰，例如：

（15）回首—把头转向后方—回顾、回忆
［本］：屡屡回首，不忍离去
［引］：回首往事
（16）备战—准备战争—准备比赛
［本］：练兵备战
［引］：为奥运会备战
（17）接轨—连接路轨—把两件事情连接起来
［本］：新建的铁路已经全线接轨铺路
［引］：与国际接轨

从该类特征来看，该类双音节动宾形式与双音节动宾短语和离合词的特征也非常相似。

4. 该类双音节动宾形式携带宾语时，所携带的宾语不宜是过于个体化、具体化的事物，如当其宾语为包含“的”的定中式名词结构或数量名词结构时，均不太顺口，如：

（18）亮相北京街头—？亮相北京海淀区的街头
缺席金马颁奖礼—？缺席金马颁奖礼的开幕式
（19）赠书希望学校—？赠书北京市的一名中学生
转岗其他行业—？转岗北京的一个保健公司

这一特征又将该类双音节动宾形式与双音节动宾动词、双音节动词以及离合词区分开来；而与“代体结构”极其相似，如：

(20) 砍大刀—＊砍一把大刀、睡小床—＊睡一张小床、跑业务—？跑一个业务、洗凉水—？洗一次凉水、写毛笔—＊写刚买的毛笔、吃食堂—?吃北语的第二食堂

基于以上特征，我们将该类双音节动宾结构记为“$[V_0+N_0]_V{}^0$”（下文将使用此符号）。

由以上分析可见，这几类双音节动宾形式，与其语体功能相对应，具有明显不同的句法特征。那么，它们的语体功能与句法特征之间是否存在着某种内在的关联呢？它们的语体功能是如何构成的呢？下面我们依次分析。

二　“$[V_0+N_0]_V{}^0$”与相关结构的“时空特征”

（一）“$[V_0+N_0]_V{}^0$”的“泛时空化特征”

我们发现$[V_0+N_0]_V{}^0$之所以具有书面正式语体色彩，是由它既具有词的性质，同时又具有短语的特征造成的。词的性质与短语的特征的同时兼有造成它具有泛时空的特征，由此满足了书面正式语体语法的基本要求（冯胜利，2010）。其泛时空特征的实现机制具体如下：

由于$[V_0+N_0]_V{}^0$中的V和N具有清晰的语义内容，并且保留着明显的动宾关系，即V_0+N_0之间具有短语的特征，因此$[V_0+N_0]_V{}^0$内部表达了一个由动作和对象所构成的事件内容，但由于$[V_0+N_0]_V{}^0$整体上具有词的性质，这使得$[V_0+N_0]_V{}^0$所表达的事件内容无法具体化为一个现实的事件。因为根据“词汇完整性”或“词汇自主假设”（冯胜利，2001）的要求，短语（句法）规则不能影响（或适用）到词汇内部的任何成分，这就意味着动作事件的时空性特征只能实现在句法层面，而不可能实现在构词层面。黄国营（2000）指出：“句子，可分为‘语法句’（S）和‘语用句’（U），S是备用单位，U是使用单位，从S到U是一个‘实现’的过程。……S有独立完成的句法结构和逻辑意义，但仍只是备用单位。U才是使用单位，才有实际意义。S与U可能同形，也可能不同形。S（‘句’）实现为U（‘话’）的关键，是借助提示信号M进入交际者的真实世界，在时空、情态、共喻圈方面赋值后而取得现实意义。”$[V_0+N_0]_V{}^0$具有命题内容，这与未成为使用单位的S非常相似，但二者又存在

一个很大的不同：未成为使用单位的S可以获得时空、情态、共喻圈等方面的赋值，从而取得现实意义，因为它是一个句法的单位；而 $[V_0+N_0]_V{}^0$ 由于整个单位具有词的性质，根据“词汇自主假设”，在词的外壳的作用下，其内部的动作V和受事N根本无法实现获得时空、情态、共喻圈等方面的赋值，因此无法表达一个现实的事件。这样该类 $[V_0+N_0]_V{}^0$ 尽管内部具有表达动作和受事的命题内容，但却不具有具体的时空性特征。由于不具有具体的时空性，因此满足了书面正式语体的泛时空的特征的要求，这使这类双音节动宾形式具有书面正式语体功能成为可能。

我们之所以说只是成了一种可能，是因为虽然 $[V_0+N_0]_V{}^0$ 内部的“V_0”和“N_0”无法获得时空、情态、共喻圈等方面的赋值，但是，整个 $[V_0+N_0]_V{}^0$ 作为一个 V_0，从理论上讲，是应该可以在句子中获得现实意义，从而表达一个具体的事件。那么现实是否如此呢？我们发现并非如此，突出的表现是“$[V_0+N_0]_V{}^0$”无法整体携带“了”等时体助词，这一点我们在上文中已作了详细的介绍。那么为什么“$[V_0+N_0]_V{}^0$”作为一个词整体上无法实现其具体时空性呢？原因是它又受到了其内部“V_0”和“N_0”所具有的动宾短语特征的制约。由于“$[V_0+N_0]_V{}^0$”中“N_0”仍保留着受事的语义角色，而V则仍保留着指派受事的功能，整个“$[V_0+N_0]_V{}^0$”内部的两个构成要素并没有完全融合为一个单位，在句法上不具有典型动词的句法特征，无法被整体赋予时空意义。

综上所述，在“词的外壳”和“内部动作和受事的动宾关系”这两重特征的作用下，无论是整个单位形式“$[V_0+N_0]_V{}^0$”，还是其内部具有动作受事关系的“V_0+N_0”均无法被具体化为现实的事件，因此该类双音节动宾形式具有泛时空化的特征，成为一种具有书面正式语体功能的语法形式。

（二）双音节动宾短语、离合词、动宾动词的“时空特征”

上面我们分析了在“词的外壳”和“内部动作和受事的动宾关系”这两重特征的作用下，无论是整个单位形式“$[V_0+N_0]_V{}^0$”，还是其内部具有动作受事关系的“V_0+N_0”均无法具体化为现实的事件，因而具有泛时空化的特征，所以成为具有书面正式语体功能的语法形式。

如果这一分析正确的话，那么反过来则可以推出：若某一语法形式不同时具备“词的外壳”和“内部动作和受事的动宾关系”这两重特征，则可以实现具体时空化，从而具有口语非正式语体功能。那么事实是不是如此呢？双音节动宾短语、离合词、动宾动词所具有的语法特征和语体属性恰好证实了这一点。

先看双音节动宾短语。双音节动宾短语完全具有短语的性质，即不具有“词的外壳”。由于完全具有短语的性质，因此表达具体时空意义的成分，可以进入该结构内部，如其中的动词可以携带“了”等成分，被赋予具体的时空值，实现其具体时空性，从而由“备用单位”转化为“使用单位”。此外由于是双音节短语，其中的动词变为单音节动词，根据张国宪（1989）对于单双音节动作动词充当句法成分功能差异的考察以及王洪君（2001）指出的“单音动词保留了原有的单纯的强动态性”，我们会发现单音节动词对于具体时空性的要求非常强烈，表达的是具体的动作行为，因此该类双音节动宾组合具有很强的具体时空性，具有口语非正式语体的性质。

离合词也是如此，冯胜利（2001）指出“离合词是在韵律的框架内运作的，它是韵律模块（template）与句法运作的‘二合物’”，是“可词可语”的一种形式，当它扩展为语时，它与双音节动宾短语非常相似，可以被赋予具体的时空性，因此具有口语非正式语体的色彩。反过来看，具体时空性的要求恐怕正是离合词打开的另一重要的动因。崔四行（2008）在分析核心重音对于离合词的构成的作用的同时，也指出了“核心重音是词汇词打开的必要条件而非充分条件”，也就是说核心不存在词汇词必然无法打开，但核心重音存在并不必然会打开。显然，词汇词的打开与否还存在着另外一个重要的因素在控制着。从语法句被赋予现实意义值，转化为语用句从而真正成为使用单位来看，这些经常在口语中使用的离合词，要实现其更为具体的现实意义值，最好的办法莫过于表达现实意义的成分附着在其中的单音节动词或者单音节名词上，从而表达更为具体的动作或更为具体的动作对象。这样，具体时空性的要求，也就必然要求离合词打开，而核心重音的存在恰好满足了这一要求，在它的作用下，离合词由词变为语。也就是说，具体时空化的要求是词汇词打开最根本的动因，而核心重音则是实现这一要求所使用的一种句法力量，二者共同构成了这一句法运作的充分必要条件。同样道理，也就可以解释为什么“$[V_0+N_0]_V{}^0$”同样存在核心重音的作用而无法打开了。因为尽管“V_0和N_0”无法被赋予具体时空性，因此也就不具备打开的根本动因，这样尽管核心重音这一句法力量存在，但却无用武之地，该类形式不能扩词为语。通过这一分析，离合词的具体时空性特征和“$[V_0+N_0]_V{}^0$”的泛时空性特征就更加清晰了。

最后看动宾动词。动宾动词则与上面两类的情况恰好相反，它不具有短语性，而完全具有词的特征，因此均可以在句子中作为一个整体来接受表达时空意义的成分的修饰，从而实现其具体时空性。尽管如此，但是该类词的内部在语体性质上仍存在较为明显的差异，这又是什么原因造成的呢？

我们将该类动宾动词再次列举如下：

A 类 口语非正式语体性质的双音节动宾形式：

（21）抱怨、得罪、挖苦、寻思、知道、提醒、讨厌、关心、注意、当心、埋怨、讨好

B 类 书面正式语体性质的双音节动宾形式：

（22）怀疑、贪污、出版、调剂、抗议、增产、起草、示意、玩味、平反、出席、出口

对比这两组词我们会发现：A 组词中的第二个语素轻读或允许轻读，如“抱·怨、得·罪、挖·苦、寻·思、知·道”的第二音节为明显的轻读成分，“提醒、注意、讨好”中的后一音节则允许读成轻声，我们可以把 A 组看作“轻读或者有轻读倾向的 VN”。B 组具有书面语体色彩的则基本上不能够轻读，我们可以把它们称为“不能轻读的 VN”。能够轻读就意味着 N 语义的磨损的程度非常高，根据冯胜利（2006）“凡是带有（或趋向于）轻声的是口语的形式；凡是表达正式语体色彩的都没有轻声或不能轻读”，由此我们可以得出“N”的磨损性越强那么 VN 的非正式程度就越高。

那么，为什么 N 的磨损程度越高，整个“VN”形式的口语性就越强呢？原因在于 N 的磨损性越强，VN 的融合度也就越高，整个 VN 就越相当于一个单音节的 V。也就是说，“VN”中的 N 的磨损和轻声化实际上是一个将“N”消除的过程，即一个趋向单音化的过程。根据王洪君（2001）“单音节动词”具有很强的动态性，由此也就可以解释为什么“VN”中 N 的轻声会造成“VN”的口语非正式语体的功能，因为本质上是进行了一个将双音节形式单音化的运作。因此，B 组的 VN 的正式程度要高于 A 组的 VN。可见，“VN”的融合度越高，词汇性程度越强，那么“VN”的口语非正式语体性就越强。

通过对双音节动宾短语、离合词、动宾动词所具有的语法特征和语体功能成因的分析，我们可以发现，一旦不同时具备“词的外壳”和“内

部动作和受事的动宾关系”这两重特征的限制，语法单位便能够实现其具体时空性，那么它们则可以具有口语非正式语体的色彩。

（三）“$[V_0+N_0]_V{}^0$”与双音节动宾式动词的“时空性质”与“语体关系”

根据上面的分析，将$[V_0+N_0]_V{}^0$、不能轻读的VN和轻读或有轻读倾向的VN这三类具有词的语法性质的双音节动宾形式加以对比，可以发现它们在正式等级上存在着下面的序列：

$[V_0+N_0]_V{}^0$ > 不能轻读的VN > 轻读或有轻读倾向的VN

此外，我们发现这样一类现象：一些早在80年代被学者们看作不能携带宾语的双音节形式，到了现在已经可以自由携带宾语，并且宾语可以是个体性的事物，可以整体携带“了”，甚至有的可以充当“形式动词的宾语”，这类动词如“投资、服务、登陆、抗议、出台、出炉、祝福、造福”等，试看下面例句：

（23）1984年5月，法国企业在上海投资了第一个合作项目。

（24）该院先后立案侦破各种经济案件16件，为基层挽回经济损失百万元，较好地服务了本地的经济建设。

（25）凯斯的哥哥丹尼尔加盟了汉姆布瑞奇·奎斯特公司。

（26）特区政府已出台了很多推动经济的措施。

这类双音节动宾形式可以构成两类句式：一是不携带宾语，或是用介词将句子的论元引出，如“向第一个合作项目投资、为本地的经济建设服务、加盟于毛人凤的唱片公司、向大众文化挑战”；或是构成非施事主语句，如“很多推动经济建设的措施出台了”。二是直接携带宾语，如上面的例（23）至例（26）。

从表面看，似乎该类动宾动词携带宾语所构成的结构与典型的“$[V_0+N_0]_V{}^0$”携带宾语所构成的结构相同，但实际上存在很大的差异：

首先，这些动词可以自由地携带宾语，并且携带宾语时并不具有刘大为（1998a：23）所提出的$[V_0+N_0]_V{}^0$所具有的“不同程度的不顺畅感”，而是与普通动词所携带的宾语非常相似，非常顺畅。这说明该类宾语已经不同于核心动词移位所形成的宾语，而很可能是V’之下动词的真正的宾语（具体详见下文）。

其次，其后携带宾语时的正式程度不仅并没有比使用介词介引宾语有所增强，反而是有所减弱。

从以上所谈的这些句法特征来看，该类可以携带“了$_1$”的“$[V_0+N_0]_V^0$”表现出了更多与双音节动词 VN 相同的特征，这说明现在的这些词的性质已经不同于 80 年代初学者们讨论时它们所具有的性质。根据以上的特征，我们认为它们已经失去了其短语的特征，它们在逐渐地发展为“不能轻读的 VN”，我们将它们记为$[VN]_V^0$。也就是说可能存在着一个由“$[V_0+N_0]_V^0$”向“不能轻读的 VN”的动态的发展过程。

那么，“不能轻读的 VN”是否会向“已经轻化或存在轻化倾向的 VN”发展呢？答案是肯定的。冯胜利（1995：121）提出了现代汉语词化重音逐步左移的“现行变化”（an on—going change of Mandarin gradational distressing from right to left）的理论假设，指出：“如果复合词的重音结构继承的是短语重音结构的话，并且如果词汇化以后存在一个去重音的过程的话，那么复合词的重音变化过程可以图示为：

[x　X] → [X　x]

并且这二者之间，还存在一个过渡阶段，过渡阶段的形式为［x X］或［X x］。”① 之后，王志洁、冯胜利（2006）通过对“北京话双音组的重音类型”的考察，发现了北京话双音组各重音类型之间存在下面的关系（2006）如图 3－1 所示。

图 3－1　北京话双音组各重音类型之间的关系

他们从共时平面证实了现代汉语词化重音逐步左移的“现行变化”的理论假说。本节所谈的带轻声的双音节动宾动词便是这一规则作用下的一个具体的表现。从具体实例来看，我们发现使用率较高的“动员、祝福”已经开始允许轻读，而使用率较低的“复员、造福”不允许轻读②，

---

① 根据冯胜利（1995：221）的分析，这两种形式是发生在两代不同的人的身上，年老的一代使用的是其从短语形式那里继承下来的短语重音模式，为［x X］；年轻的一代则将它们看作一个词汇形式，内部已经磨损，因此采用［X x］的重音模式。

② 这里的使用率是根据语感和这几个词的使用范围来判断的，“复员”主要用于军人这一特殊的群体，因此交际中的使用率要明显低于“动员”，“造福”所表达的内容也不如“祝福”更为常用。

在语体色彩上，前者要弱于后者。

由上面的分析，我们可以断定存在一个由“$[V_0 + N_0]_V{}^0$”变为“不能轻读的VN”再变为“能够或存在轻读倾向的VN”的动态发展过程，并且这种动态的变化在影响着该类形式的语体色彩。其发展过程以及引起的语体色彩的变化如图3-2所示：

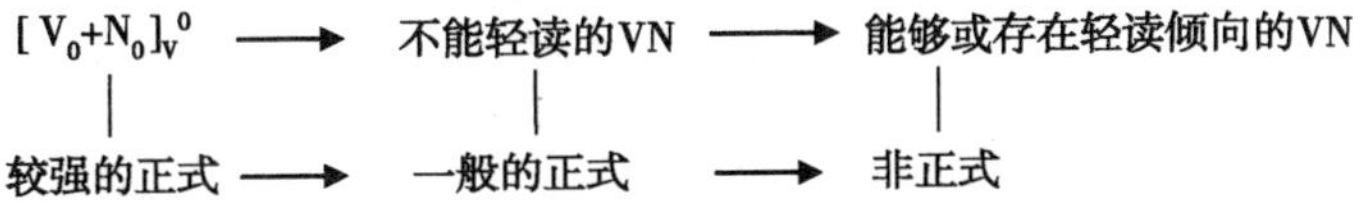

$[V_0+N_0]_V{}^0$	→	不能轻读的VN	→	能够或存在轻读倾向的VN
|		|		|
较强的正式	→	一般的正式	→	非正式

图3-2　语音轻化和语体属性共变图

三　“$[V_0 + N_0]_V{}^0 + NP$”与相关结构的“时空特征”

$[V_0 + N_0]_V{}^0$双音节动宾形式不仅自身具有较强的书面正式语体色彩，而且根据冯胜利（2005b：473—474），它可以通过核心移位构成更为正式的“$[[V_0 + N_0]_V{}^0] + NP$”结构，其正式色彩要明显地强于使用介词介引宾语构成的结构。那么，为什么由“$[V_0 + N_0]_V{}^0$”发生核心移位所构成的“$[[V_0 + N_0]_V{}^0] + NP$”具有更强的书面正式语体性质呢，而一旦“$[[V_0 + N_0]_V{}^0]$”失去短语特征，其使用介词短语时，正式色彩却又要强于携带宾语所构成的结构呢？

此外，汉语中还存在一类同样是发生核心移位构成的结构形式，即代体结构。尽管发生的句法运作相同，但不同的是，代体结构具有较强的口语非正式语体色彩。那么，是什么原因导致了同一句法运作而语体结果却截然相反呢？

我们认为导致这些差异的根本因素有两点，一是其中的主要动词的性质，即“$[V_0 + N_0]_V{}^0$”结构的性质和代体结构中动词“V”的性质；二是$[[V_0 + N_0]_V{}^0] + NP$的构成机制，即是通过核心动词移位构成的动宾结构，还是在V’之下动词直接携带宾语构成的动宾式VP结构。下面我们来具体分析。

（一）“$[V_0 + N_0]_V{}^0 + NP$”的“泛时空特征”

首先来看“$[V_0 + N_0]_V{}^0$”发生核心移位以后其正式色彩比发生移位之前增强的原因。以“讲学中南海”和“在中南海讲学”为例，根据冯胜利（2005b：474），该类结构发生的句法运作如图3-3所示：

（27）

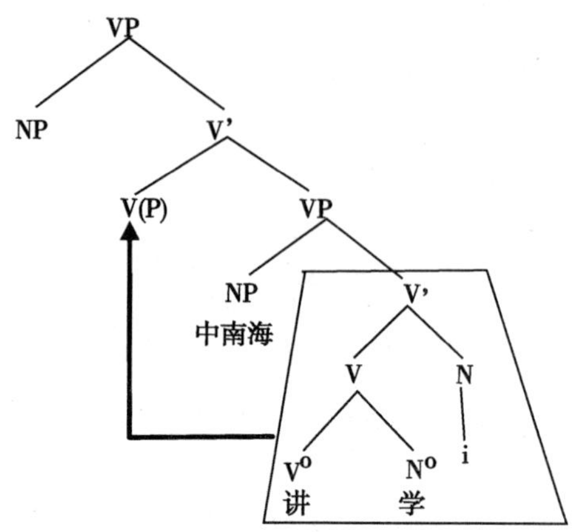

图 3－3　［［V_0+N_0］$_V{}^0$＋NP］的句法运作

上面我们分析了［V_0+N_0］$_V{}^0$由于具有词与语的双重属性，因此导致它尽管包含动作和受事的语义内容却无法被赋予具体时空值。当它被一个介词结构修饰，构成“P＋NP＋［［V_0+N_0］$_V{}^0$］”的结构时，如“在中南海讲学”，其时空性主要是通过状语“在中南海”来表达的，因为表达时间或对象的状语是表达具体时空性的一种有效的方法。但是一旦“［V＋N］”由V位置整体移动到轻动词位置，便把处所状语变成了“［V_0+N_0］$_V{}^0$”的一个关涉对象（可以是人、物、场所、时间等等）①，消除了“P＋NP”表达处所、时间或对象等的性质，因此也就将表达时空性的功能给取消掉了。这样，一方面“［V_0+N_0］$_V{}^0$”本身不具有具体的时空性，另一方面具有具体时空性质的状语“P＋NP”在发生了核心动词移位以后，其中的“NP”变成了“［V_0+N_0］$_V{}^0$”的一个关涉对象，也不再具有表达具体时空性的功能。在这两方面的作用下，整个“［［V_0+N_0］$_V{}^0$］＋NP”几乎不具有时空性，无法表达一个具体的事件。

也正因为该类结构无法表达一个具体的时间，因此它们经常被用作新闻的标题，因为标题不适合使用表达具体事件的结构来表达。此外，该类成分的弱时空性以及不表达具体事件的特点，还表现在该类成分进入正文时必须添加将事件具体化的修饰语，如时间状语或将事件具体化的副词

① 冯胜利（2005a）将轻动词移位以后，V'所控制的VP节点之下的Specifier位置的成分称为“所涉对象”，这里我们也采用了这一观点。

等，否则构成的句子不合法。就一般动词来讲，在带有时间处所修饰语的情况下，可以不使用时间状语而独立成句，如：

（28）他在北京读书。

（29）他在办公室工作。

（30）他在附近买了一个房子。

但是，我们发现该类由“$[V_0+N_0]_V{}^0$”发生核心动词移位而构成的“$[[V_0+N_0]_V{}^0]$ +NP”结构，尽管从语义上来看，宾语位置上的“NP”表达的是整个“$[V_0+N_0]_V{}^0$”的处所，但是“$[[V_0+N_0]_V{}^0]$ +NP”无法单独与主语构成一个独立的句子，而必须添加一定的表达时间的状语或某些将事件具体化的状语性成分才能够独立成句，进入正文，并且使用的状语越多，句子越顺口，如下面的句子：

（31）a. 借此契机，首届全国性体育信息科技理论研讨和产品展示活动将亮相京城。

b. ? 借此契机，首届全国性体育信息科技理论研讨和产品展示活动亮相京城。

（32）a. 但他和弗格森的关系让他别无选择，在去年夏季以2500 万英镑的身价转会皇马。

b. ? 但他和弗格森的关系让他别无选择，转会皇马。

（33）a. 为了梦寐以求的总冠军戒指，他又于去年7 月以“超低价”加盟湖人队。

b. 为了梦寐以求的总冠军戒指，他又加盟湖人队。

c. ? 为了梦寐以求的总冠军戒指，他加盟湖人队。

（34）a. 据说，易中天将再次做客百家讲坛。

b. 据说，易中天将做客百家讲坛。

c. ? 据说，易中天做客百家讲坛。

可见，由“$[V_0+N_0]_V{}^0$”经过核心移位所构成的“$[V_0+N_0]_V{}^0$ + NP”不具有时空性，或者说时空性非常的弱，因此必须借助于表达时空性的状语性成分才能构成一个完整的独立的句子。

由此可见，将“P + NP + $[[V_0+N_0]_V{}^0]$”结构中的“$[V_0+N_0]_V{}^0$”进行核心动词移位构成“$[[V_0+N_0]_V{}^0]$ + NP”，实际上是通过句法移位来消除动作的具体时空性，即实现泛时空化的过程，因此，该句法运作所构成的结构“$[[V_0+N_0]_V{}^0]$ + NP”比之前的“P + NP + $[[V_0$ +

$N_0]_V{}^0]$”在正式程度上有明显的增强。

总结以上“$[V_0+N_0]_V{}^0$”发生核心移位以后所构成的“$[[V_0+N_0]_V{}^0]+NP$”结构表达正式的原因有两点：

一是$[[V_0+N_0]_V{}^0]$包含动作和受事的语义内容，但本身不具有时空性，或者说时空性非常低弱。

二是$[[V_0+N_0]_V{}^0]+NP$，其中的NP不再具有表达具体时空的功能。

这两个因素缺一不可，缺少任何一个都会影响到结构表达正式的功能。这可从以下两种事实得到印证。

（二）“$[V_0+N_0]_V{}^0+NP$”与“$PP+NP+[VN]_V{}^0]$”的“时空”差异

上面我们谈到“$[[V_0+N_0]_V{}^0]$”已经失去短语特征，变为“$[VN]_V{}^0$”以后，存在直接携带宾语和使用介词介引宾语两种用法。但二者相比，使用介词短语的正式色彩要强于携带宾语所构成的结构；那么，为什么“$[V_0+N_0]_V{}^0$”失去了短语性质变成“$[VN]_V{}^0$”以后，其携带宾语时正式色彩并没有比使用介词介引宾语的结构有所增强，反而是减弱了呢？

原因就在于失去短语性质的“$[VN]_V{}^0$”所构成的“$[[VN]_V{}^0]+NP$”结构的宾语，与兼具词和语两重属性的“$[V_0+N_0]_V{}^0$”通过核心动词移位所构成的“$[V_0+N_0]_V{}^0+NP$”中的宾语的性质并不相同，它们所携带的宾语并不是通过核心移位构成的，而是在VP之下，直接通过动词V和受事宾语NP组合而形成的V'。以“投资了一个项目”为例，其结构如图3－4所示：

（35）

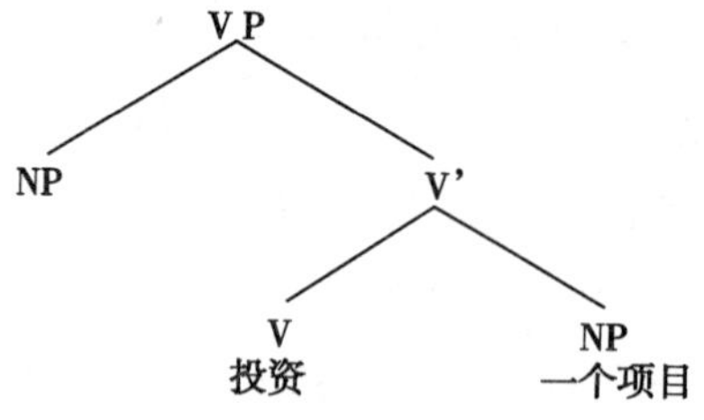

图3－4　$[VN]^0+NP^0$的句法结构

这可以从以下几个方面得到证实：

首先，失去短语性质的“$[VN]_V^0$”所携带的宾语可以是非常具体的、个体化的名词性的结构，而兼具词和语两重属性的“$[V_0+N_0]_V^0$”所携带的宾语不能是过于具体化、个体化的名词性结构，如包含“的”字定语的名词性结构，试看下面例句：

A 组

（36）他们最近投资了北京市海淀区的一个农村的一个小项目。

（37）这个政策造福了这个地区的很多的没有钱买房子的老百姓。

（38）他祝福了当时在场的所有的孩子。

B 组

（39）亮相北京街头—？亮相北京海淀区的街头

（40）驻军北京—？驻军北京的海淀区

（41）缺席金马颁奖礼—？缺席金马颁奖礼的开幕式

（42）行骗乡镇企业—？行骗一家乡镇企业

A 组合法，而 B 组不合法，这说明两组中的双音节动宾形式的性质不同，前者与一般的双音节动宾动词所带的宾语基本相同，而后者则很不相同。

其次，失去短语性质的“$[VN]_V^0$”的宾语可以使用“$[VN]_V^0$ + 了 + 疑问词”进行提问，而兼具词和语两重属性的“$[V_0+N_0]_V^0$”所携带的宾语不能使用该种方式进行提问，如：

A 组

（43）他们投资了什么项目？　他们投资了一个地产项目。

（44）这些政策造福了谁？　这些政策造福了当地的百姓。

（45）他们要抗议谁？　他们要抗议政府。

B 组

（46）＊它们转会了哪里？＊他们转会了湖人队

（47）＊他们亮相了哪个地方？＊他们亮相了北京的街头

（48）＊那个人行骗了谁？＊那个人行骗了一个乡镇企业。

A 组可以直接用于问句，这与普通的双音节动词基本相同，而 B 组不能够直接用于问句，与普通的双音节动词不同。

再次，上面我们讲到兼具词和语两重属性的“$[V_0+N_0]_V^0$”发生核心重音移位以后，无法单独与主语构成独立的句子，但是我们发现失去短语性质的“$[VN]_V^0$”与个体化的名词性结构所构成的动宾结构，通过添加一定的时体助词就可以与主语独立构成句子，如：

（49）他投资了一个项目。

（50）他祝福了在场的所有的人。

（51）狂风登陆了胶东半岛。

根据以上几点，我们可以发现，失去短语性质的“$[VN]_V{}^0$”的句法特征以及携带宾语的情况与兼具词和语两重属性的“$[V_0+N_0]_V{}^0$”发生核心重音移位所构成的动宾结构完全不同，而与普通动词所构成的动宾结构基本相同。由此，我们可以断定词化的“$[VN]_V{}^0$”所构成的动宾结构是 VP 之下的述补结构 V'，与普通的双音节动词所构成的动宾结构相同，因为它们已经失去短语的性质，仅保留了词的性质，而不是通过核心动词移位构成的结构。

由于构成的动宾结构是 VP 之下的 V'，一方面“$[VN]_V{}^0$”失去了短语的性质，具有动词的性质，整体的动词性和动作性增强，同时本身可以被赋予具体的时空值；另一方面动词的宾语也具有将动词具体化的功能，这表现在充当句子的宾语的成分，必须是具有个体特征的事物，不能是光杆名词，如“我吃了饭”是不合法的结构，而说成“我吃了一碗饭”变成合法的了，这表明动词的宾语具有具时空的特征。由于这两方面的作用，因此失去短语性质的“$[VN]_V{}^0$”直接携带宾语时并不会增强其正式语体色彩，因为它既不是包含动作和受事的命题内容的词汇形式，也没有发生核心动词的移位，即不具备上面所谈的兼具词和语双重属性的“$[V_0+N_0]_V{}^0$”所构成的动宾结构表达正式的两个条件中的任何一个。

（三）代体结构的“具时空”特征

冯胜利（2000）指出，汉语中的代体结构，如“写毛笔”也同样是通过核心动词移位造成的，那么为什么句法运作相同而其语体功能却与$[[V_0+N_0]_V{}^0]+NP$ 迥异呢？

原因就在于代体结构尽管也发生了核心动词移位，但并不同时具备“$[[V_0+N_0]_V{}^0]+NP$”结构表达正式的两个因素中的第一个要素，即：$[[V_0+N_0]_V{}^0]$ 包含动作和受事的语义内容，但本身不具有时空性，或者说时空性非常低弱。

因为代体结构“V+NN”中的“V”均为单音节动作动词。根据王洪君（2001：247），单音节动词具有很强的动态性，表达内容非常具体，这就意味着该类通过核心动词移位所构成的“V+NN”结构的“V”既不包含动作受事的命题内容，又具有很强的具时空性的特征，即无法满足上面的第一个条件，因此该类句法运作的结构不具有泛时空性的特征，因此无法拉开与口语表达形式的距离，无法表达正式。

代体结构和完全具有词的性质的“ $[VN]_V^0$”由于不具备泛时空的特征，因此不具有表达正式的语体功能或正式程度不如“$[V_0+N_0]_V^0$”强，可见泛时空特征是书面正式语体的基本特征，句法运作只有满足了泛时空化的要求才能够表达正式。

四　小结

综合以上研究，本文得出以下结论：

1. 双音节动宾形式“ $[V_0+N_0]_V^0$”、双音节动宾短语、离合词，由于所具有的语法特征不同造成了它们所赋予的现实意义值不同，因此其语体功能有所不同。

双音节动宾形式“$[V_0+N_0]_V^0$”，由于其内部包含了动作和受事的语义内容，兼有词和语两重特征，在这一特征的作用下，无法实现其具体时空性，因此具有书面正式语体的性质。双音节动词短语和离合词具有短语的句法特征，因此具有口语非正式语体的色彩。双音节动宾动词 VN 内部，具有较强书面正式语体色彩的均不能轻读，而能够或存在轻读倾向的均具有较强的口语非正式语体色彩，原因在于 N 的磨损和轻化本质上是一个将双音节动词单音化的运作，而单音节动词具有很强的动作性，表达内容具体。

2. “ $[V_0+N_0]_V^0$”、“不能轻读的 VN”和“能够或存在轻读倾向的 VN”存在一个动态的发展过程：随着使用的增多，“ $[V_0+N_0]_V^0$”会失去其短语的性质，其中的“V”和“N”的融合度越来越高，最终成为完全具有双音节动词性质的 $[VN]_V^0$，其结果是其书面正式语体色彩随之有所减弱，但在相当一段时间内仍会具有不同程度的书面正式语体的色彩；但是一旦 N 磨损出现轻化，双音节的 VN 出现了单音化，便完全失去其正式性，具有口语非正式语体的功能。可见，双音节动宾“ $[V_0+N_0]_V^0$”随着使用频率的增多其结构性质会发生变化，而其结构性质的变化又导致了其语体性质逐渐变化。

3. 双音节动宾形式的词与语的性质与语体色彩呈并行的动态变化，其变化关系如图 3－5 所示：

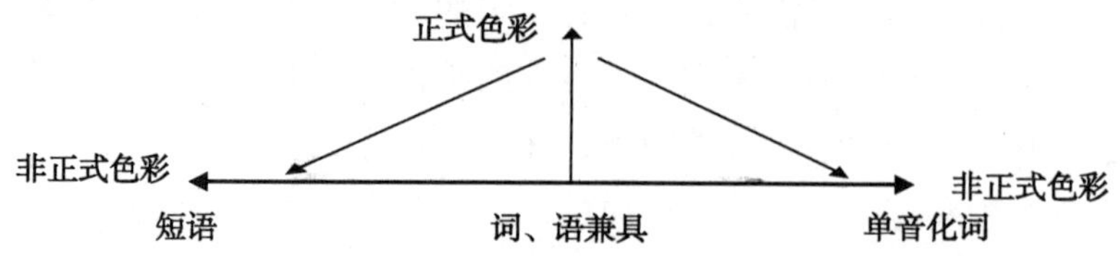

图 3－5 双音节动宾形式的词、语性质与语体色彩动态关系

成词越高，口语非正式语体性越强，最极端的情况是轻化双音节动宾形式，具有很强的口语非正式语体性；短语性越强，口语非正式语体色彩也越强，最极端的情况是短语和离合词的扩展形式，具有很强的口语非正式语体性；而处在中间状态的既具有词的性质又具有短语的特征的$[V_0+N_0]_V^0$，具有较强的书面正式语体色彩。

4. 经过核心动词移位所构成的“$[V_0+N_0]_V^0+NP$”之所以能够表达正式，是由于一方面$[V_0+N_0]_V^0$包含动作和受事的语义内容，但本身不具有时空性，或者说时空性非常低弱；而另一方面表达具体时空性的介词结构被置于整个“$[V_0+N_0]_V^0$”结构之后，去掉了其表达处所、时间或对象等将事件具体化的功能，成为“$[V_0+N_0]_V^0$”的一个关涉成分，因此$[V_0+N_0]_V^0+NP$结构中的 NP 不再具有表达具体时空的功能，这两方面的作用造成了经过核心动词移位所形成的“$[[V_0+N_0]_V^0]+NP$”具有泛时空的特征，因此具有表达正式的功能。失去短语性质的“$[VN]_V^0$”携带宾语所构成的动宾结构之所以正式程度远不如“$[V_0+N_0]_V^0+NP$”强，以及“代体结构”之所以不表达正式是因为它们不具备“$[V_0+N_0]_V^0+NP$”所具备的两个条件，因而能够表达具体的现实意义。

总而言之，通过对以上几类双音节动宾形式其句法特征的差异及其对应的语体色彩的差异的讨论，对经过核心移位构成的“$[V_0+N_0]_V^0+NP$”、失去短语性质的$[VN]_V^0$带宾的结构以及代体结构的对比讨论，我们可以看到：语体性质不同，那么它们所具有的句法特征也不相同。这恰反映了冯胜利（2010）所提出的“语体不同，语法因之而异”。此外，通过对这几组语法形式正式与非正式的分析，也证实了“泛时空化特征是书面正式语体的基本特征”。因此，该文的讨论实际上既是对语体语法理论的一个很好的实践，又是对该理论的一个很好的证明。

第二节　“V + 向/往”结构

一　引言

冯胜利（2003a、2003b、2006）提出了书面正式语体是一个独立的语法系统，并对其系统模式进行了研究，继而在《论语体的机制及其语法属性》一文中，对语体的机制和语法属性进行了讨论，指出“语体是人们说话交际时标识‘说者与听者’之间相互关系的产物”（冯胜利，2010：400），正式与非正式是其最基本的范畴，其本质“是一种调节交际关系的语言机制”（冯胜利，2010：403）；并且“语体是通过语法表现出来的（当然也包括词汇）”，其中“书面正式语体的基本原则是用语法手段把正式表达和与之相关的口语表达之间的距离拉开，‘拉距变形’的基本特征是‘泛时空化’，即‘减弱或去掉具体事物、事件或动作中时间和空间的语法标记’”（冯胜利，2010：407）；提出了“语体不同则语法也因之而异”的重要观点。

那么，书面正式语体有哪些不同于口语非正式语体的语法形式呢？

我们发现汉语在表达动作方向时存在两种类似的结构：一为“向/往 + NP + VP”，如“向教室跑”、“往四川运”；二为“V + 向/往 + NP”，如“跑向教室”、“运往四川”，但这两种形式的使用场合的正式性有所不同。我们对这两种形式的使用场合进行了考察，设计了两组正式程度不同的交际场合，一为正式的主持人播报新闻的场合，二为非正式的夫妻或邻居谈话的场合，试看这不同场合对两种形式的选择：

场合一：夫妻或邻居谈话

（52）夫妻开了一个搬运公司，一天，妻子问丈夫：这几车货几点______？

A. 往四川运

B. 运往四川

（53）母亲发现五岁的孩子不在家里，出门寻找，遇到邻居，问邻居是否见到自己的孩子。邻居回答：刚才看见他和一群孩子______了。

A. 向学校那个方向跑

B. 跑向学校

场合二：主持人播报新闻

（54）广播员：政府下拨的救灾物资将于明日准时________。

A. 往四川运

B. 运往四川

（55）广播员：昨天下午3点整，随着苏城上空响起一阵急促的防空警报声，30多位居民鱼贯而出，匆匆地__________。

A. 向地下人防工程那个方向跑

B. 跑向地下人防工程

显然，以上两种场合对A和B两种形式的选择是不同的，场合一中的（52）最佳的选项是A，（53）的最佳选项是A，（54）的最佳选项是B，（55）的最佳选项是B。尽管个别问题的另外一个选项可接受，但也能够明显感受到两个选项在正式程度上有所不同。为了确保准确性，我们将上面的四个问题作了一个小规模的十五人的问卷调查，调查的对象是中文系本科大三学生，调查结果与以上所述完全吻合。

可见，“V+向/往”和“向/往+V”实际是两种具有不同语体功能的语法形式，前者是满足正式交际需要的一种语法形式，具有书面正式语体的功能，而后者则是满足非正式交际需要的一种语法形式，具有口语非正式语体的功能。

通过对这两种结构形式的使用场合的考察，我们确定了它们的语体属性。那么，为什么“V+向/往+NP”具有表达正式的语体功能？它的语体属性具体有什么样的语法表征？这是本文所要解答的主要问题，下文我们将对其语法特征进行分析讨论，解答其表正式的原因，并由此进一步证实其语体属性。

根据冯胜利（2005）对与介词相关的轻动词移位的讨论，我们认为“V+向/往+NP”实际上是“向/往+NP+V”结构中动词由“V”位置移动到轻动词“v”位置，与介词“向/往”组合成为一个韵律词构成的。在这一轻动词移位过程中，大大降低了介词短语所表达的动作方向的具体性，表现出了泛时空的特征，因此“V+向/往+NP”是一种表达正式的结构形式。

下面，我们首先讨论由“向/往+NP+V”变为“V+向/往+NP”所发生的核心动词移位的运作机制；然后分析对比“向/往+NP+V”和“V+向/往+NP”在表达方向的具体性与抽象性上的差异，解释“V+

向/往 + NP”表达正式的原因；最后讨论该类表达正式的语法手段对于“语体语法理论”（冯胜利，2010）的意义。

二　“V + 向/往 + NP”的构成机制

在口语非正式语体中表达动作的方向时，采用的结构为“向/往 + NP + VP”，如“向教室跑”；而在书面正式语体中则将介词结构放在了动词的后面，构成了“V + 向/往 + NP”，如“跑向教室”。那么，由“向/往 + NP + VP”到“V + 向/往 + NP”是经过了一个怎样的句法运作呢?

冯胜利（2005）对汉语中与轻动词有关的句法现象进行了讨论，指出“‘促发句法移位’是轻动词句法的一大特征”（冯胜利，2005：4），“以往所说的‘首位动词’或‘介词’或‘同动词’可以分析为一种实现非音化轻动词的格位标志”（冯胜利，2005：7），文中以具体实例分析介词引发轻动词移位，如“臣不敢哭师”中的“哭师”实际上是由“向师哭”将轻动词移位而构成的（冯胜利，2005：8）。

根据冯胜利（2005）对介词的轻动词性质以及引发的核心动词移位运作机制的分析，我们认为“V + 向/往 + NP”也同样是由“向/往 + NP + V”经过介词引发的核心动词移位构成的，其运作过程如图 3 – 6 所示：

（56）

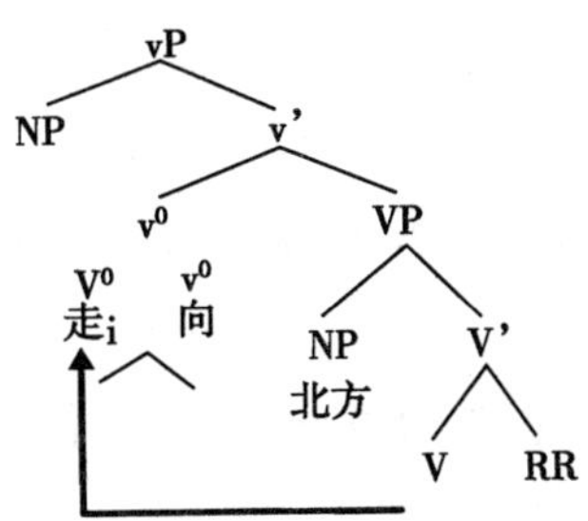

图 3 – 6　“V + 向 + NP”的句法运作

只不过在该运作过程中，介词“向/往”仍保留着语音形式，并且与动词 V 黏合在一起成为一个韵律词。由于“向/往”仍保留其语音形式，因此移位的动词只能是单音节形式而不能是双音节形式，因为当它多于一个音节时，移位到轻动词“向/往”位置时，就超出了一个韵律词的大小，因而会被韵律模式判为非法形式，故“＊奔跑向、＊输送往”均不合法。

综上所述，“V + 向/往 + NP”是由“向/往 + NP + V”经过介词引发的核心动词移位构成的，并且这一句法运作过程受到了韵律句法的限制，要求其中的动词“V”只能为单音节形式。

三 “V＋向/往＋NP”的“泛时空”特征

以上我们分析了“V＋向/往＋NP”是由“向/往＋NP＋V”经过核心动词移位构成的，那么为什么“V＋向/往＋NP”具有表达正式的功能，而“向/往＋NP＋V”却具有口语非正式语体的性质呢？为什么这一句法运作造成了两个语体性质不同的语法形式呢？

原因就在于“向/往＋NP＋V”经过核心动词移位的运作，大大降低了介词结构所表达的方向的具体性，表现出了泛时空的特征。

我们先来看“V＋向＋NP”。我们发现“向/往＋NP＋V”与“V＋向/往＋NP”除了在表达正式与非正式上的差异以外，还存在以下几个方面的不同。

首先，“向＋NP＋V”的结构中的NP适合使用具体名词，不宜使用抽象名词，而“V＋向＋NP”可以使用抽象名词，也可以使用具体名词。试看下面几组例句：

A组 具体名词

（57）a. 快船队的球员马科贾里奇是从南斯拉夫来的，看到我拿着鸡块走向垃圾桶。

b. 快船队的球员马科贾里奇是从南斯拉夫来的，看到我拿着鸡块向垃圾桶走过去。

（58）a. 挂着各地牌照的50多辆大型卡车满载救援物资浩浩荡荡地驶向机场。

b. 挂着各地牌照的50多辆大型卡车满载救援物资浩浩荡荡地向机场驶去。

（59）a. 被乡亲们藏到村外的马老太太看到日寇杀人，不顾一切地跑向清真寺。

b. 被乡亲们藏到村外的马老太太看到日寇杀人，不顾一切地向清真寺跑。

（60）a. 突然“嘭”的一声，拖船上的缆绳脱扣了，射向周新平的头部。

b. 突然“嘭”的一声，拖船上的缆绳脱扣了，向周新平的头部射过去。

B组 抽象名词

（61）a. 王恩德工程师乘坐中国政府派来的专机飞向祖国的怀抱。

b. ＊王恩德工程师乘坐中国政府派来的专机向祖国的怀抱飞去。

（62）a. 8月20日，破袭战陆续展开，并迅速推向高潮。

b. ＊8月20日，破袭战陆续展开，并迅速向高潮推去。

（63）a. 这标志着首家国内公立医院通过资本运作，迈向了产业化发展之路。

b. ＊这标志着首家国内公立医院通过资本运作，向产业化发展之路迈去。

（64）a. 家畜胚胎移植已经逐步走向规范化和商品化。

b. ＊家畜胚胎移植已经逐步向规范化和商品化走去。

（65）a. 1934年以后，由于人工放射性的发现，费米开始转向实验工作。

b. ＊1934年以后，由于人工放射性的发现，费米开始向实验工作转。

A组中，介词的宾语为具体名词，既可以使用“向+NP+V”的结构，也可以使用“V+向+NP”的结构；而B组中，介词的宾语为抽象名词，只能够使用“V+向+NP”的结构，而不能为“向+V+NP”的结构。

抽象名词与具体名词的区别就在于：具体名词表达的是具体的事物，表达的方向也就更加具体；而抽象名词表达的是抽象的事物，它无法表达动作的具体方向，而只能是动作的目标或发展趋势；等等。

“向/往+NP+V”在接受抽象名词时受到了限制，而“V+向/往+NP”不受此限制，这说明由V到v位置的移动，降低了“向/往+NP”所表达的内容对具体性的要求，由具体的方向变为抽象的目的或发展趋势等，即所表达的内容被抽象化了。

其次，我们还发现，当介词宾语为具体名词时，“向+NP+V”中的NP可后加方位名词“里边/上”等，而“V+向+NP”不可，试看下面的例句：

（66）他慢慢地驶向飞机场。

？他慢慢地驶向飞机场里面。

他慢慢地把车向飞机场里开。

（67）他把箭射向了宋人的船头。

？他把箭射向了宋人的船头上。

他把箭向宋人的船头上射。

（68）小鸟缓缓地飞向了小树的枝头。

？小鸟缓缓地飞向了小树的枝头上。

小鸟缓缓地向小树的枝头上飞。

“里面/里边/上”等方位词的功能就是将处所方向进一步具体化，“向＋NP＋V”中的“NP”可以添加该类成分，说明其中的介词结构可以表达更为具体的动作方向；而“V＋向＋NP”不可以，这说明其中的介词结构表达的不是动作的具体方向，因此不能与过于具体的成分相搭配；这再次表现出了“V＋向＋NP”表达方向的不具体性。

再次，我们发现“向＋NP＋V”作名词性成分的定语时，重音落在介词宾语上，暗含与其他方向的动作进行对比之意；而“V＋向＋NP”作定语时，重音落在整个“V＋向＋NP”上，并且并不暗含对比之义，试比较下面的例句：

（69）a. 飞向太空的宇航员

b. 向太空飞的宇航员（暗含：不是向北方飞的宇航员）

（70）a. 飞向蓝天的白鸽

b. 向蓝天飞的白鸽（暗含：不是向树上飞的白鸽）

（71）a. 流向清华的大水渠

b. 向清华流的大水渠（暗含：不是向北大流的大水渠）

（72）a. 跑向医院的孩子

b. 向医院跑的孩子（暗含：不是向学校跑的孩子）

（73）a. 撤向根据地的军队

b. 向根据地撤的军队（暗含：不是向解放区撤的军队）

以上例句中a例表达的是“什么样的NP”，而b表达的是“向哪儿V的NP”，可见“向＋NP＋V”凸显的是具体的方向，而“V＋向＋NP”并不是凸显动作的具体方向性，所表达的方向的具体大大降低。

由以上三点可见，“向＋NP＋V”表达的是动作的具体方向，而“V＋向＋NP”不表达动作的具体方向，由“向＋NP＋V”经过核心动词移动而构成了“V＋向＋NP”结构，降低了原结构形式所表达方向的具体性，表现了泛时空的特征。

“V＋往”也是如此，尽管它主要是与具体名词相搭配，而极少与抽象名词相搭配，但“往＋NP＋V”与“V＋往＋NP”同样存在着表达方向的具体与不具体的差异，试看下面例句中两种结构所表达的内容的差异：

（74）a. 一架商用飞机1日下午从巴基斯坦拉合尔机场飞往印度首都新德里。

b. 一架商用飞机1日下午从巴基斯坦拉合尔机场往印度首都新德里飞走了。

（75）a. 中国体育代表团选择南京雨花石为“幸运之石”送往奥运会会场。

b. 中国体育代表团选择南京雨花石为“幸运之石”往奥运会会场送。

（76）a. 不少公司还将海外营运中心迁往大陆。

b. 不少公司还将海外营运中心往大陆迁。

（77）a. 到了公元前2世纪的西汉，中国丝绸就分海、陆二道运往西方。

b. 到了公元前2世纪的西汉，中国丝绸就分海、陆二道往西方运。

以上例句中的b句表达的是动作的具体方向，整个语句表达的是一个具体的向某一方向运动的位移，这一位移方向是具体的、明确的；而a更像是表达动作的目的地，而减少了位移方向的具体性。

此外，我们也发现当介词宾语为非常小的范围时，不能使用“V＋往”结构，如下面的例句：

（78）a. 把水往瓶子里倒

b. ？把水倒往瓶子（里）

（79）a. 往她的帽子上扔垃圾

b. ？把垃圾扔往她的帽子（上）

（80）a. 把钱往他的口袋里塞

b. ？把钱塞往他的口袋（里）

（81）a. 往左脸上擦粉

b. ？粉擦往左脸（上）

空间越小，表达的方向也就越具体，反之就越不具体；“V＋往”不能够携带过于狭小的空间，而“向＋NP＋V”可以，这说明了二者在表达方向的具体性上存在差异，“往＋NP＋V”具有表达具体方向的作用，而“V＋往＋NP”在表达方向的具体性上大大减弱。可见“往＋NP＋V”中的动词“V”发生了核心动词移位以后，整个结构降低了表达方向的具体性，而更像是表达动作的目的地。

由上面的分析可见，将“向/往＋NP＋VP”中的动词进行核心动词移位以后，大大降低了动作的具体方向性，表现出了泛时空的特征，因此该类句法移位本质上是为满足泛时空化的要求从而与口语表达形式拉开距离的一种句法移位手段。

四　小结

以上我们在冯胜利（2005）提出的介词具有标识轻动词格位的功能以及对轻动词句法移位机制的讨论的基础上，讨论“V＋向/往＋NP”是由“向/往＋NP＋VP”中的动词“V”经过介词引发的核心动词移位而构成的，并且从句法表现上分析论证了这一移位大大降低了介词结构表达的动作方向的具体性，因此“V＋向/往＋NP”具有表达正式的功能。

由上面的分析我们看到：表达同一信息内容，书面正式语体和口语非正式语体采用了不同的语法形式，一是“V＋向/往＋NP”，二是“向/往＋NP＋V”；并且其语法特征也很不相同，前者具有泛时空的语法特征，而后者具有具时空化的特征。这恰好印证了冯胜利（2010）提出的“语体不同则语法因之而异”，书面正式语体是用语法手段把正式表达和与之相关的口语表达之间的距离拉开，“拉距变形”的基本特征是“泛时空化”。

第三节　“NN＋VV＋N（N）”结构

“NN＋VV＋N（N）”，如“纸张粉碎机”，是一种构成书面正式表达的语法结构，该类结构，尤其是其内部的构造语序引起了很多学者的关注，很多学者作过讨论，如 Duanmu（1997），端木三（2000），顾阳、沈阳（2001），王洪君（2001），Packard（2000），Cheng（2002），石定栩（2002、2003），冯胜利（2004），何元建（2004），何元建、王玲玲（2005），He（2006），程工（2005），杨永忠（2006），周韧（2006），柯航（2007），裴雨来（2010），庄会彬（2011）等。王洪君（2008：229—305）将其总结为五种学说，具体包括：端木三（1997）的“重音规则激发移位说”；顾阳、沈阳（2001）的“词法、句法规则有异而激发移位说”；何元建（2004）提出的“词法、句法的论元分支方向不同说”；周韧（2006）提出的“名性复合词之修饰语去动词化的要求激发移位说”；王洪君（2001）、柯航（2007）提出的“基本词先行组织说”。除了以上五种观点以外，冯胜利（2004、2005a：105—118）从“构词和构语音步走向的不同”解释了“动宾倒置”的原因，我们可以称之为“音步组向不同所造成的动宾倒置说”。

本节，我们将在冯胜利（2004）的“音步组向不同造成了动宾倒置说”，周韧（2006）提出的“名性复合词之修饰语去动词化的要求激发移位说”，以及冯胜利（2007、2009c）提出和王丽娟（2009）论证的双音节韵律形态理论的基础上，首先分析“NN + VV + N（N）”中“动宾倒置”的条件和本质；然后在此基础上分析该类结构及其对应的口语表达“V + NP + 的（ + NP）”在“时空特征”上的差异，进而阐释其语体的差异。

一　双音节韵律形态理论下对“NN + VV + N（N）”结构的再思考

先来看冯胜利（2004、2005a：105—118）的“音步组向不同造成的动宾倒置说”和周韧（2006）“名性复合词之修饰语去动词化的要求激发移位说”的具体内容。

冯胜利（2004、2005a：105—118）指出“VV + NN + N（N）”（如“粉碎纸张机”）之所以不合法是因为该结构中的“VV + NN”为动宾短语，其音步组向为“左向音步”，而构词形式一律为“右向音步”，结果造成了动宾短语的音步组向与词的音步组向要求相冲突，即如下所示（2004：15）：

[　　[粉碎　　　纸张]　　机]

[←动宾短语音步组向]

[构词音部组向→　　　　　　　]

*［构词音步组向→　←动宾短语音步组向］

至于这两种音步组向为什么会发生冲突，冯胜利（2004：15）指出其根本原因在于“构词法中混入了造句法”，即违反了“词汇完整性”或

“词汇自主假设”（Lexical Integrity Hypothesis）所要求的“句法不能影响词法的运作”原则。

在此基础上，冯胜利（2004：15—16）进一步指出：“如果说［动＋宾］的音步方向与整体构词的音步组向正相反，因而不能成词的话，那么其中的［动宾］结构必须加以改造才能作为名词的构成成分。最直接的改造方法就是‘取消宾语’”，“如果宾语一定要出现的话，那么根据构词音步必须左起的要求，它只能移到动词左边的附加位置上，亦即：［军马　饲养　方法］。”

周韧（2006）的解释也是建立在“词汇完整假设”的基础上，认为复合词内部包含了短语是“VV＋NN＋NN”（＊粉碎纸张机）不合法的原因，与冯胜利（2004、2005a：105—118）的“音步组向不同造成的动宾倒置说”有所不同的是，他认为“要推导出一个复合词的话，就必须将短语成分去掉，而最好的方法就是改变其中动词 V 的词类性质”，认为“VV＋NN＋N（N）”（＊习得语言装置）中的动词 VV 经历一个“去动词化”的过程，而“去动词化”是通过形态的手段实现的，但是这一形态手段具体是什么并没有作出解答。周韧将构成“NN＋VV＋N（N）”的句法移位过程图式如图 3－7 所示（2006：305）：

(82)

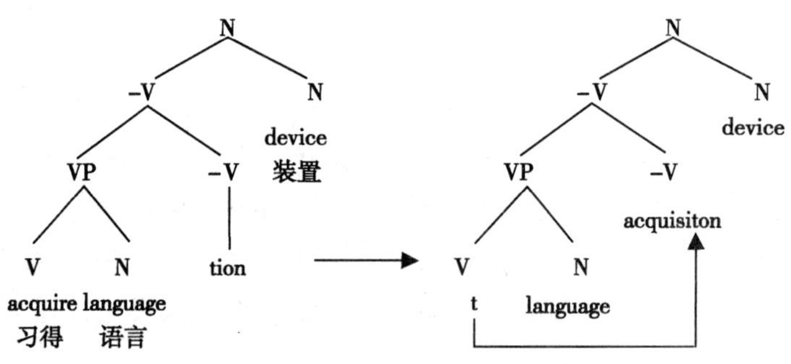

图 3－7　“NNVVN”的句法运作

冯胜利（2004）和周韧（2006）均认为该类结构是为满足“词汇完整性”或“词汇自主假设”（Lexical Integrity Hypothesis）的要求，而进行了结构的调整，最后所形成的结构形式，但在具体如何调整上，二者的观点有所不同。冯胜利（2004）从音步的角度，认为是“取消了宾语”将构词单位内部的“左向短语音步”变成了“右向的构词音步”，由此构成了“NN + VV + N（N）”（纸张粉碎机）结构；而周韧（2006）则从动词VV的性质的角度，认为是“动词去动词化”改变了“VV + NN”的短语性质，由此构成了复合词“NN + VV + NN”（纸张粉碎机）。两个不同的角度均较为合理地解释了该类结构的构成机制，但也均各自留下了一个尚未解决的问题，“音步组向说”留下的问题是为什么取消宾语能够改变音步组向，为什么双音节动词可以取消其宾语？冯胜利先生看到了双音节形式在其中的作用，指出单音节动词构成的结构无法通过这一运作来实现音步组向的改变，如“＊军马养方法”，但对于双音节形式的本质是什么当时并没有指明。“去动词化说”留下的问题则是实现“去动词化”的形态手段是什么？

尽管冯胜利（2004）没有具体对这一问题作进一步的讨论，但是他所提出的双音节韵律形态理论却为我们进一步解决这一问题指出了答案。

冯胜利（2007、2009c）提出“双音化是现代汉语动词变成名词或兼类词的必要条件和形式标记”（2009c：11—12）；王丽娟（2009）在此基础上进一步证实了双音节韵律形态具有将动词名物化的功能。

据此，我们就可以解释为什么“取消宾语”具有改变音步组向的作用了。因为在双音节韵律形态的作用下，双音节动词本身既具有动词的属性又具有名词的属性，即成为动词和名词的兼类词，所以当动词携带宾语时，在宾语的作用下，凸显的是双音节动词的动词属性，整个结构是一个左向的动宾短语，而当宾语被消除或宾语被前置时，其中的动词在双音节韵律形态作用下所具有的名词属性便重新获得，因此可以充当另一名词的定语，构成定中结构，由此形成右向音步，改变了原来的短语性质的左向音步，满足了“词汇完整性”的要求。

由此，我们也就找到了周韧（2006）所没有解释的动词“去动词化”的形态标记，即“双音节形式”。在双音节这一韵律形态标记的作用下，VV兼有了动词和名词的属性，而“宾语的消除”或“动宾的倒置”使这一形态的功能得以发挥，动词的性质真正发生了改变。

此外，根据这一理论，我们也就可以解释汉语与其他语言在“NN + VV + N（N）”结构上的共性，英语中的该类结构，如“language acquisition device”中的“acquisiton”是通过“ - tion”来名词化实现的，而汉语的“语言习得装置”中的“习得”则是通过“双音节韵律形态”来实现名词化的，根据冯胜利（2009c：12），该类双音化类似于英文的

“-ing”标记。可见，英语中的该类结构与汉语中该类结构本质上的语法机制是相同的。但由于汉语的双音节韵律形态的作用是最终在结构中实现的，也就是“动宾倒置”或者“动词移位”是不可或缺的一步，从这一点来看，冯胜利（2004）提出的“音步组向的改变”并非为汉语所特设的，而是对汉语自身特征的一个真实的反映。

总结以上的分析，影响“NN+VV+N（N）”的构成因素包括以下两个方面。

首先，双音节韵律形态的作用。在双音节韵律形态的作用下，双音节动词VV成为兼有动词和名词双重属性的兼类词，这是该类能够发生动宾倒置或发生动词移位的前提条件，没有这一条件便无法构成宾语倒置或将动词移位。由此也就可以进一步解释由单音节动词所构成的“VNN”，如“植树节”、“养军马的方法”，无法通过“动宾倒置”或“动词移位”构成合法的结构的原因了，如“*树植节”“*军马养方法”均为非法形式，因为单音节形式不是将动词变为名词或兼类词的必要条件和形式标记，其中的单音节不具有名词的属性，因其具有很强的动词性，对宾语具有很强的句法要求，因此不允许消除宾语或动宾倒置或动词移位。

其次，动宾的倒置或者动词的移位则是构成这一结构的最终的实现条件。动宾的倒置或动词的移位，消除了由于宾语的存在而造成的对双音节动词的动词性的凸显，使双音节动词的名词性属性得以发挥，即“VV”的性质真正发生了改变，成为另一成分的定语，实现了音步的改变，由此，满足了“词汇完整性”的要求，构成了合法的“NN+VV+N（N）”复合词结构。

总体来说，双音节韵律形态是该类结构动宾能够倒置的前提条件，而该类结构的动宾倒置或动词移位则是改变VV的性质的最终实现条件，使合法的“NN+VV+N（N）”结构最终构成。这两方面的作用缺一不可，“*树植节”的不合法是由于缺少第一个条件，即“双音节形态标记”造成的，而“*饲养军马方法”的不合法则是由于缺少第二个条件，“动宾倒置”或“动词移位”这一句法运作造成的。

二　“NN+VV+N（N）”与“V+NP+的（+NP）”的时空差异

以上我们在双音节韵律形态的理论下，重新梳理了“NN+VV+N（N）”的构成机制，下面我们来看该类结构在时空特征上与其对应形式

"V + NP + 的（+ NP）"的差异。

从语体性质来看，该类结构具有较强的书面正式语体的色彩，其相对应的口语表达为"V + NP + 的（+ NP）"，试看下面的（83）、（84）两组例句：

（83）汽车修理工　稿件评审人　考场巡查员　报纸销售员
　　　汽油供应站　血液化验室　面部清洁器　禽类养殖场

（84）修车的（人）　审稿子的（人）　巡考的（人）　卖报纸的（人）
　　　加油的地儿　验血的地儿　洗脸的盆子　养牲畜的圈

那么，为什么（83）组的结构具有表达正式的语体功能，而（84）组的结构却具有表达非正式的语体功能呢？

根据上面对 A 类表达形式的构成机制的分析以及对比（83）组例句和（84）组例句的结构形式，我们认为原因主要来自两个方面。

首先，主要是由其中的"VV"的性质不同造成的。根据上面的分析，（83）组中的"VV"兼有名词的性质，而（84）组中的"VV"为动词。

我们在第二章第一节"和"字动词性并列结构中，在 Ronal W. Langacker（1987：90—92）所分析的动词和其名词化形式的语义差异的基础上，指出由于动词的名词化将由一个个子事态所共同构成的整体空间范域凸显出来，而忽略了构成整个范围的一个个成分的个体性，因此是去具体性和个体性，即泛时空化的过程。

道理相同，"动宾倒置"所构成的"NN + VV + N（N）"结构，由于宾语的前置或动词的移位，使双音节动词具有的名词性凸显出来，因此所构成的结构也便具有了表达正式的语体功能。

相比之下，动宾短语则表达的是一个个体的动作，因此使用它作定语所构成的"VV + NN（的）+ NN"形式具有将事物具体化的作用。周韧（2006：310）在分析法律条文中所存在的"VV + NN + N"形式，如"走私毒品罪、制造谣言者、收受不正当利益者"时，指出"在 OVN 型复合词中，动词经历了'去动词化'后，OV 整体便有固化的趋势，表示泛指的概念"，而"如果是表示负面的语义，即使 V 和 O 都是双音节或多音节，使用者也倾向采用 VON 的格式，以强调复合词所表示的情形是某起确实发生过的个案，而不是一类现象"，即"NN + VV + N（N）"表达的是类指，具有去具体性的功能，而"VV + NN +（N）"倾向于表达"个案”，具有具体化的功能，这恰好验证了我们上面对动词名词化所具有的去具体性的功能的分析，是“VV + NN”和“NN + VV”差异的一个很好的反映。由于“NN + VV + N（N）”在动词名词化的作用下，表达的是类指，具有去具体性和个体性的特征，即泛时空化的特征。

其次，这两种结构的另一个明显的差异是：（84）组为“的”字结构短语，而（83）组是词语在韵律作用下的直接复合。这一差异亦直接决定了两个结构形式有着不同的时空性质。

完权（2012）从认知语法的入场理论出发，指出“的”的功能在于通过标记描写关系而达成认知入场，使表示事物类别的型概念与现实认知场景中的具体实体相关联，使其获得特定的指称对象。也就是说，在“的”的作用下，“VN 的（N）”指称的是一个具体的对象，具有很强的具体时空的特征。相比之下，“NN + VV + N”由于构成的是一个复合词，因此其表达的是类型概念，指称的是某一类对象。二者的这一差异突出表现在话语交际中，“VN 的（N）”可以不再添加任何修饰成分，而“NN + VV + N”则不可。请看：

（85）屋内，张某和李某正在谈话，忽然听到敲门声，张某出去察看后返回，李某询问，谁啊？

张某回答：修车的。（ * 汽车修理工。一位汽车修理工。）

以上交际中可以使用“修车的”来回答李某的询问，而“修车工”和“汽车修理工”均需要添加一定的修饰成分才可，“一 + 量词”是较为常用的形式。这一差异直接反映了二者时空度的差异：在“的”的作用下，“修车的”达成了认知入场的效果，指称了特定的具体的交际对象；而“修车工”和“汽车修理工”由于表达是一个型概念，根据完权（2012），在交际中就必须借助于某种基本认知能力调动听者的注意力以达到指别的效果，而人对事物数量的认识是简单而直接的，因而量化策略就成为达成入场的一个手段，所以这两种表达常常前加“一 + 量词”。可见，“VN 的（N）”为具时空的，而“NN + VV + N（N）”为泛时空的。

根据上面的分析，由“VV + NN + 的 + （NP）”变为“NN + VV + N（N）”，改变了结构的语体性质，造成了时空范畴的改变，由“具时空”变为“泛时空”，成为一种表达正式的语体功能的语法形式，再次表现了语体对于语法的驱动，“语体不同则语法因之而异”（冯胜利，2010）。

三　小结

本节指出“NN + VV + N（N）”是一种表达正式的结构形式，并在冯胜利（2004、2005a：105—118）提出的“音步组向性质不同所造成的动宾倒置说”和周韧（2006）提出的“名性复合词之修饰语去动词化的要求激发移位说”，以及冯胜利（2007、2009c）提出和王丽娟（2009）论证的双音节韵律形态理论的基础上，指出“双音节形式”这一具有将动词变为名词或兼类词的形态标记是“NN + VV + N（N）”构成的必要条件，而动宾的倒置或 VV 的移位则是构成“NN + VV + N（N）”结构的最终实现条件，这两个条件缺一不可。“ * 树植节”中的动词为单音节形式，不具有双音节形态标记这一条件，因此无法合法，“ * 饲养军马方法”由于未发生动宾倒置或动词移位，因此也不合法。

然后在此基础上，分析了“NN + VV + N（N）”和“V + NP + 的（ + NP)”在时空特征上的差异，首先，由于“VV”具有名词的属性，具有去个体性和具体性的特征，因此是一种表达正式的结构形式；而“V + NP”表达的是一个个体的动作，因此具有将事物具体化的功能，法律条文中的“VV + NN + （N）”强调“个案”的用法恰好证明了这一点；其次，由于“的”的功能在于通过标记描写关系而达成认知入场，使表示事物类别的型概念与现实认知场景中的具体实体相关联，使其获得特定的指称对象，因此“V + NP + 的 + （NP）”具有很强的具时空特征，而“NN + VV + N（N）”不用“的”，则大大降低了其具时空特征，实现了泛时空化。

第四节　“当”的语体功能

一　引言

“当”和“在”均可与“……时/的时候”等时间名词相组合。目前的研究基本认同“在”表达“动作发生的时间”的观点（吕叔湘，2000），然而对“当”则争议颇大。很多专家曾就“当”的使用规范问题作过多方面的讨论，如黎锦熙（1924：19），北京大学中文系（1959），赖震川（1978），《语文学习》（1979），叶俊（1980），高更生（1978），邹战（1982），阎仲笙、孙也平（1991），黄明明（1992），高更生、王红旗（1996），吕叔湘、朱德熙（2005：104）等；也有专家从欧化的角度探讨“当”的特点，如王力（1985：365）、顾百里（1985：118）、贺阳（2008：138）等，他们认为汉语本来很少在“时/的时候”前添加“当”字，五四之后因翻译过程中对译“when”才大量使用；还有学者对“当/在……的时候”的语法结构和意义进行分析，如李莹（2006）、叶皖林（2006）、李宗宏（2007）、曾晓鹰（2008）等。毫无疑问，以往的研究为我们认识这两个词的句法属性奠定了基础，当然，也仍然有很多问题尚未解决。譬如：

首先，是语体归属问题：一般认为“在”为口语表达形式，而“当”为书面语表达形式。如果是这样，那么，这里有两个问题亟待解答：

1. “在”和“当”存在语体差异的原因是什么？语体差异是否存在着句法上的依据？

2. 有的“当”可用于书面正式语体，但有的却主要用于文艺体，如：

（86）2005 年 5 月，当工人们对倦勤斋室内进行清理的时候，在宝座床的木板下，又有了新的发现。

（87）当云中的上升气流再也托不住它的时候，就从云中一落千丈地掉下来，成为我们所见到的冰雹。

（88）当山峰没有棱角的时候，当河水不再流，当时间停住日月不分，当天地万物化为虚有，我还是不能和你分手。（《环珠格格》主题曲《当》）

例（86）和例（87）表达的是现实的内容（记为“当$_{现实}$”），该类为书面正式语体表达形式，但例（88）类表达的是虚构的内容（记为“当$_{虚构}$”），该类主要出现在文学语体之中。

可见，“当”的语体属性并不单一。那么，“当”的语体归属到底应如何定性？更重要的是，是什么因素造成了这种特征，以及这一差异有何种句法基础？

其次，“当”和“在”均可与“……时/的时候”等时间名词组合，但其二者并不“雷同”：不仅表意存在细微的差别，而且有时甚至存在合法与非法的对立，如：

（89）在刚参加工作的时候认识的朋友　＊当刚参加工作的时候认识的朋友

在抗战即将胜利时签署的协议　＊当抗战即将胜利时签署的

协议

我们面对的问题是："当"与"在"的本质不同何在，其表达的到底是什么内容？与语体有无关联？

我们认为，这些问题都可以从语体语法的角度来解答。具体而言，是"时空度"的不同造成的，而二者"时空度"的差异则源自其时空性质的不同。最后，文章指出：这诸多相互关联的不同，是以不同的句法结构和运作为基础而形成的。

我们知道，语法研究中对语体的关注重视由来已久。吕叔湘（1977）、朱德熙（1985、1987）、胡明扬（1993）、陶红印（1999）、张伯江（2007）等，均提出过区分语体研究语法的必要。冯胜利（2003，2005）提出过书面正式语体的概念，并对书面正式语体的模式和特征进行了研究。此后，他又对语体的机制、语体与文体的关系、语体语法属性、语体的构成要素以及不同语体之间的组配模式、书面正式语体的诞生等一系列问题进行了研究，提出"语体不同则语法也因之而异"、"二元对立"、"时空别体"等观点（冯胜利，2010，2012，2013）。王洪君等（2009）更从话语时空与话主和受话间的距离关系的角度，提出了"主观近距交互语体"和"主观远距单向式语体"的观点。

本文将在前面学者提出的书面正式语体概念的基础上，根据冯胜利（2010，2013）、王永娜（2012）的"时空度"的思路，结合王洪君等（2009）的"主观近距"、"主观远距"、"当下"特征等概念，分析"当"与"在"在"时空度"和"句法位置"上的异同，从而解释二者语体差异的原因，印证和说明"时空别体"的规律，亦即：

1. 口语非正式语体的语法特征为"具时空化"，亦即"使用语言系统中时间和空间的语法标记"；

2. 书面正式语体的语法特征为"泛时空化"①，亦即"削弱或去掉具体事物、事件或动作中的时间和空间的语法标记"；

3. 文学体的语法特征为"超时空化"，亦即"不（或少）使用语言

---

① 我们认为"泛时空化"是实现正式语体的一种手段，但这并不意味着"泛时空化"为正式体所独有，也不意味着泛时空化是正式体的唯一手段。此外，"泛时空化"在语言的哪些层面上、在多大程度上实现正式体的问题，是该理论引发而来的新问题，还需进一步的探索和发掘。

系统中时间和空间的语法标记”。①

下面我们就从“在”与“当”的不同看语体的“时空”特点是如何发挥其“别体”作用的。

二 “在”、“当”的“时空特征”

“在”和“当”不仅在搭配上，而且在表达内容上都存在很大的差异，这种差异直接反映了二者在“时空度”上的不同。这可以从如下几个方面看出来。

第一，“在”可直接与处所名词相搭配，“当”不可，如：

（90）在学校　在图书馆　在屋子里　在上面　在中间

＊当学校　＊当图书馆　＊当屋子里　＊当上面　＊当中间

处所名词表达的是地点，地点是非常具体的客观存在。因此“地点名词”具有很强的“时空性”（表达具体的空间地点，故名之为“具时空性”）。例（90）中“在”和“当”的对立表明，“在”具有很强的“具时空”性，而“当”则不然。

第二，尽管二者均可表达时间，但“在”可以直接与时间名词相搭配，而“当”不可，如：

（91）在昨天　在去年　在九点　在那时　在三天的时间里

＊当昨天　＊当去年　＊当九点　＊当那时　＊当三天的时间里

① 试看以下例句：（1）a. 昨天我们已经买了这本书了。b. ＊昨天我们已经买这书。（2）a. ＊昨日我们已购了此本书了。b. 昨日我们已购此书。c. ＊我们购书。（3）a. 一个小桥和一条小河，还有一户人家。b. 小桥流水人家。例（1）和例（2）表达的是同一语义内容。例（1）属于口语非正式体，该句中表时间和空间的语法标记的使用最为丰富，并且它们的缺失会造成句子的非法，如例（1a）为合法形式，而（1b）去掉了“了$_{1、2}$”和“本”变为非法。例（2）为书面正式语体表达形式，表达时间和空间的语法标记被大大削弱，并且这种“一定范围内”的“削弱”具有一定的强制性，如去掉了部分表时空的语法标记的（2b）为合法，而保留全部时空语法标记的（2a）和去掉全部标记的（2c）均为非法。例（3b）为诗句，完全没有使用表时空的语法标记，若为之添加表时空的语法标记，便会失去诗句的性质，如（3a）。由此可见，口语非正式体、书面正式体和文艺体最根本的区别是运用不同的语法机制来实现不同的时空范畴，从而实现语体类型的区分。有关三体时空度的论证，参见冯胜利（2010、2012、2013），兹不赘论。需要指出的是这里的“时空别体说”是指：时空是区别语体的重要因素。

时间名词表达的是以说话人所在时间为参照点的绝对时间值，因此是具体的、可确定的。“在”可与之相搭配而“当”不可，再一次说明“在”的具时空的特征。

第三，“当”和“在”均可与“小句/动词性结构+时/的时候等时间名词”组合，表达时间，但二者并不完全等同，如：

（92）据说，当尼采发疯的那一刻，大街上正迎面赶过来一辆马车。

据说，在尼采发疯的那一刻，大街上正迎面赶过来一辆马车。

（93）当她们将由学校毕业的那一年，曾随她们的老师，渡过日本海来访蓬莱的名胜。

在她们将由学校毕业的那一年，曾随她们的老师，渡过日本海来访蓬莱的名胜。

（94）当时针指向十时整的时候，前线指挥部终于下达了总攻的命令。

在时针指向十时整的时候，前线指挥部终于下达了总攻的命令。

以上例句中的“当……”和“在……”表达的均是时间，此时“当”替换为“在”后句子仍合法。然而，当表达的时间“具体而实在”时，只能用“在”不能用“当”。这可以从以下几个方面看出来：

其一，“在VP时/的时候”可以直接用于回答对时间的询问，而“当VP时/的时候”则不可，二者构成明显的合法与非法的对立。如：

（95）他们什么时候商量的这件事情？（自编句）

是在开会刚刚开始的时候讨论的这件事情。

*是当开会刚刚开始的时候讨论的这件事情。

（96）你们什么时候买的那台电视机？（自编句）

是在我爱人刚刚工作的时候买的。

*是当我爱人刚刚工作的时候买的。

（97）他们打算在什么时候见面？（自编句）

在天黑的时候。

*当天黑的时候。

以上例句的合法性对立表明：“在……的时候”具有表达具体时间点的功能（具时空性），而“当……的时候”则无法表达具体时间，因此它是非具时空的。

其二，“在……的时候”可以构成“［在……的时候+V］+的+NP”，而“［当……的时候+V］+的+NP”为非法结构，例如：

（98）在刚参加工作的时候认识的朋友　＊当刚参加工作的时候认识的朋友

（99）在抗战即将胜利时签署的协议　＊当抗战即将胜利时签署的协议

（100）在遇到困难时产生的退缩心理　＊当遇到困难时产生的退缩心理

（101）在病情恶化时出现的症状　＊当病情恶化时出现的症状

例句中的“在……的时候+V+的”和“当……的时候+V+的”均为限制性定语，其功能在于从外延上缩小中心语所指称的范围，从而使整个结构所指称的对象具体化（刘月华等，2001：472；陆丙甫，1988、2003）。由此而言，该组现象是通过将动作行为定位在具体的时间点来实现动作行为的具体化，进而限定名词中心语，使中心语具体化。如果是这样，那么，“的+NP”字之前的限制性定语必须是具体性的，否则无法充当一般名词的限定语，换言之，不具体则无法发挥其“限定”的作用。我们认为这就是为什么上述“［［当……时］+NP］”所以非法的原因所在，因为“当”表达的不是具体的时间，即为“非具时空”的。

第四，“在”和“当”除了可以表达时间以外，还可以表达抽象的大背景、条件、状况等，如：

（102）晴朗的夜晚，当我们每隔一段时间观看天空时，一定会发现满天繁星都从东向西移动了位置，而有一颗星看上去却始终不动。

（103）某县城，当县政府决定拍卖城镇户口的时候，第一天，好奇的市民们纷纷到现场围观；第二天，有人坐不住了，找碴儿谩骂、侮辱农民；第三天……

（104）某些金属导体，在温度降到接近绝对温度0°的时候，电阻几乎完全消失。

（105）在全球面临能源危机的时候，亚洲许多国家和地区越来越重视核能工业。

以上例句的“在/当……”所表达的内容不是具体的“时间点”或明确的时间段，而是“背景、条件或状况”。如例（102），“当”表达的是“观看天空”的这一事件，是“发现具体对象”的背景；例（103）中的

“拍卖户口”是具体行为“市民围观或谩骂”的背景事件；例（104）的“温度降到绝对温度0°”是“电阻消失”的条件；例（105）中的“越来越重视核能工业”是在“全球面临能源危机”这一状况下出现的行为。其中“在/当……”的共同特点都不是该句行为的具体“时间”，而是该行为的“事件背景”或条件、状况。

需要指出的是：尽管“在”和“当”均可表达背景、条件、状况，但二者在时空特征上至少在以下三个方面表现出了很大的差异。

其一，当表达的内容并非已经发生的某一事件时，二者在“客观性”和“假设性”上有所不同，如：

（106）a. 你会利用这张相片，当你碰到那个人的时候，就可以认出他了。

b. 你会利用这张相片，在你碰到那个人的时候，就可以认出他了。

（107）a. 当一个地区的民众思想被禁锢的时候，这个地区绝对发展不起来。

b. 在一个地区的民众思想被禁锢的时候，这个地区绝对发展不起来。

以上例句使用“当”时，带有很强的“假设”义，表达的是一种可能的情况，如例（106a）其意义与“倘若遇到那个人”接近，而“在”无“假设义”，表达的是一种客观存在的事实，例（106b）暗含确信会遇到那个人。正因如此，下面的句子里只有“当”最合法：

（108）如果当孩子表现出了不满，母亲会立刻对他温柔地抚摸。

＊如果在孩子表现出了不满的时候，母亲会立刻对他温柔地抚摸。①

我们认为二者表意上的这一明显差异，恰恰反映了它们自身时空属性的不同：具时空的，因时空具体，故其义“客观存在”；“非具时空（或超时空）”的，因为不具体、时空不确定，因而允许产生“假设”之意。

其二，无论是表时间，还是表背景、条件、状况的“当”，其后均可以出现“有一天”，而“在”此种用法较为少见。在北大语料库中，

① 在北大语料库中，我们搜索到27例“如果当……的时候”，而“如果在……的时候”尚未发现1例。

“当”和“有一天”共现的用例达30多次，而“在”和“有一天”仅有几次。请比较：

（109）当有一天他们权利受到侵害时，他们能依法自我保护吗？

？在有一天他们权利受到侵害时，他们能依法自我保护吗？

（110）当有一天你认识到水晶宫里再美丽也不如陆地的时候，便游上了岸。

？在有一天你认识到水晶宫里再美丽也不如陆地的时候，便游上了岸。

（111）当有一天她醒来时，却发现身边的导演已经不见了。

？在有一天她醒来时，却发现身边的导演已经不见了。

我们知道，“一+量+名”的一个重要的语法特征就是表达不定指（范继淹，1985），“（有）一天”同样表达时间的不定指，具有不确定性、不具体的特征。正因如此，“当”是这里最佳的选择，而“在”则因为其“具体”的属性而被排斥，因此才形成上面的对立。

其三，“当”字短语可以独自作为标题，而对应的表时间情况的“在……时/的时候”极少独自用作标题，这更是二者时空特征不同的一个绝好的明证。譬如：[①]

（112）《当爱已成往事》、《当幸福来敲门》、《当美丽化为灰尘》、《当我们一起走过》、《当哈利碰上莎莉》、《当我们同在一起》、《当你的秀发拂过我的钢枪》、《在爱已成往事（时）》、《在幸福来敲门（时）》、《在美丽化为灰尘（时）》……

标题是正文内容的概括，概括不容具体。因此，标题具有“非具时空”的特征。“当”（而非“在”）可用作标题，恰好验证了“当”的“非具时空”（或泛时空）性的语法特征。

第五，“当”除了可以表达现实的背景、条件、状况外，还可以表达虚构的内容[②]，在这种情况下则无法替换为“在”。譬如：

（113）当沧海变成了桑田，我会依然与你相伴。（自编句）

---

① 我们利用百度对“当”和“在”进行了搜索，其中“当”用作标题的仅从前十页中就搜索到20余个用例，而表时间情况的“在”从前23页中也未能搜到一个。

② “虚构”和“假设”有联系但并不相同，“假设”是基于现实的设想，是抽象的，但有现实存在的依据，“虚构”完全是非现实的，是不可能存在的，因此没有发生的时间，也没有发生的空间，因此二者属于两种对应两种不同的时空范畴。感谢匿名评审专家提出疑问。

＊在沧海变成了桑田的时候，我会依然与你相伴。

（114）当时间突然停止，地球突然不转，你会想起我吗？（自编句）

＊在时间突然停止，地球突然不转的时候，你会想起我吗？

为什么虚构事件不用“在”呢？根据上面提出的“当/在”的时空差异，我们可以很好地解释这种情况。我们知道，虚构的事件无论其发生的时间，还是发生的处所，都是不存在的“假设”，因此，该类内容也具有非具时空的特征。“当”可以与之相搭配，说明“当”为非具时空的；而“在”无法搭配，再次说明了它的具时空特征。①

纵观以上所涉及的各种搭配对象，它们相互间在具时空性上存在着如下的等级序列（见表3－1）：

表3－1　　“当”、“在”搭配现象的时空序列

搭配对象	处所名词	时间名词	“Vp的时候”时间	“Vp的时候”背景状况	虚构内容②
等级序列	最强	次强	次弱	弱	无
合法性	在/＊当	在/＊当	在≠当	在≠当	＊在/当

由表3－1可见，“在”和“当”对它们的选择具有明显的规律：具时空性越强，越接受“在”，越排斥“当”；“非具时空”性越强，越接受“当”，越排斥“在”；在介于最强和最弱之间的位置，“在”和“当”出现了一定的重合，但二者的时空度仍有差异。由此可以得出以下结论：

1. 总体来看，“在”的默认（default）的时空范畴为“具时空”，其本质上是“语言系统中时间和空间的语法标记”。

2. 总体来看，“当”的时空范畴均为“非具时空”，但从“当$_{现实}$”和“当$_{虚构}$”与“在”有无重合来看，二者的去时空化程度有所不同，前

① 这里的虚构事件是自身不存在同时说话人也不认为其存在的事件，这与科幻小说中的虚构故事不同，科幻小说中故事本身不存在，但说话人把它作为真实存在的事件来叙述，因此科幻小说中仍然大量使用“在”。这从反面更加说明了“在”与“当”的不同。感谢匿名评审专家提出疑问。

② “处所名词”表达的内容是可以感官感知的，其具时空特征最强。时间比地点具有抽象性，其具时空性弱于“处所”，时间名词是以说话时为参照点的绝对时间，因此具有很强的具时空性；“vp的时候”所表达的时间是以事件形式来标记时间的，其具体性低于时间名词；条件情况具有较强的抽象性，虚构的内容则完全是不具有具体的时间和空间。

者是泛时空，后者是超时空。①

当搭配对象为具有现实性的时间、情况的“vp 的时候”时，如例（378）至例（380）以及例（392）至例（393），用“当”替换为“在”仍然合法，尽管语义发生变化。这说明：该类“当”尽管为非具时空的，但其去具时空的度被限定在了允许复原为具时空的范围内，也就是说，尽管“当”的具时空性有所削弱，但并没有完全去掉，即“当$_{现实}$”具有“泛时空”的特征。“当”的使用实际上是“削弱或去掉了具体事物、事件或动作中的时间和空间的语法标记”。

当搭配对象为虚构事件时，如例（399）—例（400），虚构事件是现实世界中不存在的，既没有发生的时间，也没有存在的空间，因而不能用“在”，只能用“当”。这说明此类“当”完全去掉了时空性，无法复原到具时空的范畴内。据此，我们认为“当$_{虚构}$”具有“超时空”的特征。换言之，“当$_{虚构事态}$”在这里运用的是“不使用语言系统中时间和空间的语法标记”的超时空手段。

三　“在”、“当”的“句法位置”

以上我们分析了“在”、“当”以及其与不同成分搭配时在时空度上表现出的差异，那么这一差异是否具有对应的句法格式呢？换言之，是否功能不同，句法也不同呢？下面我们看到，事实正是如此。

首先，对于“当”和“在”，《现代汉语八百词》（增订本）曾作过简明区别：“当，事件发生的时间。用于书面，‘当’后有时加‘着’”，“在，指一般动作发生的时间，‘在……’用在动词、形容词或主语前”。我们认为：这一区分实际上涉及了“在”和“当”在句法位置上的一些重要的不同；事实上，二者在语法结构上的差异非常丰富。② 先看下面的

① 泛时空是去掉了一些具体性，但其时间和空间仍客观存在的；超时空则是超越了现实时空，不具有现实的时间和空间，具体而言可以是虚拟的，也可以是时空空缺，如诗的语言。具体的讨论，请详见冯胜利（2010、2012、2013、2014）。

② 贺阳（2008）认为“当”为连词，而吕叔湘等（2000）认其为“介词”。限于篇幅，本文采用吕叔湘（2000）将“当”字短语处理为修饰限定语的做法，而不探讨其词性的归属。这主要基于以下事实：一是如果“当”为连词，那么“当”字短语后必须存在另一后续事件，而无法独立充当主语，而事实上这种用法不乏其例，如“当新的买入力量持续增强的时候，说明市场筑底成功”；二是如果“当”为连词，那么它无法受“每（次）”的修饰，而事实上“每（次）当……”为合法形式。可见“连词”的说法缺乏依据。

第一组现象。

第一组："在＋处所名词"和"在＋时间名词"

（115）a. 他将在学校的餐厅里工作。

b. ＊他在学校的餐厅里将工作。

c. ＊在学校的餐厅里他将工作。

（116）a. 两国将在1月1日正式恢复空中交通。

b. ？两国在1月1日将正式恢复空中交通。

c. ?? 在1月1日两国将正式恢复空中交通。

（117）a. 我们将在九点一刻在地铁口处接应你。

b. ＊我们将在地铁口处在九点一刻接应你。

例（115）和例（116）说明"在＋处所名词/时间名词"只能位于时间助词"将"之后，不可位于其前的任何位置；例（117）说明"在＋处所名词"和"在＋时间名词"共现时，后者只能先于前者，这一差异亦反映在例（116b）和例（117b）的可接受度上，前者完全非法，而后者为合法还是为非法较难以断定。

该组现象告诉我们：第一，"在＋处所名词/时间名词"的句法位置应位于I'之下（将的位置）（见图3－8），为VP的附加语。第二，"在＋时间名词"（记为"在$_{时名}$"）的句法位置高于"在＋处所名词"（记为"在$_{地处}$"）。据此，我们可以将这二者称为"VP内的'在'"，其句法位置如图3－8所示：

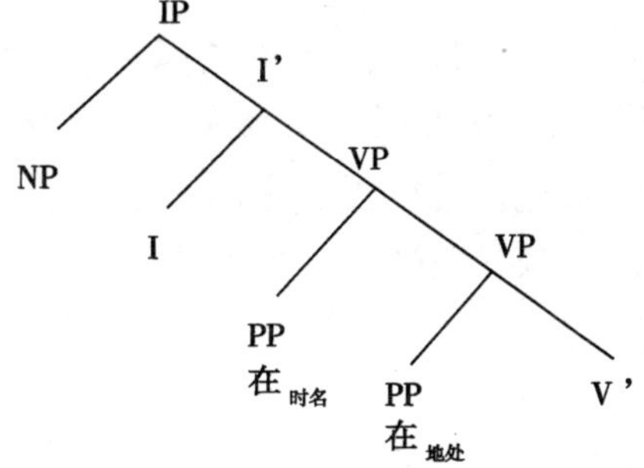

图3－8　"在$_{地处}$"和"在$_{时名}$"的句法位置

第二组："在＋VP＋的时候等时间性成分"

（118）a. 士兵们将在号角吹响的那一刻迅速地登上飞机。

b. ？士兵们在号角吹响的那一刻将迅速地登上飞机。

c. 在号角吹响的那一刻，士兵们将迅速地登上飞机。

（119）a. 克林顿将在海湾局势紧张的时候尽力保持国内油价的稳定。

b. 克林顿在海湾局势紧张的时候将尽力保持国内油价的稳定。

c. 在海湾局势紧张的时候，克林顿将尽力保持国内油价的稳定。

（120）a. 在温度达到 100 度的时候，水将变成气体。

b. 水在温度达到 100 度的时候将变成气体。

c. 水将在温度达到 100 度的时候变成气体。

（121）a. 在检查保险丝发现保险丝断裂时，你应在发现的那一刻立即更换保险丝。

b. 在检查保险丝发现保险丝断裂时，在发现的那一刻，你应立即更换保险丝。

c. * 在发现的那一刻，在检查保险丝发现保险丝断裂时，你应立即更换保险丝。

例（118）说明，与“在 + 处所名词/时间名词”不同，“在 + VP + 时间名词”可以位于“将”之后，也可以位于“主语”之前。然而，位于“主语”和“将”之间时有些不顺口。注意，当表达情况时，“在 + VP + 时间名词”可以位于“主语”之前，也可位于“主语”和“将”之间，但位于“将”之后的表达效果不如前者，如例（120c）不如例（120a）例（120b）更为自然；例（119）说明，“在 + VP + 的时候”既可以理解为时间也可理解为背景时，它可以位于“主语”之前，也可位于“将”之后，位于“主语”和“将”之间其可接受度也大大高于例（118b）；例（121）说明，两个“在 + VP + 时间成分”可以在同一个句子中共现，一个表达的是由大的背景事件构成的状况条件，一个表达的是由小的前景事件所确定的时点①，并且前者先于后者。

由此我们可以得出如下结论：存在两个“功能—形式”都不同（表义不同及句法位置不同）的“在 + VP + 的时候”：表时间的“在 + VP + 的时候”（记为“在$_{\text{VP时—时间}}$”）的句法位置与“在 + 时间名词”可以出现

---

① 感谢匿名评审专家的建议，但由于前者表达的既不是一个具体的时间点，也不是清楚的时间段，因此称其为“由大的背景事件构成的状况条件”可能更合理，后者表达的是一个具体的时间点。

在同一句法位置上（位于 VP 之内）。有所不同的是，它还可以位于主语之前，为 IP 内的附加语。表“情况”的“在 + VP + 的时候”位于 I 之上，为 IP 内的附加语，位于主语之前和之后均可，记为“在$_{VP时—情况}$”；同样是位于主语之前，“在$_{VP时—情况}$”句法位置仍高于“在$_{VP时—时间}$”的句法位置。我们可也将表达现实内容的“在$_{VP时}$”统称为“IP 内的‘在’”。二者的句法位置如图 3 – 9 所示：

（122）

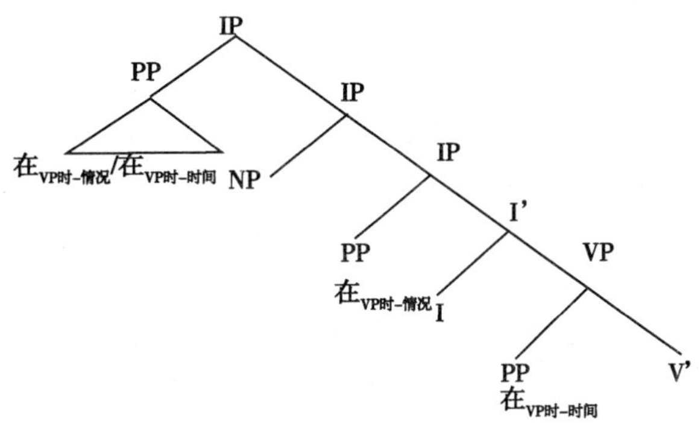

图 3 – 9　“在$_{VP时—时间}$”和“在$_{VP时—情况}$”的句法位置①

第三组：“当$_{现实}$ + VP + 的时候”与“在 + VP + 的时候”

（123）a. 当建国 50 周年的时候，我们将实现我国第二步战略目标。

b. ＊我们当建国 50 周年的时候，将实现我国第二步战略目标。

（124）a. 当我们遇到敌人的强力攻击时，总部在临近天黑的时候派来了援军。

b. 当我们遇到敌人的强力攻击时，在临近天黑的时候总部派来了援军。

c. ＊在临近天黑的时候，当我们遇到敌人的强力攻击时，总部派来了援军。

（125）a. 在检查保险丝的时候，当发现保险丝断裂时，应立即更换。

b. ？当检查保险丝的时候，在发现保险丝断裂时，应立即

① 至于主语之下和之上两个位置上的“在$_{VP时—情况}$/在$_{VP时—时间}$”之间的关系和句法运作，因情况复杂，又与本文立论不直接相关，此处不拟讨论，而留待另文专述。

更换。

c. 当在检查保险丝的时候，在发现保险丝断裂时，应立即更换。

例（123）说明表现实内容的“当 + VP + 的时候”（记为“当$_{\text{现实}}$”）只能位于主语之前；例（124）表明“在$_{\text{VP时—时间}}$”尽管可以位于主语之前，但不能超过“当$_{\text{VP时—现实}}$”的位置；例（125）说明主语之前的“在$_{\text{VP时—情况}}$”可以高于“当$_{\text{VP时—现实}}$”，同时二者也可以重合在一个点上，如（125c）。据此，“当$_{\text{现实}}$”的句法位置如图 3 – 10 所示。

（126）

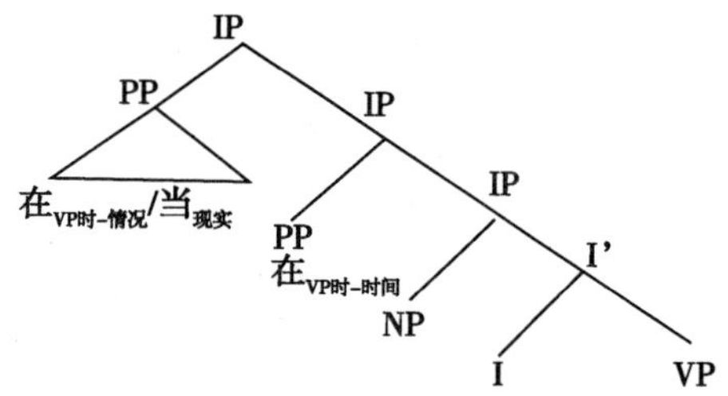

图 3 – 10　“当$_{\text{现实}}$”的句法位置

第四组：“当$_{\text{现实}}$ + VP + 的时候”与“当$_{\text{虚构}}$ + VP + 的时候”

（127）a. 当在天气寒冷的时候我化为一条鱼时，我将在寒山的石涧角游弋。

b. ? 在天气寒冷的时候，当我化为一条鱼时，我将在寒山的石涧角游弋。

（128）当有一天时间能够倒流，在遇到困难的时候，当孤独无助之时，我将倒流回过去。

例（127）表明，表达虚构内容的“当$_{\text{虚构}}$”前不可以在出现“在$_{\text{VP时—情况}}$”，例（128）说明，“当$_{\text{虚构}}$”之后可以出现“在$_{\text{VP时—情况}}$”、“当$_{\text{现实}}$”以及“在$_{\text{VP时—时间}}$”。

可见，“当$_{\text{虚构}}$”的句法位置高于“在$_{\text{VP时—情况}}$”和“当$_{\text{现实}}$”。那么，“当$_{\text{虚构}}$”应位于什么句法位置呢?

根据霍克斯特拉（Hoekstra，1993）、瑞兹（Rizze，1997）、钦奎（Chique，1999），CP 层可以分解出一个 ForceP，亦即语力功能结构层。这一句法层所表达的多属沈家煊所谓“句子主观性成分”（沈家煊，

2001；邓思颖，2011、2012）。我们认为，“当$_{虚构}$”所表达的虚拟的内容，也可以分析为语力短语（ForceP）层面上的一种语法特征，而唯其如此，它才有可能表达出与较低句法层所不同的独特的语用功能。[①] 用句法树形结构表达，我们认为“当”应为语力短语（ForceP）中的附加语，即位于ForceP之上的PP，如图3－11所示：

（129）

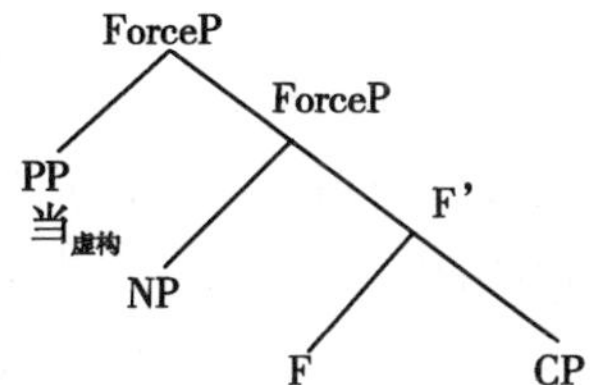

图3－11　“当$_{虚构}$”的句法位置

综合以上分析，我们可以看到：①内部组合形式不同其表达的时空度有所不同，“在……”表现得尤为突出，内嵌成分由“处所词”到“时间名词”再到“VP”，其具时空性依次降低；②表达不同时空度的“在……”和“当……”所占据的句法位置不同；③与时空度的等级序列相对应，存在着一个句法位置上的等级序列，具时空化程度越高，其句法位置越低，最为典型的是“VP”内的“在$_{时名/处名}$”[②]，而去具时空化的程度越高，其句法位置越高，最为典型的是位于ForceP的“当$_{虚构}$”。

四　“在”、“当”语体差异的成因

“在”属于口语非正式体，“当$_{现实}$”属于书面正式体，“当$_{虚构}$”则主要用于文艺体中。那么，这些语体上的差异是什么原因造成的呢？

---

① “当$_{虚构}$”字短语最根本的语用功能在于否定后续句中涉及的事件发生的可能性，例如“当山峰没有棱角的时候，当河水不再流，当时间停住日月不分，当天地万物化为虚有，我还是不能和你分手”，这其中的“当”字短语最本质的功能在于表达“我和你分手”这种事情不可能发生。基于这一功能，结合其前面的分析，我们认为“当$_{虚构}$”可以分析为语力短语（ForceP）层面上的一种语法特征。至于“当$_{[虚构]}$”句法位置的具体论证，限于篇幅需容另文详细讨论。感谢评审专家提出的疑问。

② 王灿龙（2008）对“在”的句中和句首两种位置上的分布作过讨论，亦初步发现了在这两个位置上，其语义上存在差异。

我们认为：“在”、“当$_{现实}$”、“当$_{虚构}$”的语体差异原因可能有很多，但其根本的不同是由其时空度的不同造成的。冯胜利（2010、2013）提出：书面正式语体的基本特征是“泛时空化”，口语非正式语体的基本特征为“具时空化”，文学体语言的重要特征为“超时空化”。事实上，“当”与“在”在时空度上的差异，正是这种“语体时空性”的表现。具言之，先看它们“语体时空性”的分布：

1. “在”具有具时空的特征，满足了口语非正式语体对“时空度”的要求，因而具有口语非正式语体功能。

2. “当$_{现实}$”具有泛时空化的特征，满足了书面正式语体语法的基本特征，因此归属于书面正式语体。

3. “当$_{虚构}$”具有超时空的特征，满足了文学艺术体的重要特征“超时空化”，因而是“文艺体”所独有的表达形式。

我们认为，正是时空范畴的不同，才造成了三者语体属性不同。事实上，王洪君等（2009）的“当下”理论，正好证实了本文“在”的具时空、“当”的“泛时空”和“超时空”的原因所自。

王洪君等（2009）通过对“了$_2$”的研究，提出在语用层面存在着表达说话者与话语时空距离关系的范畴，具体分为“主观近距”和“主观远距”两种类型，前者为“当下”的，后者为“非当下”的，并且这一范畴与“以说话时”定位的绝对时制（absolute tense）有所不同。这一研究为我们阐释“在”和“当”二者在时空度上的差异提供了重要根据，我们发现“在”和“当”所表达的时空性质以及特征有所不同，即：

“在”是以说话时间和空间为参照点来定位某一时间和空间①，属于绝对时间和空间，即具有“当下”的特征，这一特征在与时间名词和处所名词相搭配时表现得尤为突出。

“当”表达的不是绝对时间，而是表达具有与说话者远近关系的话语时空范畴，具体来说，它表达的是一种既非说话者存在也非听话者存在的时空，也就是主观上与说话者相远距，具有“非当下”的特征。

“在”的“当下”性和“当”的“非当下”性，可以从以下三方面的事实上得到印证。

第一，“在”可用于回答对事件发生时间的提问，而“当”不宜用于

① 有关“在”的时间和空间定位功能，请详见付义琴（2012）。

此种情况，这实际上不仅反映了二者时空度的不同，更重要的是反映了二者时间性质的不同。例句详见例（11）至例（13）。交际中，给事件发生的时空进行定位时，显然是以说话人所在的时空为参照点来确定的，即使用的是绝对时间，“在”也可以用于对时间的询问，这反映了它表达的是绝对时间。“当”不可则说明它表达的不是绝对时间。

第二，“当”字短语可以多个并列使用，但这些并列的“当”不宜替换为“在”，如：

（130）a. 当你坐上早晨第一列电车走向工厂的时候，当你扛上犁耙走向田野的时候，当你喝完一杯豆浆，提着书包走向学校的时候，当你安安静静坐到办公桌前计划这一天工作的时候，当你向孩子嘴里塞着苹果的时候，当你和爱人悠闲散步的时候，朋友，你是否意识到你是在幸福之中呢?

b. *在你坐上早晨第一列电车走向工厂的时候，在你扛上犁耙走向田野的时候，在你喝完一杯豆浆，提着书包走向学校的时候，在你安安静静坐到办公桌前计划这一天工作的时候，在你向孩子嘴里塞着苹果的时候，在你和爱人悠闲散步的时候，朋友，你是否意识到你是在幸福之中呢?

例（130）中并列的多个“当”字短语，是说话人所主观引入的，是不断变换的彼此不同的“情境”。它们的使用旨在“将说话人由说话时空引入到不断变换的非话语时空中”，也就是说，这些情境与说话人所在的时空是远距离。这与“在”表达绝对时间是绝然不同的，因此将这些“当”替换为“在”后，不仅其“情境”效果大大削弱，甚至语言也不顺畅。

此外，由于表达的是彼此不同的时空，因此这些“当”字短语不可合并，合并之后表意不清，似乎表达的是一个情境，语言也不通顺，例如：

（131）a. 当地平线上出现了第一个黑点，当更多的黑点成为线，成为队，而且当微风把铃铛的柔声，丁当，丁当，送到你耳鼓，而最后，当那些昂然高步的骆驼，排成整齐的方阵，安详然而坚定地愈行愈近，当骆驼队中领队所掌的那一杆方形猩红大旗耀入你的眼帘，而且大小丁当的谐和的合奏充满了你的耳管，这时候，也许你不出声，但是你的心里会涌上这样的感想的：多么庄严，多么妩媚啊！

b. *当地平线上出现了第一个黑点，更多的黑点成为线，成为队，而且微风把铃铛的柔声，丁当，丁当，送到你耳鼓，而最后，那些昂然高步的骆驼，排成整齐的方阵，安详然而坚定地愈行愈近，骆驼队中领队所掌的那一杆方形猩红大旗耀入你的眼帘，而且大小丁当的谐和的合奏充满了你的耳管，这时候，也许你不出声，但是你的心里会涌上这样的感想的：多么庄严，多么妩媚啊！

例（131）多个“当”字短语中的事件尽管同属一个大事件，且时间上具有连贯性，但说话人用多个“当”意在将其分化为多个彼此独立的画面，因此一旦将它们合并，便取消了这种分化的作用，事件间的连贯性得以强化，由多个情境变为一个情境。

“在……的时候”有所不同，多个并用是允许合并的，请看：

（132）a. 大家知道，在土地革命战争的时候，在抗日战争的时候，在解放战争的时候，人民为了支援军队，把什么东西都拿出来了。[①]

b. 大家知道，在土地革命战争、抗日战争、解放战争的时候，人民为了支援军队，把什么东西都拿出来了。

上面例子，合并之后，语义尽管有所变化，但（132a）仍表达的是三个不同的时间，在这一点上与（132b）是相同的。“在”之所以允许合并，因为其表达的均是绝对时间，同属一个时空。

总而言之，“当”表达的是说话人所主观引入的非说话人所在时空的另一时空，因此具有“非当下”的特征，这与“在”表达绝对时间是绝然不同的。

第三，我们发现“当”还可以直接与“在 + VP + 的时候”搭配构成“当在”短语，如：

（133）少数民族和汉族之间，当在相互矛盾极为尖锐的时候，曾经有过不可避免的一场大厮杀。

（134）当在惠帝被救出来之时，家臣们虽想要替其更衣，但惠帝却说这乃是忠实的嵇绍所留下来的血，因此并不想要更衣。

（135）当在做的时候，还要一面反省所做的。[②]

由此足见，“当”和“在”句法位置高低不同（没有“＊在当”的形式），因此“当在”所表达的时空性质也不同于单独的“在”。上面例

① 感谢匿名专家提出的疑问和提供的例子。根据我们对语料库的检索，这例句子是不多见的，我们在语料库中没有发现用例。

② 此类例句，我们在北大语料库中检索到九例，中国传媒大学文本语料库中检索到四例，这四例均出自中央电视台的新闻播报或采访。

句中的“当在”是把“在 + VP + 的时候”所表达的时空引入了一个泛时空的情况下，句子不再是表达“大断杀”、“不想更衣”和“反省所作的”这些行为的绝对时空。

从以上三方面可以看出：“在”表达的是以说话人为参照的绝对时间和空间，具有“当下”的特征；而“当”则引入了某一“超”当下说话人所在时空的时空，因此具有“非当下”的特征，由此可见，轻则泛时空，重则超时空。

“时空与说话者的近距和远距”以及“时空的具体性和非具体性”，本来就是一对孪生概念。“在”和“当”的“当下性”和“非当下性”又进一步决定了二者在“时空度”上所分属的不同范畴。当所表达的内容与说话者所在的话语时空具有同一性时，便与说话者拉近了距离，其表达的内容对于说话者来说，自然是具体的、容易确定的，因而具有具时空的特征；当与说话者远距时，便与说话者拉开了距离，因此，所表达的内容根据远距的程度而去掉现实时空语言标记，于是其表达的内容相对来说便缺乏了具体性和可确定性，故有泛时空的特征；而如果所要表达的是虚拟的时空，那么，其内容就不仅让说话者有距离感，而且非想象而不能感知，因为完全去掉了其当下时空性，这就是超时空的特征所在。

五　小结

本文讨论了“在”的口语非正式体，“当$_{\text{现实}}$”的书面正式语体以及“当$_{\text{虚构}}$”的文学体这三种语体的表达形式。文章指出：三者的语体属性是由其时空度的不同决定的：“在”为具时空的，“当$_{\text{现实}}$”为泛时空的，“当$_{\text{虚构}}$”为超时空的。

“在”和“当”在时空度上的不同表现取决于其表达的时空性质的不同以及与说话者所在时空关系的不同：“在”表达的是绝对时空值，具有“当下”的特征，“当”是引入非说话所在的时空的另一时空，具有“非当下”的特征。

最后，无论是“在”、“当”的语体功能，还是其时空的度以及其“±当下”特征，均是以特定的具有规律性的句法位置为基础的。

本研究表明：语体可以通过不同的时空度来实现其类型的不同，主观拉近或拉远与话主的时空距离，是改变时空度的一种重要手段，无论是语体功能，还是时空度，均依存于具有规律性的句法位置之上。

第五节　本章小结

本章讨论了在汉语基础语法形式的基础上句法移位和句法位置的上移是构成书面正式语体语法形式的另一重要的手段，通过句法的位移，或语法位置的上移，语法形式同样去掉了其具体性和个体性，实现了泛时空化，产生了不同于原有基础语法的表达正式的语法形式。本章只讨论了该种手段中的四大类型，同样，汉语中是否还存在其他按照此种手段所产生的语法形式，仍需我们日后深入讨论。

第四章

以双音模块创造新语法形式

韵律不仅是制约词法、句法的重要因素，也是表达语体的重要手段。冯胜利（2003）就较早地指出“韵律成双是书面正式语体语法的重要特征”，而韵律成双的要求又不仅表现在词法上，通过对书面正式语体语法形式的考察，我们发现书面正式语体语法以双音韵律模块为基础创造出了许多书面正式语体独有的语法形式。这些语法形式，不仅形式规则不同于基础语法，而且同样具有内在统一的泛时空化特征。这些语法形式至少包含以下典型的五类：

第一，谓词性成分的名词化结构。

第二，形式动词及其动宾结构。

第三，双音介词及其介宾结构。

第四，双音连词及其复句。

第五，双必配双的“双＋双”。

下面我们以冯胜利（2010）的语体语法理论为基础，考察这些语法结构的语法规则和时空特征，讨论双音形式在构成这些规则中的作用，讨论这些语法形式内在统一的泛时空特征。

第一节　谓词性成分的名词化结构

冯胜利（2007，2009c）提出“汉语可以通过韵律这种超音段的手段，发挥其类似于音段形态手段的作用”，并进一步分析指出“双音化是现代汉语动词变成名词或兼类词的必要条件和形式标记”（2009c：11—12）；王丽娟（2009）在此基础上进一步证实了双音节韵律形态具有将动词名词化的功能。

在此基础上，本节指出，通过双音节韵律形态实现的动词的名词化是书面正式语体的一种语法现象，而谓词性成分在双音节韵律形态的作用下名词化以后所构成的各种结构形式是书面正式语体的重要的语法结构，本节我们将首先分析现代汉语书面正式语体中谓词性成分名词化所构成的句法结构的类型；其次，讨论与名词化的谓词性成分构成动宾结构的形式动词的类型；最后，讨论动词名词化以及形式动词表达正式的原因。

一 谓词性结构名词化构成的结构的类型

口语非正式语体中表达动作事件，采用的是谓词性的结构，而书面正式语体中，则将其名词化，构成谓词性成分的名词化结构，以表达正式。现代汉语书面正式语体中，谓词性成分名词化所构成的结构存在以下几种类型。

第一类，由口语中的 VP 作抽象名词 NP 的定语，构成定中式的名词性结构“VP 的 $NP_{抽象}$”[①]，其转换规则可以表述为：

$$VP \rightarrow VP + 的 + NP_{抽象}$$

其中 NP 可以是表达事件或事态的抽象名词，VP 所表达的则是一个具体的动作、事件或事态，VP 和 NP 可以构成“VP 是一种 NP”的表达式。该类名词化结构的实例，如：

（1）研究数学→研究数学的工作、建设国家→建设国家的工作

（2）回收垃圾→回收垃圾的活动、展销商品→展销商品的活动

（3）侵略上海→侵略上海的战争、攻击朝鲜→攻击朝鲜的战争

（4）社会全面发展→社会全面发展的势头
人权发展良好→人权发展良好的态势

NP 也可以是与原句的状语中的某一成分语义相同的抽象名词，如：

（5）在更多的地方更深的地方开发矿产→开发矿产的领域和深度

（6）更快地转换科技成果→转换科技成果的速度

（7）在哪些地方调查这次疯牛病→调查这次疯牛病的范围

（8）用先进的方法医治癌症→医治癌症的先进方法

第二类，由双音节动词 VV 来修饰事件 NP，其中 NP 是表事件或事态

---

① 王丽娟（2009：97）指出双音节韵律形态直接将动词名物化以外，还存在词汇替换的方法，该类就使用抽象范畴义名词来代替具体动作事件或事态。

的抽象名词，原动词 VV 所携带的宾语 NP_1，则或由介词介引（常用的介词为"对"或"对于"）充当新构成的句子的状语，或直接充当"$[VV+NP]_{NP}$"的定语，构成的结构为"（P +）$NP_{原宾语}$ +（的）+ VV + $NP_{抽象}$"。该类的转换式可以表述为：

$$VV + NP_1 \rightarrow (P+)\ NP_{原宾语} + (的) + VV + NP_{抽象}$$

例如：

(9) 研究数学→数学研究工作、建设国家→国家建设工作

(10) 回收垃圾→垃圾回收活动、展销商品→商品展销活动

(11) 侵略上海→（对上海的）侵略战争
攻击朝鲜→（对朝鲜的）攻击战争

(12) 全面发展经济→经济的全面发展的势头
良好地发展人权→人权的良好发展势态

(13) 在更多的地方更深的地方开发矿产→矿产的开发广度和深度

第三类，双音节动词 VV 在双音节韵律形态的作用下名词化，直接充当名词性结构的中心语，原来的宾语或与介词构成介宾短语充当名词化的 VV 的定语，构成的结构为"（$P+NP_1$）+（的）+ VV_{NP}"，或与介词构成介宾短语充当新构成的动词性结构的状语，构成的结构为"［$P+NP_1$］+［$VV+VV_{NP}$］"。该类的转换式可以表述为：

$$VV + NP_1 \rightarrow (P+NP_1) + (的) + VV_{NP}$$

$$对于 + NP_1 + VV + VV_{NP}$$

例如：

(14) 研究数学→数学（的）研究、建设国家→国家（的）建设

(15) 回收垃圾→垃圾（的）回收、展销商品→商品（的）展销

(16) 侵略上海→（对上海的）侵略
攻击朝鲜→（对朝鲜的）攻击

(17) 全面发展经济→经济的全面发展
良好地发展人权→人权的良好发展

(18) 在更多的地方更深的地方开发矿产→矿产的开发

第四类，"VP/AdjP"替换为一个由抽象的事件或事态名词充当中心语，由表名词属性的成分充当定语的名词性结构，其结构可以记为"$XP_{性质}$的 $NP_{抽象}$"，其中"VP/AdjP"表达的是由具体的动作、具体的对象构成的事件或由具体状态构成的事态，而"$XP_{性质}$的 $NP_{抽象}$"不包含具

体的事件内容或具体的事态内容，是具有某种性质的抽象的事件或事态，"VP/AdjP" 与 "$XP_{性质}$的 $NP_{抽象}$" 之间具有 "VP 是一种 $XP_{性质}$的 $NP_{抽象}$" 的关系。该类的转换式为：

$$VP \rightarrow XP_{性质}的\ NP_{抽象}$$

例如：

（19）局部海区的环境质量得到改善，并使大面积海域水质基本保持了良好的状态。（北大语料库）

（20）"一国两制"、"港人治港" 和《基本法》在香港得到了全面贯彻，香港保持了繁荣稳定的局面。（北大语料库）

（21）主要在于它能干扰或阻碍病菌正常的新陈代谢，使病菌不能进行正常的生命活动，不能生长和繁殖。（北大语料库）

（22）周恩来强调要遵循共同的革命纲领，联合其他革命势力，积极从事国民革命工作。（北大语料库）

例句中没有介绍状态、局面、活动、工作的具体内容，只是概括为抽象的"良好的状态"、"繁荣稳定的局面"、"正常的生命活动"、"国民革命工作"。[①]

第五类，当谓词性结构为 "$NP_{主语}$ + 形容词/部分不及物动词[②]/被 + 动词" 时，名词化以后所构成的结构为 "NP + 的 + 形容词/不及物动词/被 + 动词"，该类结构中的动词可以是单音节动词，也可以是双音节动词。该类的转换式可以表述为：

$$NP + ADJ/Vi/被 + V \rightarrow NP + 的 + ADJ/Vi/被 + V$$

例如：

（23）美国的强大、国家的富强、她的美丽、社会的黑暗、民众的

---

① 需要注意的是概括与笼统模糊并不相同，前者是具体性和个体性，保留了范畴义，而后者是省略，将具体内容模糊化，而并不概括其范畴义。

② 及物性动词不能名词化为 "$NP_{主语}$ + 的 + V" 的形式，一些及物性动词表面处于 "NP 主语 + 的 + V" 中，但实际上是 "$NP_{主语}$ + 对 + $NP_{宾语}$ + 的 + V"，如 "我接受了他的邀请"，本质上是 "我接受了他对我的邀请" 承前省略了 "对我的"，这可以从当承前省略的条件不存在，"$NP_{主语}$ + 的 + V" 便成为非法形式这一现象上得到证明，如：* 他的邀请让我很高兴。* 学校批评了他的邀请。将之改为 "$NP_{主语}$ + 对 + $NP_{宾语}$ + 的 + V" 的形式便可以合法，如：他对我的邀请让我很高兴。学校批评了他对我的邀请。不及物动词也并不是所有的都可以进入该类结构，具体请见王丽娟（2009）。

痛苦

（24）他的离开、他的死、他的迟到、孩子的出生、革命的胜利

（25）他的被杀、这件事的被调查、肇事司机的被处罚、街道的被打扫

第六类，双音节性质形容词和某些双音节动词可以与量词构成名词性的结构“一＋量词（包括‘一种’、‘一片’等）＋AA/VV”。此外，“VV_i＋一阵”还可以名词化为“一阵＋VV_i”。转换规则如下：

双音节形容词、动词构成的AP/VP→一片/一种＋双音节AA/VV

V_i＋一阵→一阵＋VV_i

例如：

（26）一片混乱、一片兴旺、一片狼藉、一片宁静、一片凄凉、
一片大好、一片慌乱、一片悔恨、一片温暖、一片繁忙、
一片欢笑、一片惊叹、一片吵闹、一片沸腾、一片好评、
一片痴想、一片厚爱、一片反对、一片喝彩、一片赞誉、
一种安慰、一种批评、一种假设、一种幻想、一种追求、
一种悲哀、一种伤痛、一种忧愁、一种快乐、一种兴奋、
一阵欢笑、一阵惊叹、一阵吵闹、一阵沸腾、一阵好评

构成该类结构的性质形容词和动词只能是双音节形式，单音节性质形容词和动词是绝大部分无法进入该类结构的①，如下面的单音节形式所构成的结构是非法的：

（27）＊一片乱、＊一片静、＊一片好、＊一片恨、＊一片暖、＊一片忙、＊一片笑、＊一片喊、＊一片闹、＊一片骂、＊一片哭、＊一片叫、＊一阵笑、＊一阵喊、＊一阵闹、＊一阵骂、＊一阵哭、＊一阵叫②、＊一种愁、＊一种静、＊一种闹、＊一种想、＊一种夸、＊一种训

① 部分单音节心理动词和形容词可以构成“一种＋V”的结构，如“一种爱、一种恨、一种痛、一种好”，并且整个结构也具有书面正式语体的性质，但其正式语体性质是由“一种”造成的，该类“一种”的语体功能我们在第四章会详细讨论。

② 该类单音节能够进入“好一阵子V”的结构，原因在于“一阵＋VV”与“好一阵（子）＋VV”并不相同，前者是名词性结构，其中的“一阵”是量词修饰其后的名词化的动词，后者是动词性结构，其中的“好一阵（子）”是状语性成分修饰其后的动词。这表现“好一阵子”与“动词”之间能够插入“地”，而“一阵”与“VV”之间不可以，如“好一阵子沉默”→“好一阵子地沉默”。

需要注意的是，表达颜色的形容词也可以构成“一+片+形容词”的结构，如“一片翠绿、一片漆黑、一片绯红、一片昏暗、一片雪白”，从使用范围来看，它们很少在正式性交际中使用，而主要是出现在小说、散文中的描写性语段中，具有很强的描述功能，据此，我们认为由表颜色的性质形容词所构成的该类结构并不具有表达正式的语体功能。此外，我们还发现表颜色的单音节形容词也可以构成该类结构，如“一片白、一片红、一片黑、一片绿、一片黄”等等，这些结构可以用于口语非正式语体中，这进一步证明颜色形容词构成的“一+片+A”不具有书面正式语体的功能，至于不具有书面正式语体功能的原因可能是由于它们具有很强的状态性造成的，具体原因需容另文进行分析。

二　动词名词化的去个体性和整体化

现代汉语书面正式语体，双音节动词和双音节形容词在双音节韵律形态的作用下发生名物化，构成了谓词性成分的名词化结构，并且这类结构具有表达正式的语体功能，那么为什么谓词性成分名词化具有表达正式的语体功能呢？

本节我们以“动词”和其在双音节韵律形态的作用下实现的名词化形式为例，通过介绍动词名词化以后所发生的语义内容的变化，来分析它表达正式的原因。

对于动词和其名词化形式的语义差异，兰盖克（Ronal W. Langacker，1987：90—92）从认知的角度作出了很好的阐释。他指出，动词与其名词化形式采用的是两种不同的心理图式，前者是凸显（profile）动词的子状态（component states）的心理图式，后者是凸显由一个个子状态（component states）构成的整体空间（region）的心理图式，即二者对于个体性和整体性的凸显很不相同。其论述转引如下：

“动词‘爆炸（explode）’和它的名词化形式‘爆炸（explosion）’均可以用来描述同一事件（某物爆炸了！（Something exploded！）；某物发生了爆炸！（There was an explosion！）），反对者可能由此认为动词和其名词化形式语义是相同的，并进一步推出‘无法根据表达形式的语义内容来确定它们的语法类别（grammatical category）’的结论。我们的观点是动词‘爆炸（explode）’和名词‘爆炸（explosion）’的语义并不相同，原因就在于它们采用了不同的心理图式来表达这一相同的概念内容。其中动词‘爆炸（explode）’强调的是被凸显的事件的过程结构，而名词‘爆炸（explosion）’描述的是一个抽象的空间范域（region）。”

至于为什么动词的名词化形式能够表达一个抽象的空间范域，兰盖克作了如下的论述（1987：90—92）：

“动词表达的是由一系列按照虚构时间（Conceived Time）依次排列的子状态（Component States）所构成的过程，每个子状态都可以代表一个实体。由于这些子状态作为构成更为抽象概括的高一层的概念的一个个的面（facets），按照虚拟的时间顺序被并列在一起，因此，这些子状态就足以被看作一个一个相互联系的实体，共同构成了一个空间范域（region）。因此尽管动词凸显的是动作过程，但每一个过程实际上均隐含了一个由所有子事态所构成的空间范域。动词的名词化形式，如‘爆炸（explosion）’，就是把这一隐性的空间范域凸显到显性的层面。”

兰盖克将动词与其名词化形式所采用不同的心理图式如图 4－1 所示（1987：90）：

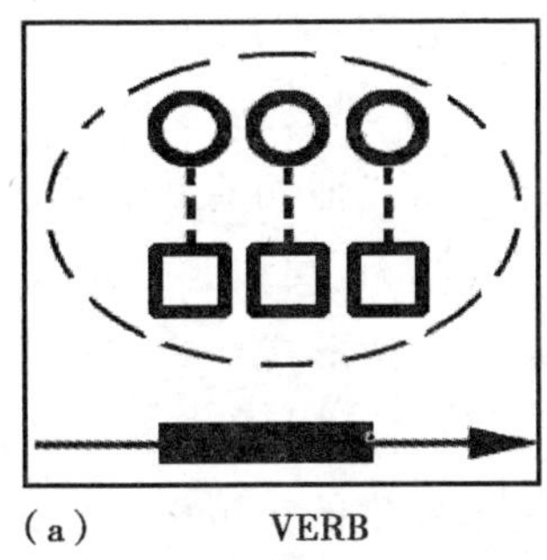

（a）　VERB

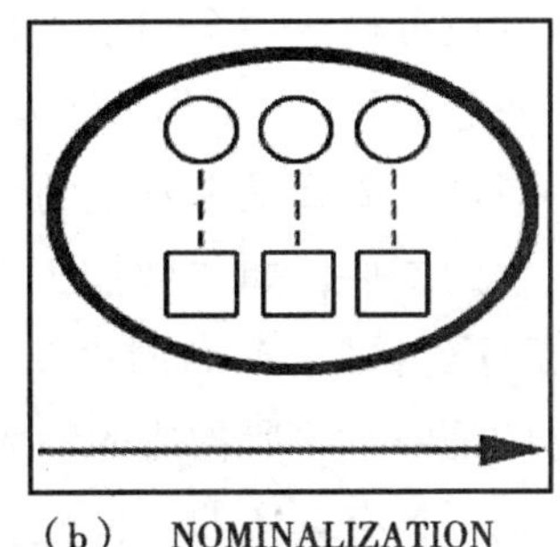

（b）　NOMINALIZATION

图 4－1　动词和名词的认知图式

图 4－1 中动词，被凸显的是按照虚构时间排列的一个一个的个体状态，即椭圆内部的被加黑的图形处于显著的地位，而由一个个子状态所共同构成的空间范域，即图（a）外部的虚线的椭圆形是隐性的，被忽略的部分。动词的名词化形式则与此相反，按照虚构时间顺序依次并列的一个个子状态处于被忽略的地位，而它们所构成的整体的空间范域，即图（b）中加黑的椭圆形是被凸显的部分。

根据上面兰盖克的分析，动词与它的名词化形式的语义差异可以总结如下：

动词和它的名词化形式凸显的对象不同，动词凸显的是过程中一个个按照虚拟时间依次排列的子状态，即凸显的是内部的个体，当表达为具体的句子时，只能表达其中的一个子状态转化为现实的句子，即表达的内容具有个体性。而动词的名词化形式则是凸显了由一个个子状态所共同构成的空间范域，而忽略了构成整个空间范域的一个个成分的个体性，凸显了整体性。

兰盖克（1987）对动词和它的名词化的语义差异进行分析的目的在于论证动词的名词化形式与名词本质上是相同的，从而证明通过表达形式的语义可以推断它的语法类别，而并没有关注动词的名词化所具有的表达正式的语体功能，那么为什么动词的名词化形式具有表达正式的语体功能呢？

我们认为动词的名词化形式的正式功能是由其语义内容决定的，由于动词形式名词化以后凸显了由子状态（component states）所构成的整体空间范域（region），而忽略了对子状态的具体叙述，即去掉了动作事件的具体性和个体性，具有泛时空化的特征，因此具有书面正式语体的色彩。

动词的名词化形式所具有的泛时空特征也可以从具体实例上得到证实。动词性成分构成一个句子，是将动词概念内部的某一子状态具体化，如以“发展经济”为例，该动宾结构构成一个现实的句子，只能表达某一具体的事件，要么是未发生的动作事件，如“他们要发展经济”，要么是正在发生的事件，如“他们正在发展经济”，还可以是已经发生的动作“他们发展了经济”。而名词化以后所形成的表达形式，如“经济的发展”由于指称的是由个体所构成的整体空间，而不是其中的某一子状态，因此该表达形式不具有具体的事件性，可以是未发生的，可以是已经发生的，也可以是正在发生的，等等，具体的内容需要在语境中根据其他成分来确定，如下面例句中的“经济的发展”在不同的句子中可以作不同的解释，试看例句：

（28）可是，经济的发展和都市的繁荣却助长了南宋君臣偏安江南的腐朽心态。

（29）至近代社会，随着商品经济的发展，人们对财富更为崇拜，财神成为社会各个阶层最普遍的信仰对象之一。

（30）拥有13亿人口的中国的崛起将为地区经济的发展和繁荣注入新的活力。

（31）《香港商报》的社评指出，中国香港经济的发展正面临着一个难得的机遇。

（32）吴邦国在贺信中对我国集体工业取得的成绩给予充分肯定并明确指出，集体经济的发展关系到社会主义公有制主体地位的巩固。

（33）中国股市的发展同中国经济的发展也是相适应的。

（34）中国改革开放，尤其是1999年之后，私营经济的发展非常迅速。

（35）这一问题如不及早重视，将会影响我国国民经济的发展。

上面的例句均为“经济发展”，但具体所表达的内容各不相同，在例（28）中的“经济发展”表达的是动作的完成时态，即“经济发展了”，例（29）对应的是动态的发展变化，即“经济越来越发展”，例（30）对应的是将来的事件，即“将来发展经济”，例（31）表达的是现在的事件，即“现在发展经济”，例（32）表达的不是某一具体的事件，而是抽象的“发展经济”这一活动，例（33）指的是经济发展的状况，例（34）表达的是经济发展的速度，例（35）可以表达经济发展的很多方面，如“能否发展”、“发展的速度”、“发展的条件”、“发展的好坏”等等。

上面一组例句的例（28）至例（31）中的名词化形式去掉了动词的具体的状态性，例（32）至例（35）去掉了“经济发展”的具体的方式、时间、条件，等等；而下面这组例句中的名词化形式则是去掉了动作或事件的具体内容，试看：

（36）人权状况保持了良好发展态势。

（37）这些传说反映了远古时代人类生产和生活发展的进程。

（38）此后，经过汉、唐、宋、元、明、清各朝的努力，统一不断得到发展和巩固。

（39）这种主张反映了当时意大利新兴资产阶级的要求。

（40）笛福根据塞尔柯克的经历，写成了《鲁滨逊漂流记》。

例（36）中的“良好的发展态势”是对人权的发展状况的性质的概括，至于人权的具体状况则被概括掉了；例（37）中去掉了进程的具体过程；例（38）中去掉了努力的具体表现；例（39）去掉了要求的具体内容；例（40）去掉了塞尔柯克所经历的具体事情。

由上面的两组实例可见，动词的名词化形式相对于动词形式去掉了很多方面的个体性的、具体性的内容，成为了抽象概括性的内容。

综上所述，动词的名词化凸显了由个体所构成的整体的空间，而忽略了对个体事态的具体叙述，表现出了很强的泛时空性特征，这就是动词名词化具有书面正式语体的功能的原因所在。

第二节 “形式动词+双音动词”

一 书面正式语体色彩的形式动词

在句子中，如果被名词化的谓词性成分充当的不是句子的谓语，如句子的主语或宾语，那么该类谓词性成分名词化以后，仍可保留在原有的句法位置上，整个句子的结构保持不变，如下面的几种情况：

1. 主语从句的名词化，如：

（41）劣质二手CT的涌入，给我国造成了不可估量的损失。（CCRL）

（42）“左联”的成立，标志着中国革命文学发展的一个新阶段。

（43）据鲁迅先生说，“打拳”的提倡，已有过二次，一在清朝末年，一在民国开始，则这回应该算了。

（44）尤其当珍贵的友谊把文人们凝聚起来之后，“我”的自问变成了“我们”的集体思索。

2. 宾语从句的名词化，如：

（45）在这之后我又在中科院福建物构所组织和指导了“中国牌”的新型非线性光学晶体BBO的研究，取得了惊动世界的研究成果。

（46）现在听到他们对“老东西”的攻击，她也马上想去声讨。

（47）在莱芜战役中，他深入敌营，成功策划了国民党军队的起义，对莱芜战役的胜利起了重要作用。

（48）如今看见良材和王伯申呕气，自然就防着他这“脾气”的发作。

3. 此外，还有一些动词尽管不能携带宾语从句，但是可以以谓词性成分的名词化形式为宾语，如下面的例句：

（49）最悲惨的是这种情形太普遍了，全世界上几乎没有几个角落，能逃出这“饥寒”的压迫！

（50）当天日本前首相宫泽喜一接受小渊惠三的邀请出任大藏相的消息传出后，美元对日元的汇价一度下跌。

以上三种情况中的谓词性结构的名词化不会改变主句基本结构。但是，如果被名词化的谓词性成分是句子谓语，那么当它被名词化，失掉了动词性时，便无法继续保留在谓语中心语的位置，必须移至主句的宾语位置，而这一移位造成了谓语中心语的空缺，即形成下面的结构：

$$NP_1 + \_\_\_\_ + [\cdots VV\cdots]_{NP}$$

为保持句子的完整性，空缺的谓语中心语位置必须由动词性的成分来填补。现代汉语书面正式语体中发展出了一批可以满足这一句法需要的动词，该类动词语义非常抽象，与名词化的谓词性成分所构成的动宾结构所表达的内容与未名词化的谓词性结构所表达的语义内容基本相同，只是语体色彩存在很大的差异。

对于该类动词的称谓，朱德熙（1987a）根据该类动词语义虚化的特点，称之为“虚化动词”，而根据它“用在某些词语的前边在形式上构成动宾结构，而不改变原来的词语的意义”的特征，指出它是一种“形式动词”（Dummy verb）。后来很多学者在讨论该类词时也多采用“形式动词”的说法，如吕叔湘（1981）、周刚（1987）、李临定（1990）、吴为章（1998）、刁晏斌（2004）等人。此外，也有其他的称谓，如言久圣（1981）称之为“傀儡动词”，宋玉珂（1982）称之为“无色动词”，陈宁萍（1987）称之为“代动词”，刁晏斌（2004）称之为“动词的代词”或“动词性代词”，等等。本节在指称该类动词时，暂时选用“形式动词”的称谓，使用其英文“Dummy Verb”的缩写形式“DV”。这样，充当谓语中心语的谓词性成分名词化以后所构成的句子的基本结构为：$NP_1 + DV + [\cdots VV\cdots]_{NP}$。

现代汉语书面正式语体中的形式动词是一个较为封闭的类，但是具体存在哪些形式动词以及类型如何，目前尚缺乏系统性的研究。已有的有关形式动词的讨论，仅局限在“进行、加以、给予、给以、予以、作、从事”几个词上。至于形式动词的类型，凡是对其作了分类的均将其分为两种类型：一是“进行”类，二是“加以”类。相关的研究如范晓（1987：87）将“先导动词”和“进行”类动词区分开来，认为前者表示“对某一对象施加某种活动”，而后者则表示“从事某种活动”；周刚（1987）分为 DVa 和 DVb，前者包括“加以、给予、予以、作”，后者包括“进行、作”；周小兵（1987）、李临定（1990：134）对“进行”和“加以”作了对比；刁宴斌（2004）把“做、搞、弄、干”也包含在内，并将其分为“做”义类和“处置”义类两类，前者为“进行（行）、从事、做、作、搞、干、弄”，后者为“加以（加）、给予、予以（予）、给以”。

事实上，我们发现除了“进行、加以、给予、给以、予以、作、从事”这几个词能够充当名词化的谓词性成分的述语以外，现代汉语书面正式语体中还存在一批动词与上面的形式动词具有相同的功能。我们对HSK词表中的2389个动词进行了穷尽性的考察，共找到72个，如下：

（51）进行、从事、作、实行、实施、施行、开展、举行、举办、发出、采取、给予、给以、表示、付出、施加、致以、增进、增强、滋长、推动、推迟、深入、综合、助长、中断、增加、引起、延缓、延长、吸引、维持、维护、推进、深化、确保、强化、扩大、降低、减轻、减弱、减少、加剧、加强、加深、加大、加速、加重、排除、保护、导致、促进、促使、避免、保持、防止、禁止、加紧、引起、产生、遭到、遭受、受到、完成、取得、获得、获取、发生、具有、具备、发挥、呈现

二 形式动词的类型

根据语义类型的不同，我们将其分为以下几类：

第一类，表“实施”义的形式动词，该类动词包括：进行、从事、作、实行、采取、实施、施行、开展、举行、举办、发出。

我们把该类形式动词记为“进行类DV”。它们与谓词性结构的名词化形式构成的述宾结构表达的是“某人实施了某一行为或活动”，其基本结构为“NP+进行等+［…VV…］$_{名词}$”，相对应的口语形式“NP+VP”表达的是“某人做了某事”。该类形式动词与不同的谓词性成分的名词化结构相组合，构成下面几种句式：

A. NP_1+进行类DV+VP+的+$NP_{抽象}$

B. NP_1+（对+NP_2）+进行类DV+（NP_2+的）+VV+$NP_{抽象}$

C. NP_1+（对+NP_2）+进行类DV+（+NP_2+的）+VV_{NP}

D. NP_1+对+NP_2+进行类DV+$NP_{抽象}$

例如：

A.

（52）心脏像一只日夜不停的“水泵”，强有力的心肌总是在有规则地进行收缩、舒张运动。

（53）1926年回国，被派往川军从事争取杨森的工作。

B.

（54）这个政府精干、廉洁、高效率和生气勃勃，齐心一致地进行国家的恢复和建设工作。

（55）晚年弃政治学，在清华大学任教，努力介绍西方社会科学，整理中国传统的学术文化，并从事文学创作活动。

C.

（56）代表中国共产党到南京参加国防会议，就国共合作抗日问题同国民党进行谈判。

（57）美国与英国使馆 16 日还分别向在委内瑞拉的本国公民发出警告，要求他们提高警惕。

D.

（58）这些犯罪嫌疑人接受台湾军情局间谍任务，在大陆搜集军事情报，从事间谍活动。

（59）他们从尼日尔进入乍得北部，企图帮助乍得反政府武装从事颠覆活动。

第二类，表“施加”义的形式动词，该类动词包括：给予、加以、予以、致以、施以、处以、施加、表示。

我们把该类动词记为“给予类 DV”，它们与谓词性成分的名词化形式构成的动宾结构表达的是“对某人施加某一行为”，并且这一行为对于受事来说具有或受益或受损的倾向，构成的基本结构为：

$$NP_1 + 对 + NP_2 + 给予类\ DV + VV_{NP}$$

例如：

（60）亲民党“立法院”党团表示，暴力事件令人遗憾，警方应该予以正视和处理。

（61）据悉，到 1996 年上海交大百年校庆前，全校将选拔 20 名“跨世纪优秀人才”，加以重点培养。

（62）中共上海市委书记黄菊把上海纺织业的调整作为“上海整个经济大调整的重要组成部分”，给予各方面的政策支持。

（63）西方国家最近就解决达尔富尔危机不断向苏丹政府施加制裁。

当形式动词为“给予”一词时，除了可以构成“NP_1 + 对 + NP_2 + 给予类 + VV_{NP}”结构外，也可以构成下面的结构：

$$NP_1 + 给予 + NP_2 + （以） + VV_{NP}$$

例如：

（64）更重要的是，张子信由此升华出太阳是运动不均匀性的结论，给予“入气差”以合理的解释。

（65）剧作家给予平民百姓的平凡人生以更多的关注，使现代戏园地散发着时代精神的芳香。

（66）应该欢迎和鼓励广大受众对荧屏、报刊、书籍上的错别字进行检举，并给予其中的先行者和积极分子以适当的表扬和奖赏。

（67）福克斯非常留恋儿时的乡村生活，因为在那里可以同普通人直接交往，并给予他们具体的帮助，他以此为乐。

（68）4 月 23 日，美国国会银行委员会在参议员达马托主持下举行听证会，要求瑞士公布银行秘密，并给予受害人赔偿。

第三类，表达“致动”义的形式动词，该类动词有：保持、增进、增强、滋长、推动、推迟、深入、综合、助长、中断、增加、引起、延缓、延长、吸引、维持、维护、推进、深化、确保、强化、扩大、降低、减轻、减弱、减少、加剧、加强、加深、加大、加速、加重、排除、保护、导致、促进、促使、避免、防止、禁止、加紧、引起、激起、避免。

我们把该类形式动词记为“保持类 DV”。它们与名词化的动词结构所构成的动宾短语表达的是“致动了某一动作行为或状态”，对应的口语形式为“使……怎样 V”或“使……V 得怎么样”。该类动词与不同形式的名词化结构相搭配构成以下句式：

A. NP_1 + 保持类 DV + ［状语 + VV + NP_2］ + 的 + $NP_{抽象}$

B. NP_1 + 保持类 DV + NP_2 + 的 + VV + $NP_{抽象}$

C. NP_1 + 保持类 DV + NP_2 + 的 + VV_{NP}

D. NP_1 + 保持类 DV + $NP_{抽象}$

例如：

A.

（69）坚持聚精会神搞建设、一心一意谋发展，深化改革，扩大开放，保持了经济增长较快和社会事业全面发展的良好势头。

（70）决定投资 500 亿元加快电厂和电网建设，同时简化地方审批事项，促进地方建设电厂的速度。

B.

（71）“六五”时期，认真贯彻“调整、改革、整顿、提高”的方针，保持适当的发展速度，重点解决了基本消费品不足的问题。

(72) 朱镕基表示，为此双方应继续保持高层往来与接触的势头，加强全方位交流与合作，密切在国际和地区事务中的沟通与协调。

C.

(73) 傅志寰强调，要通过安全大检查，改进技术装备，狠抓设备达标，推动“规范管理、强基达标”的深入落实。

(74) 做公正廉洁、求实创新、艰苦创业、团结奋进的表率，努力促进“两个文明建设”的协调发展。

D.

(75) 在国外不管新艺员或老艺员都必须经常学习和训练，才能保持好的状态和形体。

(76) 当一个记者问我对受到的攻击怎么看，我保持着积极的态度。

第四类，表“实现”义的形式动词，该类动词有：实现、取得、达到、获得、达到、产生、出现、形成、造成、发生、遭到、遭受、受到。

我们把该类形式动词记为“实现类 DV”，它们所构成的动宾结构表达是“NP 实现了某一行为、活动或状态”，相应的口语形式为“NP 做到了某事或 NP 怎么样了”。该类动词与不同的名词化结构相组合，形成下面的句式：

A. NP_1 + 实现类 DV + VP + 的 + $NP_{抽象}$

B. NP_1 + 实现类 DV + ADJ/NP + 的 + VV + $NP_{抽象}$

C. NP_1 + 实现类 DV + NP_2 + 的 + VV

D. NP_1 + 实现类 DV + $NP_{抽象}$

例如：

A.

(77) 1988 年 5 月，中国、日本、尼泊尔三国联合登山队同日分别从南、北坡登上了珠峰，第一次实现了双跨珠峰的壮举。

(78) 人们通过眼、耳、鼻、舌、身等接触客观事物，形成对客观事物的感性认识。

B.

(79) 关于制定《残疾人权利公约》的政府间会议，通过了《北京宣言》，对公约的制定进程产生了积极的促进作用。

(80) 山西省大同糖厂在完善经营机制中，积极理顺党政体制，大胆实施厂长书记交叉任职、合署办公，形成了全厂上下齐心抓经济的新局面。

C.

（81）一向以社会调查见长的社会学，却取得了“社会学不等于社会调查”的自觉认识。

（82）与纯粹的理论著作不同，该书还在学术与应用的契合点上花了大量精力，力求达到“学理分析”与“战略实现”的统一。

D.

（83）他说，他帮助许多没有机会参加奥运会的队员实现了梦想。

（84）因为这是中国队第一次在家门口作战，而且分组抽签几乎完全实现了自己的最大愿望。

第五类，表“存在、具有”义的形式动词，如：具有、存在、呈现、发挥、有。

我们把该类形式动词记为“具有类 DV”，该类形式动词所构成的动宾结构表达的是“某物具有或存在某一特征、属性、功能”，相对应的口语形式为“NP 怎么样”，是对 NP 的性质、特征、功能的具体叙述。该类形式动词形成的句式有以下四类：

A. NP + DV + ADJ/VP + （的） + $NP_{抽象}$，或者 NP + 对于 + XP + 具有 + AdjP + $NP_{抽象}$

例如：

（85）a. 石棉具有隔热、保温、耐酸、绝缘、防腐等特性。

b. 石棉能隔热、保温、耐酸、绝缘、防腐。

（86）a. 鸸鹋虽然长相笨拙，但它在孵卵育雏时可以连续 50 天不吃任何东西，具有惊人的耐饥力。

b. ……，特别耐饿。

（87）a. 黄芪也叫“黄耆”，是著名的补气良药，对人体具有强壮作用。

b. ………，能够使人的身体强壮。

此外，“NP + 致动类 DV + $[\cdots VV\cdots]_{NP}$”类结构，也可以变换为以“具有”作谓语中心语的句子结构，转换的方法为：$[\cdots VV\cdots]_{NP}$由“对于”介引充当句子的状语，以“具有/发挥/起到了”等形式动词来充当谓语中心语，“意义、作用”等抽象名词充当宾语中心语，形成下面的句子格式：

NP_1 + 对于 + ［（NP_2） + ［…VV…］$_{NP}$］ + 具有 + AdjP + 的 +（VV_1） + $NP_{抽象}$

其中的“（NP_2） + ［…VV…］$_{NP}$”也可以直接使用谓词性形式，即：

NP_1 + 对于 + ［（NP_2） + VP］ + 具有 + AdjP + 的 +（VV_1） + $NP_{抽象}$

例如：

（88）这对于实现国民经济三年、八年规划和二十三年设想，实现农业、工业、国防和科学技术的现代化，巩固我国的无产阶级专政，具有重大意义。

（89）这种佛教心性论不仅为隋唐大部分佛教宗派所吸收，对哲学界心性论的兴起也有直接推动作用。

（90）这次会议的成功召开，对于进一步动员和激发全国各族人民全面贯彻落实科学发展观，推动国民经济又好又快的发展，在全面建设小康社会，构建社会主义和谐社会的伟大征程上不断迈出新步伐，具有十分重要的意义。

B. NP + 有 + VP + 的 + 可能/必要/余地等，该类对应的口语非正式语体的形式为“NP + 可能/需要/可以等 + VP”，例如：

（91）夫妇虽有选择的余地，但一经结合便以不再仳离为原则，而朋友则是有聚有散、可合可分的。

（92）他觉得欧阳天风和李景纯是各走极端，没有“言归于好”的可能。

（93）但很多人也颇感到有读个MBA（在职工商管理硕士）的必要。

C. NP + 有些 + 形容词/心理动词，该类对应的口语形式为“adv + adj”，如：

例句：

（94）他们只认可我是高原上的人，这让我的内心多少有些荒芜与惆怅。

（95）虽然没有什么失职，但总觉得有些单调，有些无聊。

（96）顾涌看见人多，有些害怕，却仍鼓足了气，往里面挤。

D. XP + 有 + 数量词 + 度量抽象 NP，该类对应的口语形式为“XP（ + 有） + 数量词”，其中 NP 是表度量的抽象名词。该类的转化式可以表述为：

$$XP + 有 + 数量词 \rightarrow XP + 有 + 数量词 + NP_{抽象}$$

例如：

(97) 这里离我们学校有五百米的距离。

(98) 那些国际财团的数据分析，有时像印度女人穿的纱丽一样，能有好几十米的长度。

(99) 然而两扇小门如今好像有了千斤的重量。

除了以上使用形式动词与谓性结构的名词化形式构成动宾结构以外，由双音节性质形容词和不及物动词构成的“一 + 量词 + ADJ/VV”也可以单独充当句子的谓语，而不需要添加形式动词，该类名词化形式其对应的口语非正式表达形式是“V_iP/AdjP”，例如：

(100) 西安卫星测控中心卫星长期管理中心一片繁忙。

(101) 记者在听到爆炸声后迅速赶到现场，只见现场一片狼藉，公交车被炸得只剩下骨架，地上到处是血迹和汽车玻璃碎片。

(102) 春节期间，辽宁沈阳、鞍山等地的花卉市场一片春意盎然。

它们也可以充当普通动词的宾语，或“有”、“是”的宾语，如：

(103) 那模样有点像公社里的放映员，以至于进校门的时候，引得高年级师兄们一阵讪笑。

(104) 爸爸拎了一个巨大的军用包站在小区门口的时候，我有了一瞬间的尴尬。

(105) 往年家禽市场购销两旺的情景变成一片萧条，许多家禽饲养户陷入困境。

三 形式动词的泛时空化特征

形式动词具有较强的书面正式语体色彩，对于这一点很多学者作过讨论，如吕叔湘（1981：311）对“进行”进行分析时指出“只用于比较正式、庄重的活动，不用于非正式的或短暂的活动”，朱德熙（1985：1）指出“形式动词仅加在某些词语的前面在形式上造成动宾结构，而不改变原来的词语的意义”，并指出它们只在书面语中出现。那么由“VV”变为“DV + VV”为什么能够保持语义不发生变化，以及为什么形式动词具有书面正式语体的色彩呢？这是本节我们要回答的问题。

我们认为“DV + VV”的语义之所以能够与“VV”相一致，原因就在于 DV 和 $[VV]_{NP}$是对 $[VV]_{V}$语义内容的分解，DV 和 $[VV]_{NP}$分别承载了 $[VV]_{V}$的一部分内容，其中名词化的 $[VV]_{NP}$承载的是区别特征义素，在名词化的作用下凸显了动词所指概念的整体空间，而 DV 承载的是动词 $[VV]_{V}$中的范畴义素，因此 DV 与 $[VV]_{V}$的关系是集合与个体之间的关系，与集合名词与个体名词的关系相同。由于 DV 是抽取了 $[VV]_{V}$中的范畴义素，去掉了表达具体的、个体的动作的语义内容，因此 $[VV]_{V}$变为 DV + $[VV]_{NP}$实际上是将 $[VV]_{V}$的个体性和具体性加以消除，实现了泛时空化，从而与口语非正式语体拉开距离，所以形式动词是一种表达正式语体的语法形式，具有表达正式的语体功能。

下面，我们首先分析论证形式动词表达的语义内容是具体动词的范畴义，然后在此基础上分析它具有表达正式的语体功能的原因。

（一）对形式动词的语义内容的分析论证

“$[VV]_{V}$”与动宾结构“DV + $[VV]_{NP}$”语义相同，如果我们把“$[VV]_{V}$”记为 C，把 DV 和其宾语 $[VV]_{NP}$，分别记为 A 和 B，那么三者的关系为 $A+B=C$。在“A + B”等于“C”的条件下，“A”和“B”与“C”的关系可能存在两种情况，一种情况是 $A/B=0$，而 $B/A=C$；另一种情况是 C 的语义内容分解为两部分，分别由 A 和 B 来分担，这样就可以满足 A 与 B 之和仍等于 C。

先看第一种情况，显然名词化的动词的语义不是空的，因此如果第一种情况存在的话，只能是 $A=0$。那么是否 A 真的为 0 呢？以往的研究多倾向于这一观点，因而把它称为形式动词、无色动词、代动词、傀儡动词等等。但我们发现 A 的语义内容并不是空的，这可以从以下几点得到证明。

首先，根据动词和动词的名词化形式的语义差异的分析，动词的名词化形式的语义内容并不等于动词的语义内容，即 $B\neq C$，因此 $C-B\neq 0$，所以 $A\neq 0$。

其次，从形式动词本身来看，很多形式动词具有明显的语义内容，如我们在上文中提出的第三类形式动词“保持、促进、增强”等具有“使……怎么样”的语法意义，第四类“实现、取得、产生、出现、形成”等具有“实现”义，第五类“具有、呈现、发挥”等，表达是“存在或具有（某种性质、属性或功能）”，均包含一定的语义内容。就算是普遍公认的形式动词“进行”和“加以”也是有语义的，不少学者曾对二者进行过比较，把它们作为两类不同的形式动词来看待，如周小兵（1987：2）曾对二者的语义进行过比较，指出"'加以'表示将某种行为加于人或物之上，……'进行'只表示从事某种活动"，此外，又如周刚（1987）、李临定（1990）、刁宴斌（2004）等等。既然二者存在语义上的差别，那么它们就必然存在一定的语义内容。

由此可见，第一种情况是不可能的，因此 A 和 B 与 C 的关系只能是：C 的语义分解为两部分，一部分由 A 来承担，另一部分则由 B 来承担。那么 A 承载的是 C 的哪一部分语义内容呢？

由于 A + B 等于 C，因此 A 的语义内容可以通过 C 与 B 之差来获得，我们只需要知道 C 的语义内容减去 B 的语义内容以后所剩余的语义内容是什么即可。那么 C 和 B 各自包含了哪些语义内容呢？

我们可以使用义素分析的方法对 C 进行分解。周一民（1995：34）指出义素可以分为两类："范畴义素"和"特征义素"，其中范畴义素是词的意义类别，标志的是词的义类，而"特征义素"则是范畴义素之外体现词的个性的义素。据此，C 的语义内容也可以分解为两类义素：[范畴义素] 和 [特征义素]，以"观察、编写、安装"和"表扬、批评、帮助"两组词为例，前一组词中的"观察"的语义可以分解为：[+ 主体实施某一动作]，[+ 用眼睛对事物发生作用]，后一组中的"表扬"的语义可以分解为：[+ 施加某一有益或有损动作]，[+ 用话语对事物发生作用]。"观察"和"表扬"的第一个义素分别标志第一组的动词和第二组动词的义类，根据这一义素，我们可以将这两组词区分开来，而它们的第二个义素则分别是体现"观察"和"表扬"这两个词的个性的义素，根据这个义素我们可以将它与组内的其他词区分开来。

那么 B，即名词化的 $[VV]_{NP}$ 的语义内容是什么呢，它保留了动词 $[VV]_{V}$ 中的哪一部分语义内容呢？ $[VV]_{NP}$ 名词化以后，失去了动作性，变成了概念所指称的空间的指称，由此可以断定它不再具有表达动作的类义，而是仅保留了其中的个体义素，以区别于其他动词的名词化形式。以"观察"和"编写"为例，名词化的"观察"失去了动作性，不再具有"主体实施某一动作"这一语义内容，而只是指称某一个抽象的行为，而这一行为与"编写"得以区分的依据就是"观察"所具有的特征义素。可见，名词化的 $[VV]_{NP}$ 保留的是 $[VV]_{V}$ 的特征义素，由这一特征义素指称一个抽象的空间范域。

C 包含了“范畴义素”和“特征义素”，B 仅分担了其中的“特征义素”，由此我们可以得出 A 承载的是 C 的“范畴义素”，即形式动词所表达的语义内容是能够名词化充当其宾语的各个动词的范畴义，是对能够名词化以后充当其宾语的众多动词“VV_1、VV_2、VV_3、……”的类义的抽象概括。由于不同类型的形式动词所概括的动词类型不同，因此所表达范畴义也有所差异，其中“进行”类形式动词，去掉了动词所包含的具体的方式、对象、对受事的影响作用等语义内容，仅保留了“实施动作”这一语义内容；“加以”类形式动词，则仅保留了“施加”义，而去掉了施加的方式、内容以及结果；“保持”类形式动词，仅保留了“使……向某一方向运动”的范畴义，是对“使……怎样 VV”中的“使”和“怎样”语义内容的概括，而具体是向什么样的方向，以及具体的动作内容均被消除；“实现”类，保留了“做到了某事或某事出现了什么变化”，是对其中的“实现”义的概括，至于具体实现了什么则被去掉；“具有”类，概括的是事物和性质状态或功能之间的存在关系，而不具体描述事物的性质状态或功能。

以上我们主要从 VV 与“DV + VV”语义保持一致以及不同类型的形式动词所表达的语义内容的角度分析了形式动词是对普通动词的范畴义的概括，除此之外，还可以从以下几个方面得到证实。

首先，由于形式动词是对普通动词的范畴义的概括，而不具体指称某一动作，因此它无法独立充当句子的谓语，必须以动词的名词化形式为宾语才能表达一个完成的动作行为，如“我对教材进行”语义不完整，必须加上宾语如“我对教材进行编写”才能表达一个完整的事件。

其次，由于形式动词是对普通动词范畴义的概括，因此个体动词与具体动词存在一对多的关系，每一类形式动词可以与属于同一类型的很多不同的动词相搭配。

再次，由于形式动词是对属于同一类型的普通动词范畴义的概括，不同类型的形式动词便是对不同类型的动词的概括，因此属于不同类型的普通动词的动词的名词化形式对于充当其述语的形式动词是有选择，并非任何形式动词在任何情况下都可以充当其述语。试看下面几组搭配的使用率或合法性①：

① 下面用例数量是这些词在北大语料库中的出现例数。

A 组，倾向于“给予”类，不宜用“进行”类

（106） 给予赞扬 给予优待 给予关爱 给予尊重 给予重罚
（100 例） （29 例） （29 例） （24 例） （35 例）
进行赞扬 进行优待 进行关爱 进行尊重 进行重罚
（4 例） （2 例） （0 例） （0 例） （7 例）
给予重视 给予奖励 给予警告 给予补助 给予肯定
（633 例） （816 例） （381 例） （166 例） （1000 多例）
进行重视 进行奖励 进行警告 进行补助 进行肯定
（0 例） （127 例） （8 例） （20 例） （8 例）

B 组，倾向用“进行”类，不宜用“给予”类

（107） 进行观察 进行研究 进行分析 进行协商 进行调查
（170 例） （1265 例） （833 例） （287 例） （2356 例）
给予观察 给予研究 给予分析 给予协商 给予调查
（0 例） （6 例） （16 例） （0 例） （1 例）
进行投资 进行帮助 进行改革 进行编写 进行采访
（426 例） （148 例） （1221 例） （11 例） （155 例）
给予投资 给予包围 给予改革 给予编写 给予采访
（19 例） （45 例） （0 例） （0 例） （0 例）

C 组，适合用“进行”类，不宜用“保持”类

（108） 进行编写 进行比赛 进行讨论 进行观察 进行比较
？保持编写 ？保持比赛 ？保持讨论 ？保持观察 ？保持比较

D 组，适合用“保持”或“实现”不宜用“进行”或“给予”

（109） 保持稳定 保持和谐 保持平衡 保持增长 保持一致
实现稳定 实现和谐 实现平衡 实现增长 实现一致
？进行稳定 ？进行和谐 ？进行平衡？进行增长？进行一致
？给予稳定 ？给予和谐 ？给予平衡？给予增长？给予一致

E 组，适合用“保持”类而不宜用“实现”类：

（110） 保持湿润 保持清醒 保持缄默 保持警惕 保持联络
？实现湿润 ？实现清醒 ？实现缄默 ？实现警惕 ？实

现联络

F 组，仅可以使用“具有”类

（111）具有决定意义、具有发展的趋势、具有治愈的功效、具有转变的可能

以上语句的使用情况以及合法与非法性表明不同类型的形式动词对于其搭配对象是有选择性的，其原因就在于它们是对不同类型的动词或谓词性结构概括的结果，只能与自己的下位范畴动词的名词化形式相搭配，而不能与其他范畴的下位动词的名词化形式搭配。

动词对于形式动词的选择性，还表现在尽管很多动词可以与不同类型的形式动词相搭配，但是它们所表达的语义内容并不相同，以“改革”为例，它可以与不同的形式动词相搭配，但是构成的结构所表达的语义也很不相同，试看下面的语句：

（112）我们必须对该地区的经济进行改革。

（113）我们必须对该地区的经济加以改革。

（114）我们必须保持该地区经济的发展。

（115）我们必须实现该地区经济的发展。

（116）该地区的经济得到了发展。

（117）该项政策的实施具有发展经济的重要意义。

例（112）表达的是“发展经济”，例（113）强调把“改革”这一动作施加在这个地区，例（114）表达的是使经济发展的状况不发生变化，例（115）表达的是“经济发展了”，例（116）表达的是“该地区的经济被发展了”，例（117）表达的是“政策能够影响经济发展”。这些不同的语义内容均是由形式动词决定的，可见形式动词决定着句子的表达类型，具有类型义。

刁晏斌（2004：47）也曾指出形式动词的概括意义，他指出：“形式动词具有的是一种‘类’的意义，它是抽象的，并具有很高的概括性的意义。而在具体的语句中，由于某些直接相关的成分的转化作用，抽象、概括性的意义变成了某一具体的意义。这也就是，一个抽象的意义在具体的语句中与某一具体的意义形成了等义的关系；而从另外一个角度说，则是人们在语言运用中，用一个具有抽象意义的形式动词替代了一个表示某一具体意义的动词。”这与本节所分析论证的结果大致相同。

综合以上分析，形式动词并非完全没有语义内容，而是对某一类型的动词的范畴义的概括，表达的是普通的动词的范畴义，因此它与普通的动词之间的关系是集合与个体的关系，与集合名词与个体名词的关系相同，二者的关系，可以如图 4 – 2 所示：

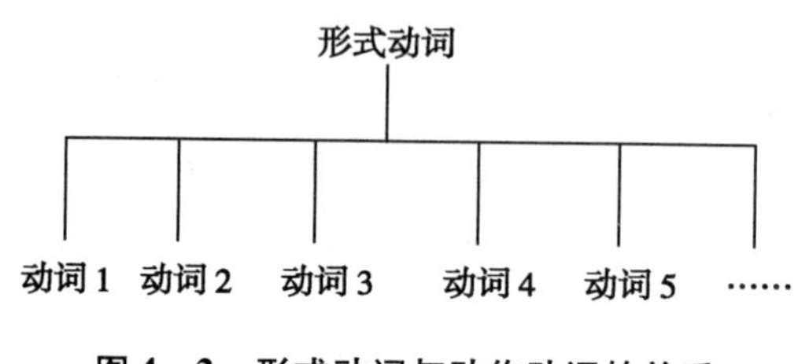

图 4 – 2　形式动词与动作动词的关系

（二）双音节形式动词表达正式的原因

以上我们分析并证实了形式动词的语义内容，那么形式动词的语义内容与形式动词具有书面正式语体的功能之间存在什么样的关系，形式动词为什么具有书面正式语体功能呢？

我们认为形式动词之所以具有书面正式语体的功能，是由它所表达的范畴义这一语义内容决定的。由于形式动词表达的是普通动词的范畴义，而去掉了普通动词所具有的个体性、具体性的内容，具有泛时空化的特征，满足了书面正式语体拉开与口语的距离的要求，因此成为一种表达正式的语法形式，具有书面正式语体的功能。

将“VV”变为“DV + VV”的本质实际上是：一方面是通过双音节韵律形态的手段将 VV 名词化，用于指称某一抽象的空间范域；另一方面将 VV 中的范畴义抽取出来构成形式动词 DV，最后通过句法手段构成“DV + VV”来表达与 VV 相一致的语义内容。通过这一句法的转变，去掉动词 VV 或谓词性结构的具体性和个体性内容，实现了泛时空化，从而与口语非正式语体的表达形式拉开距离。

需要注意的是，形式动词是对某一类型的普通动词的范畴义的概括，这与某些在使用过程中丢失了词汇意义变成了虚化成分的情况有所不同。“概括某类词的范畴义”和“实词虚化”属于两个不同的概念，“虚化”是丢失实词意义，是包括特征义素和范畴义素在内的所有实词意义的逐渐丢失，而“概括某类词的范畴义”舍弃的仅仅是其中的体现个体词语的特征义素，而保留了其中范畴义。对某类词的范畴义进行概括得到的是上位词与下位词的对立，集合与个体的对立；而虚化并不构成上位词与下位词、集合与个体的对立。概括是去具体性和个体性的过程，其结果是泛时空化，而虚化是去语义成分的过程，其结果是语义虚灵，表达某种语法意义。因此，这两种运作所产生的形式的语体性质很不相同，前者具有书面正式语体的功能，而后者不具有表达正式的语体功能。正是由于这个原因，汉语存在很多的虚化成分并不具有表达正式的语体功能。

上面我们分析并论证了形式动词是一种书面正式语体的语法成分，但是我们发现除了在书面正式语体中使用的形式动词以外，现代汉语中还存在一类形式动词，它们为“弄、整、搞、做、作、干、来”等，该类形式动词仅在口语非正式语体中使用，具有表达口语非正式语体的功能。那么为什么该类形式动词具有口语非正式语体的功能，而不具有书面正式语体的功能呢？这类形式动词的存在是否构成了我们上面观点的反例？

答案是否定的，该类形式动词的存在并不构成我们上面观点的反例，因为它们与书面正式语体中的形式动词的构成机制并不相同。书面正式语体中的形式动词是抽取了普通动词的范畴义，是一类仅具有范畴义而不表达具体动作内容的动词；而“弄、整、搞、做、干、来”并不是对动词的范畴义的概括，而是对具体动作的代替，它之所以能够代替具体的动作，是因为它们的实词意义已经虚化，仅具有动词性；即前者是对普通动词抽象概括的结果，而后者是虚化成分对普通动词的替代。

口语形式动词对具体动词的代替性突出表现在它们可以与原有动词的名词性宾语构成动宾结构，如：

（118）买点菜—弄点菜
炒点菜—弄点菜
种点菜—弄点菜
写篇文章—搞篇文章
挣点钱—搞点钱
买块地—搞块地
修理一下自行车—整一整自行车
收拾一下房子—整一整房间
建两栋房子—整两栋房子
买两瓶酒—来两瓶酒
越看越喜欢—越来越喜欢
煮一只鸡—做一只鸡

上面的例句是单音节动词对普通动词的直接替换，而书面正式语体的形式动词由于仅具有具体动词的范畴义，因此无法替代动词携带原有动词的名词性宾语，必须以动词的名词化形式为宾语构成动宾结构，如下面的语句：

（119）编写教材—＊进行教材　　帮助穷人—＊加以穷人
　　进行编写　　加以帮助
阅读图书—＊进行图书　　表扬学生—＊加以学生
　　进行阅读　　加以表扬
我们一直在互相联系着—＊我们一直互相保持着
　　我们一直保持着联系。
这些具体的政策使农业发展得很快。
—？这些具体的政策促进了农业。
这些具体的政策促进了农业的发展。
从单一兵种军队转变为诸兵种
—？从单一兵种实现了诸兵种
实现了从单一兵种向诸兵种的转变

口语形式动词与书面正式语体动词在携带宾语上的这种不同，恰好反映了它们使用机制的不同：口语形式动词是对具体动词的直接替代，是使用语义空泛虚灵的动词成分来直接代替意义实在的动词；而书面正式语体中的形式动词则是对动词的范畴义概括的结果。后者是去掉了动词的个体性和具体性，而前者用虚义的动词代替了实义的动词，去掉的是实词意义，而不是去具体性和个体性，不具有泛时空的特征，因此不足以与口语非正式语体拉开距离，故而不具有表达书面正式语体的功能。

当然，我们也发现口语形式动词也存在以动词的名词化形式为宾语的用法，如下面的语句：

（120）搞建设、搞规划、搞破坏、搞翻译、搞调查、搞教育、搞整顿、搞分裂、搞土改、搞改革、作计划、作准备、作研究、作斗争、作调整

但是我们认为这里的形式动词“作、搞”并不是对充当其宾语动词的范畴义的概括，它们本质上与以具体名词为宾语的用法是相同的，仍是对动词的替代，只不过以具体名词为宾语时，替代的是具体的动词，而这里替代的是具有书面正式语体的形式动词，因此这里的“搞”和“作”

并不具有书面正式语体的色彩。该类用法也并不能构成我们上面结论的反例。

这两类形式动词除了以上的不同以外，还有一个明显的不同就是音节单双的不同。具有书面正式语体性质的形式动词，除了“有”以外，均为双音节形式，而且“有”所构成的结构形式的正式程度明显较低，具体可见第一节中的例句，而具有口语非正式语体性质的形式动词均为单音节，那么音节形式的单和双与正式和非正式存在着什么的关系呢？是偶然的，还是必然的？

冯胜利（2006a：9）指出“如果说新词在口语里‘不足两个音节就不上口’的话，那么在书面语里，双音节的形式还发挥着另一个重要的作用。我们知道语气正式则音长语重，我们还知道单音轻双音重。在这两个原则的作用下，双音节的形式自然就被用来表达正式庄重的语气了。虽然双音节的词汇不限于书面语，但是书面语的词汇一般都是双音节”，即提出了双音节韵律模式是书面正式语体词汇的构成模式。

根据这一观点，由概括动词的范畴义而形成的形式动词具有表达正式的语体功能，也就是说，该类形式动词是书面正式语体性质的词汇单位，因此，也就必然要遵循书面正式语体的双音节韵律模式。通过虚化来代替实义动词的形式动词则是口语非正式语体的词汇单位，因此也就必然采用口语非正式语体的韵律模式。由此可见，正式为双，非正式为单，是遵循了不同语体语法规则的结果。书面正式语体为拉开与口语非正式表达之间的距离而采用了变形的语法手段，而变形的结果又必须遵循正式语体的语法规则，这恰好反映了冯胜利先生提出“语体不同则语法因之而异”、“没有不带语体的语法，没有不关语体的合法性”的观点（2009b：11），证实了语体语法理论。

四　小结

本节在第一小节指出在双音节韵律形态的作用下的双音节动词名物化现象是一种书面正式语体的语法运作，并在此基础上论述了现代汉语书面正式语体中谓词性结构名词化所构成的六大结构类型。第二小节，在前人研究的基础上提出现代汉语书面正式语体中除了“进行、加以、做”等几个形式动词以外，还存在其他许多表达正式的形式动词，根据其语义的差异，将其分为五大类型。第三小节，讨论了动词名词化以及形式动词表达正式的原因。在兰盖克（1987）提出的动词名词化与动词的语义差异的基础上，我们认为动词名词化以后忽略了个体，突出了整体，具有了泛时空化的特征，因此具有书面正式语体的功能。形式动词表达正式的原因则是由于形式动词表达的是普通动词的范畴义，从动词［VV］$_{V}$变为“DV＋［VV］$_{NP}$”，去掉了具体动词的个体性和具体性，具有了泛时空的特征。我们还对口语形式动词的性质进行了分析，指出它们是使用语义虚化的动词代替意义实在的具体动词，而不是对动词的范畴义的概括，这表现在它们能够直接代替具体动词与具体动词原来的名词性宾语构成动宾结构，而书面正式语体的形式动词不能直接代替具体动词，而只能与它们的名词化形式一起构成动宾结构。由于单音节形式动词是对动词的直接代替，不具有泛时空化的特征，因此具有口语非正式语体的性质。此外，我们还指出了由于两种形式动词的语体性质的不同，因此它们所遵循的词汇模式也不相同，正式语体形式的形式动词遵循了书面正式语体词汇的双音节韵律构词模式，为双音节形式，而非正式语体性质的形式动词遵循的是口语非正式语体的词汇模式，即单音节形式。

本节通过对动词名词化以及形式动词表达正式原因的论证，证实了冯胜利（2009b）提出的泛时空化特征是书面正式语体正式范畴的基本特征，书面正式语体通过语法手段改变语句的时空性，由此拉开与相对应的口语表达的距离；动词的名词化以及形式动词的运用是语体语法运作的结果，证实了语体语法的存在。

第三节　“双音介词＋VP/抽象名词”

本节指出书面正式语体在某些情况下，将口语中的一般叙述句变成介词结构以表达正式。本节的主要内容如下。

首先，分析现代汉语书面正式语体中表达正式的介词结构类型；其次，讨论由一般的叙述句变为介词结构的转换机制；再次，在此基础上分析表达内容相当于一般叙述句的介词结构表达正式的原因，指出由一般的叙述句变为介词结构实际上是一个去具体性，表达抽象内容的泛时空化的过程，是书面正式语体为拉开与口语表达之间的距离而产生的一种句法结构；最后，总结本节研究内容。

一　书面正式语体性质的介词结构的类型

现代汉语书面正式语体与口语非正式语体拉开距离的另一重要的手段是使用介词把一般的叙述句变为一个介宾结构。根据介词自身语体性质的不同，能够将一般叙述句变为介宾短语的介词可以分为以下两类。

第一类，口语非正式语体性质的介词的正式化，该类介词主要包括“在、向、从、用”等，它们自身具有口语非正式语体性质，在口语非正式语体中表达的是动作的具体的方向或处所，具体的时间，具体的工具等，例如：

（121）我们在北京生活了三年。（自编句）

（122）他用石头敲开了那个硬东西。（自编句）

（123）我们从明天开始学习英语。（自编句）

（124）第二个女人是他在第一次从家乡来北京的火车上认识的。（自编句）

在书面正式语体中，这些介词的搭配成分发生了变化，由具体的事物变为抽象的名词或动词的名词化形式，表达的内容也由具体的时间、处所、工具变为抽象的条件、目标、方面、依据等等，试看下面的例句：

（125）这四个圈在太阳能的作用下，进行着物质循环和能量流动，使人类（生物）得以生存和发展。

（126）人类在环境污染问题的解决上，经历了工业污染治理、城市环境污染综合防治、生态环境综合防治、区域污染防治四个历程。

（127）用自然界本身演化的规律性来说明行星运动的一些性质，无疑对这种荒谬的观点是一个有力的打击。

（128）中国经济向社会主义市场经济体制转型的方向是不可逆转的。

第二类，本身具有书面正式语体性质的双音节介词和保留在书面正式语体中的单音节古汉语介词。该两类介词仅限于在书面正式语体中使用，基本上不在口语非正式语体中使用。根据表达内容的不同，可以分为以下几类①：

1. 表达动作行为的依据的介词，如“根据、据、基于、鉴于、按照、按、依照、依、本着、凭着、通过、作为”，例如：

---

①　该分类主要依据的是陈昌来（2002：75—78）所介绍的介词的分类。

（129）它可发射出超声波，根据反射波就可知有无车辆，以及车速和车辆的多少。

（130）编辑的首要任务是出好选题，找好作者，根据社会需要，按照不同读者的需要，约请合适的作者写稿。

（131）1971 年年底开始，周恩来在一系列相继召开的全国性专业会议上，通过批判极左思潮和无政府主义，来消除"文化大革命"对经济方面的破坏性后果。

（132）他们通过对萤火虫发光器的研究，分离出了荧光素和荧光素酶，弄清了萤火虫发光的奥秘。

（133）长期以来，作为思想政治工作的一种外在表现形式，那些健康向上的标语，在革命和建设中为鼓舞人心、振奋精神、激励斗志，立下了汗马功劳。

2. 表动作事件的条件的介词，如"随着、经过、经"，例如：

（134）随着五四运动的发生和各种进步思潮的兴起，林彪逐步接受了新的思想。

（135）因此，随着地球自转速度的减慢，我们的每一天在变得长起来，只不过这种变化很微小，人们很难察觉罢了。

（136）由此可知，老牛对小牛的关怀只是一种本能，随着时间的流逝，这种本能就会消失。

（137）经过数十载的苦练之后，他终于成了全国第一流的名画家之一。

3. 表达动作或事件的目的的介词，如"为了、为着"，例如：

（138）为了扩大我的知名度，也为了这张专辑的销量，老总特意为我安排了一次唱片的签售活动。

（139）同时，在中国方面，为了要取得抗战最后的胜利，当时也必须确保滇缅公路这条最后国际交通运输线。

（140）第二次世界大战后，由于科技进步和工业的发展，环境污染日益成为一个严重的社会问题。

（141）因为它的质量很小，仅是地球的六亿分之一，所以对地球的引力很微弱，不会改变地球的轨道。

4. 表达谈论的话题的介词，该类主要包括"关于、至于、对于"，例如：

（142）周恩来表示，关于联蒋抗日的政策，中共中央已有考虑，愿意把张学良的意见带回去慎重研究。

（143）关于元气的运行机理，张、王二人都认为元气因有阴阳二性的推动而浮沉、升降、动静，这是自身的矛盾运动，用不着鬼、神、上帝起作用，这是难能可贵的无神论思想。

（144）对于与有关邻国现存的领土和海洋权益争议，中国主张以大局为重、协商解决，使之不影响国家关系的正常发展和地区形势的稳定。

（145）对于检察机关依法提起公诉的知识产权刑事犯罪案件，只要有充分证据，证明被告人假冒他人商标或专利，情节严重，构成犯罪的，人民法院严格依照法律规定，及时准确地予以惩处。

以上两种类型的介词，无论是口语非正式语体介词的正式化，还是本身就具有书面正式语体性质的介词，它们所构成的介词结构所表达的内容，在非正式语体中均是通过叙述句的形式来表达的，由此可见，将一般的叙述句变为介词结构是书面正式语体拉开与口语表达之间的距离的一种重要手段。

二　将一般的叙述变为介词结构的转化机制

上面我们指出了书面正式语体中将一个叙述句变为一个介词结构，那么介词结构是如何将一个叙述句变为介词结构的呢？

我们可以将这一转化分解为两个步骤，一是对所要转化的叙述句相对于另一个叙述句的作用性质的概括，概括出的作用性质由介词来表达。二是将叙述句转化为介词的宾语。这两个步骤具体如下：

第一个步骤，是对所要转化的叙述句 S_1 相对于另一叙述句 S_2（也就是转化之后的主句）的作用性质的概括，抽象概括出来的内容，按照内容的不同，分别由不同的介词来表达。根据抽象概括的内容的不同，具体分为以下几类：

1. 当叙述句 S_1 是叙述句 S_2 中的动作行为的依据时，使用的是“根据、按照”等，即上面所说的第一大类中的第一小类介词。试看下面的例句及其对应的一般叙述句：

（146）a. 编辑的首要任务是出好选题，选好作者，了解清楚社会需要什么样的作品，不同的读者需要什么样的作品，约请合适的作者写稿。

b. 编辑的首要任务是出好选题，找好作者，根据社会需要，按照不同读者的需要，约请合适的作者写稿。

（147）a. 1971 年年底开始，周恩来在一系列相继召开的全国性专业会议上，经常批判极左思潮和无政府主义，来消除“文化大革命”对经济方面的破坏性后果。

b. 1971 年年底开始，周恩来在一系列相继召开的全国性专业会议上，通过批判极左思潮和无政府主义，来消除“文化大革命”对经济方面的破坏性后果。

（148）a. 长期以来，那些健康向上的标语是思想政治工作的一种表现形式，它在革命和建设中为鼓舞人心、振奋精神、激励斗志，立下了汗马功劳。

b. 长期以来，作为思想政治工作的一种外在表现形式，那些健康向上的标语，在革命和建设中为鼓舞人心、振奋精神、激励斗志，立下了汗马功劳。

例句（146a）中的“了解清楚社会需要什么样的作品，不同的读者需要什么样的作品”是“约请合适的作者写稿”的一个依据，例（146b）将这一性质关系抽象概括出来通过介词“根据”来表达。

例句（147a）“经常批判极左思潮和无政府主义”是“消除‘文化大革命’对经济方面的破坏性后果”的方法；（147b）将这种性质关系抽象概括出来，由介词“通过”来表达。

例句（148a）中的“那些健康向上的标语是思想政治工作的一种表现形式”是发挥“鼓舞人心、振奋精神、激励斗志”作用的性质依据；（148b）将这种抽象的关系抽象概括，由介词“作为”来表达。

2. 当叙述句 S_1 是叙述句 S_2 的条件时，使用的是“经过、随着、通过”等介词结构，试看下面例句及其对应的介词结构：

（149）a. 五四运动开始了，各种进步思潮慢慢兴起，他也逐步慢慢接受了新的思想。

b. 随着五四运动的发生和各种进步思潮的兴起，他逐步接受了新的思想。

（150）a. 他们仔细研究了萤火虫发光器，分离出了荧光素和荧光素酶，弄清了萤火虫发光的奥秘。

b. 他们通过对萤火虫发光器的研究，分离出了荧光素和荧光素酶，弄清了萤火虫发光的奥秘。

（151）a. 他们奋战了八十五天，终于取得了歼敌七万八千人的重大胜利。

b. 经过八十五天的奋战，他们终于取得了歼敌七万八千人的重大胜利。

例（149a）中的“五四运动开始了，各种进步思潮慢慢兴起”是“他逐步接受了新的思想”社会环境条件，（149b）将这种条件性质抽象概括来，由“随着”来表达；例（150a）中的“他们仔细研究了萤火虫发光器”是“分离出了荧光素和荧光素酶”的条件，（150b）由“通过”抽象概括出了这一性质；例（151a）中的“他们奋战了八十五天”是“取得胜利”的条件，（151b）使用“经过”表达了这一性质。

3. 当叙述句 S_1 是叙述句 S_2 的目的时，则使用“为了、为着”这类介词，试看下面例句及其对应的介词结构：

（152）a. 红军长征到达陕北之后，党中央想要培养抗日军政干部，决定成立抗日红军大学。

b. 红军长征到达陕北之后，为了培养抗日军政干部，党中央决定成立抗日红军大学。

（153）a. 签售活动在西单一家著名的音像店举行，老总想要给我造势，动用各种关系。

b. 签售活动在西单一家著名的音像店举行，为了给我造势，老总动用各种关系。

以上例句中的例 a 句中的“想要培养抗日军政干部”和“想要给我造势”分别是“决定成立抗日红军大学”和“动用各种关系”所要达到的目的，例 b 句使用“为了”来表达这一抽象的性质，构成了“为了”介词结构。

4. 当对谈话的主题内容进行概括时，使用表话题的“关于、对于、至于”类介词。

口语非正式语体中很少交待谈话的主题，在必须交待时常用的一般叙述句形式一般为“NP 说说/看看某件事”，如“今天把大家找来是想和大家说一说孩子上学的事情，我觉得……”该句中的“和大家说一说孩子念书的事情”的作用就是要点名下面谈话的主题内容。

书面正式语体中则是将其变为一个由“关于、对于、至于”介引的介词结构，以表达正式，如上面的例句变为“关于孩子读书的问题，我认为……”，其中“关于”的作用就是把从语句内抽象概括出来的主题内容介引出来。

对于“关于”表达主题的作用，聂仁发（2007：40—41）曾作过讨论，他指出“‘关于’的宾语是后续单位所指内容的主题”，所概括语句的范围，可以是整个文章所表达主题，形成的是文章的标题，如：

（154）《关于个人迷信及其后果》

（155）《关于建立“语言学”一级学科的建议》

可以是一个语段所表达的内容的概括，如：

（156）第二，关于实验条件的控制问题。在教育心理学中为了试验一种新教材或新教法，通常需要进行一定的实验并比较。这就要设实验组和控制组。实验组和控制组一般选取两个条件对等的教学班。……

（157）周恩来解决了建立革命军队的一系列重大理论问题。关于建军的宗旨与任务，他指出：孙中山设军校是要建立“为人民所用之军队”，“军队之打仗是为人民而打的”。革命军队的任务，“是实现我们理论的先锋”。关于军队和党的关系，他指出：“革命军是党的军队，革命军的行动要依着党的政策。”关于政治思想工作，他指出：“部队政工是革命的灵魂。”

可以是对句子所表达的主题内容的概括，如：

（158）关于教育，他说过：“我们的摊子不要铺得很大，一定要有重点，要稳步前进。”对于农业，他也说过：“发展农业要稳步前进，不能要求太急。”

（159）关于奥尼尔和他的肘的问题，我想我爸爸的答案会和我一样，我说我希望他的肘够肥，这样我就不会觉得太疼。

但需要注意的是，对语句主题的概括并不等同于话题，它仅是话题的中的一类，当是话题而不是主题时，并不能使用“关于”，如下面的例句：

（160）大象，鼻子很长。（转引徐烈炯、刘丹青，1998）

*关于大象，鼻子很长。

（161）老王啊，真是个大好人。（同上）

*关于老王啊，真是个大好人。

（162）那本书，我读过。（同上）

*关于那本书，我读过。

徐烈炯、刘丹青（2007：181）提出话题有统摄范围大小之分，指出："对于书面语来说，话题基本上相当于大大小小篇章的标题。作为句法成分的话题的功能，其实就是这种意义的话题。区别只在于辖域的大小。话语的话题可以统摄整段话语，篇章的标题可以统摄整个篇章，而句子的话题（主话题）可以只统摄本句后面的内容，即回答本句在谈什么的问题，而次话题，次次话题统摄的范围更小。"以上不能够使用"关于"来介引的话题，便是属于统摄范围小的话题或次话题，由于该类话题不是对谈话主题的概括，因此也就不具有书面正式语体的性质，也因此不能使用具有书面正式语体性质的介词来引导。

以上所谈的是抽象概括一个叙述句相对于另一个叙述句的性质作用，并由介词来表达这一语义内容。这一步骤完成之后，便是将原叙述句的内容变为介词的宾语，构成一个完整的介词结构，即第二个步骤。

第二个步骤，是将叙述句所表达的内容由介词的宾语来表达，由一般的叙述句变为介词的宾语所采用的方法有以下几种：

1. 使用谓词性结构名词化的方法，利用双音节韵律形态的功能将一般叙述句名词化为名词性的结构，如下面的例句：

（163）人民法院对下列案件，根据当事人的申请，可以裁定先予执行。

（164）而事实上，根据教育心理学的分析，人们成功学习的心理状态是通过"实践—回顾—总结—新的实践"进行学习的。

（165）经过多次激烈的战斗，朱德因勇敢善战，战功突出而闻名于军中。

（166）为了两国经济的发展，日中两国政府和民间都应该保持良好的关系。

2. 使用能够概括整个事件的抽象名词来代替对事件、状况、内容的具体叙述，例如：

（167）同年秋，根据中共六届六中全会精神，指挥八路军各师深入敌后建立抗日民主根据地。

（168）根据阳光的这一特点，科学家设计了一种加热和干燥物品的装置，叫作红外线加热和干燥器。

（169）另一方面，通过力学定律又证明，天狼星伴星的质量却不小，与太阳相当。

（170）经过五次战役，中国人民志愿军和朝鲜人民军共歼灭敌军23万余人，把敌人从鸭绿江边赶回到三八线。

3. 有些介词也可以直接将原叙述句置于介词之后，构成介词结构，例如：

（171）一些官僚和大学生联合起来，通过议论政治，对宦官集团进行猛烈的抨击。

（172）这个组织成立以来，通过协调成员国的石油政策，采取集体行动，打破了西方石油垄断资本长期主宰石油的局面，维护了自身的石油权益。

（173）除此而外，鉴于国家在一定时期内会出现通货膨胀现象，国务院决定增设保值储蓄。

（174）为了更加有利于自己的生存，人类完全可以建立新的平衡。

经过以上两个步骤便形成了与一般叙述句表达内容基本相同的介词结构，并且构成的介宾结构具有表达正式的语体功能。

三　书面正式语体中的介词结构表达正式的原因

以上我们分析了由一般叙述句变为介词结构的转换机制，那么为什么将一般的叙述句变为介词结构具有表达正式的语体功能呢？

原因在于以下几个方面。

首先，介词所表达的内容是对一个事件相对于另一个事件的作用性质的概括，表达的是隐含在两个具体事件之内的抽象关系，如“依据、条件、目的、主题”等抽象的内容，这些内容是去掉了事件的具体性和个体性的内容，抽象概括而成的，因此具有书面正式语体的性质。由于该类单位具有书面正式语体的性质，所以除了口语非正式语体中正式化的介词和具有古汉语性质的单音节介词以外，书面正式语体中使用的介词均采用的是书面正式语体的双音节韵律模式，即均为双音节形式。

其次，将“S_1，S_2”中的“S_1”变为介词结构，一方面将对事件的叙述转化为另一个事件的依据、条件或目的，降低了对事件的具体叙述性；另一方面也消除了两个事件“S_1”和“S_2”之间所具有的具体的时间关系，因此也表现出了泛时空的特征。这两个方面所具有的去具体时空性的特征，导致该类介词结构具有表达正式的语体功能。

再次，介词的宾语将原来的一般叙述句形式名词化，或使用抽象的名词来概括原来的具体事件，这也大大减弱了事件内容的具体性和个体性，因此也表现出了泛时空的特征。

由于以上三个方面的原因，介词结构相对于原来的一般叙述句，无论是介词自身，还是整个介词结构，甚至是介词宾语所表达的内容，其具体性和个体性均大大降低了，因此具有表达正式的语体功能，该类介词结构是书面正式语体为拉开与口语非正式语体表达之间的距离而产生的一种正式的具有泛时空特征的句法结构。

四　小结

本节，我们指出了将一般的叙述句变为介词结构是书面正式语体为拉开与口语表达形式之间的距离而采用的一种语法手段。在第一小节中我们指出了具有书面正式语体性质的介词结构可以分为两类，一类是口语非正式介词的正式化，另一类是具有书面正式语体性质的双音节介词结构和古汉语单音节介词结构在书面正式语体中的使用，根据语义类型可以分为四类。在第二小节中，我们讨论了由一般的叙述句转化为介词结构可以分解为两个步骤，一个步骤是抽象概括出两个叙述句其中一个相对于另一个的性质作用，所抽象概括的内容分别由以上四类介词来表达；另一个步骤是将叙述句所表达的内容转化为介词的宾语，其方法可以是采用谓词性结构的名词化的方法，也可以使用一个抽象的名词来概括叙述句所表达的具体事件，还可以在某些介词句法上允许的情况下直接由原叙述句充当介词的宾语。第三小节，我们在以上分析的基础上讨论了由一般叙述句转化而来的介词结构之所以能够表达正式，一方面是由于介词结构是对一个叙述句相对于另一个叙述句的作用性质的抽象概括，这一过程具有泛时空的特征，因此该类介词均为双音节形式，遵循的是书面正式语体的双音节韵律模式；另一方面，将一个叙述句变为一个介词结构，不仅消除了语句的事件性质，也消除了原来两个事件之间的存在的时间性，这再次表现出了泛时空化的特征；此外，由一般的叙述句到介词结构的宾语，当采用名词化的形式或使用一个名词成分代替整个事件所表达的内容时，又一次去掉了事件的具体性；由于以上三个去具体性、去个体性的过程，因此该类介词结构具有表达正式的功能，其本质是书面正式语体为拉开与口语表达形式之间的距离而产生的一种句法结构。

口语中使用一般叙述句，而书面正式语体中将其变为介词结构，这是对“语体不同语法因之而异”（冯胜利，2009b：11）观点的又一个很好的证明。

第四节　双音连词在书面正式语体中的使用

现代汉语口语非正式语体中叙述事件主要按照事件之间的时间顺序或事物之间的空间顺序，而很少凸显事件之间的逻辑关系。现代汉语书面正式语体则削弱了事件或动作之间的时间性、事物的空间性，突出事件的逻辑关系，而这种逻辑关系则是由连词来表达的。书面正式语体中使用连词将两个或多个一般的叙述句变为由连词构成的复句，是表达正式的一种重要的语法手段。

本节，首先介绍现代汉语书面正式语体中表达正式连词的类型；其次，分析连词表达正式的原因以及使用连词构成的复句结构表达正式的原因；最后，总结本节主要内容。

一　书面正式语体性质的连词的类型

口语中语句之间很少使用连词，而更多的是使用意合法，连词主要用于书面正式语体中，并且正式语体色彩越强，使用的频率越高。贺阳（2007：93—117）对于文学文体和政论文体中具有转折、条件、假设和因果关系的分句间的连接形式进行了考察，考察结果表明政论文体中的连词的使用比率远远高于文学文体。统计情况转引如表4－1所示（2007：100）：

表4－1　　文学文体和政论文体中连词的使用率

语料	语料年代	使用连词	不使用连词	小计
《骆驼祥子》	1936	307/57.7%	225/42.3%	532
《张贤亮小说自选集》	1979—1995	219/64.0%	123/36.0%	342
《毛泽东选集》第2卷	1937—1941	285/81.0%	67/19.0%	352
《胡绳文集》	1979—1994	337/91.1%	33/8.9%	370
小计		1148/71.9%	448/28.1%	1596

表4－1的统计数据，表明了连词在口语非正式语体中和书面正式语体中使用的差异性，口语非正式语体中连词的使用率很低，而书面正式语

体中连词的使用频率较高。

现代汉语书面正式语体中经常使用的连词，按照表达类型[①]的不同主要存在以下形式：

第一类，因果类复句常用的连词：

因为……所以……、由于……因而……、……因此……、……以致……、既然……那么……、既……就……、……可见……、如果……就……、要是……就……、假若……就……、只有……才……、唯有……才……、除非……才……、……以便……、……以免……、……借以……、……用以……、……免得……等等。

该类例句如：

（177）因为公转一周时间很长，因而四季变化十分缓慢。

（178）这些带电粒子的运动速度极快，以致不断有带电粒子挣脱太阳引力的束缚而奔向太阳系空间。

（179）既然宇宙在膨胀，那么就可能有一个膨胀的起点。

（180）如果某一环节发生故障，链条就失去整体性，生态系统就会发生紊乱。

（181）假若长时间受到催泪弹作用，则可能出现结膜炎等病症。

第二类，并列类复句常用的连词：

既……又……、既……也……、一面……一面……、不但……而且……、不仅……而且……、尚且……何况……、或者……或者……等等。

该类例句如：

（182）城市既是出产品的基地，又是出人才、出成果的摇篮，也是商品、信息的集散地。

（183）地球也是一颗行星，它一面像陀螺一样自转，一面又和其他行星一样围绕太阳转动。

（184）环境中的污染物，不但能在生物体内附集，而且可以被土壤吸收。

（185）我们在犹大地这里尚且惧怕，何况往基伊拉去攻打非利士人的军旅呢。

第三类，转折类复句常用的连词：

---

① 本文所用的连词类型采用的是邢福义（2003）划分复句的三分法。

虽然……但是……、……但是……、尽管……然而……、……可是……、即使……也……、无论……都……、宁可……也……、……否则……、……不然……等等。

该类例句如：

（186）虽然室女座星系团距离我们如此遥远，但相比之下，它仍是距离我们最近的星系团之一。

（187）尽管它把地球当作宇宙中心是错误的，然而它的历史功绩不应抹杀。

（188）而那些遥远的河外星系，即使用大型天文望远镜，也只能看到一个极黯淡的星斑。

（189）无论别人怎样看重你们，你们应当有勇气对自己说“我是无知的”。

当然，并非所有的连词都具有表达正式的语体功能，也存在一些具有表达非正式语体功能的连词，它们常在口语非正式语体中使用，如下面的连词：

……省得……、……也……、……接着……、……又……、……还……、不光……还……、……是……还是……、不是……就是……、要么……要么……、……还是……、……不过……、……要不……等等。

该类例句如：

（190）他解释说，除了炒菜，做主食、烧水一般不用节能灶，省得提心吊胆的，总怕出岔。

（191）再比如，吃了糖之后，接着就吃广柑，你会觉得广柑很酸；吃了苦药之后，接着喝开水，也会觉得水有甜味。

（192）可电话打过去，对方不是需要高学历，就是需要有实际工作经验的。

（193）姐妹要么找个有钱的男人嫁了，要么花钱找门路托关系调到别的单位。

这说明，连词内部具有语体的差异性，但这与使用不使用连词属于不同层次的问题。

第四类，除了以上表达使用连词的方法以外，根据陈炯（2004、2006）、董秀芳（2003）的研究，现代汉语中存在一类表达假设关系的“的”字结构，如下面的例句：

（194）当事人对决定不服的，可以申请复议。（转引董秀芳，2003）

（195）同一诉讼的几个被告住所地、经常居住地在两个以上人民法院辖区的，各类人民法院都有管辖权。（同上）

（196）现役军官按照规定服役已满最高年龄的，退出现役；未满最高年龄因特殊情况需要退出的，经批准可以退出现役。（同上）

（197）定做方超过领取期限六个月不领取定做物的，承揽方有权将定做物变卖。（同上）

该类句式主要应用于司法文体中，具有明显的书面正式语体的色彩。董秀芳（2003：125—126）曾指出“这种结构可以追溯到古代汉语，只不过在古代与‘的’相对应的是‘者’”。据此，该类结构可以看作典雅形式的俗语化①，并且由于这一形式具有表达抽象的事理关系，因而成为一种表达正式的结构形式。

二　使用连词表达正式的原因

书面正式语体中，使用关联词将一般的叙述句变成复句，之所以具有表达正式的功能在于以下几点。

首先，连词所表达的内容是对两个事件之间事理关系的抽象概括，是一个去掉具体事件性而抽取语句间的抽象事理内容的过程，表现出了泛时空的特征，因此连词本身就是正式语体的一种语法单位。

其次，使用了连词以后，降低了语句的事件性，消除了两个或多个事件之间的时间关系。

口语非正式语体性质的叙述性的语段，侧重的是事件之间的时间关系，这一点在具有口语非正式语体性质的记叙文中表现得非常突出，试看巴金《海上日出》中的一段：

（198）为了看日出，我常常早起。那时天还没有大亮，周围非常清静，……转眼间天边出现了一道红霞，慢慢地在扩大它的范围，加强它的亮光。……果然过了一会儿，在那个地方出现了太阳的小半边脸，红是真红，却没有亮光。这个太阳好像负着重荷似地一步一步……到了最后，终

① 根据冯胜利（2009b），“典雅与俗白”是两个独立的概念，其中“典雅”是利用古汉语实现的，而“俗白”则是利用现代汉语实现的，“正式与非正式”是两个独立的概念，二者均是现代汉语层面的；“俗白”可以是正式的，也可以是非正式的。

于冲破了云霞，完全跳出了海面，颜色红得非常可爱。一刹那间，这个深红的圆东西，忽然发出了夺目的亮光，……后来太阳才慢慢地冲出重围，出现在天空，甚至把黑云也染成了紫色或者红色。这时候发亮的不仅是太阳、云和海水，连我自己也成了明亮的了。（巴金：《海上日出》）

整个语段中的几个不同事件是通过时间关系衔接起来的，这一方面介绍清楚了每一个具体的事件，另一方面也把整个过程叙述得非常具体，脉络清晰，其结果是整个语段具有较强的口语非正式语体性质。由此可见，凸显事件之间的时间性是一种口语非正式语体的表达方式。

书面正式语体中使用连词的结果是把这种对事件的叙述和对事件间的具体时间关系给消除掉了，试看叙述论文性质的《案头与场上》（朱伟明、朱丽霞）中的一段：

（199）为了表现“女丈夫”的气概，他又增加了平阳郡主募兵抗隋，对开幕府等情节，并且借剧中人物之口说“好个郡主，真是女中丈夫”。这样使得整个剧本充盈着一股阳刚之气，而女性的阴柔美完全被这股英雄气所掩盖。

（200）如果说这样的改动对剧本的集中与凸显“女丈夫”的主题不无裨益的话，那么增加的《洪客祈雨》《龙宫增奴》等出，在表现人物性格上有所突破，但无疑又增添了枝蔓，使得主要时间不够突出，出现了人物过多、线索太繁的毛病，在戏剧冲突的集中性与激烈性方面不如原剧。而且，冯梦龙剧增加龙母等人物，让李靖代为播雨，又含有神话性质的神秘色彩。

上面的语段的重点不是叙述的事件，更没有事件之间时间关系的表达，而是使用连词表达事件的事理关系、逻辑关系。

基于以上的分析，可见，使用连词将一般的叙述句变为复句形式，是一种去具体性、泛时空化的语法运作，因此是一种与口语非正式表达形式拉开距离的结构形式。

此外，除了使用连词将两个单句变为复句结构以外，还可以用该类连词连接句子内部的两个成分，可以是谓语，也可以是定语、状语等各种成分，如下面的例句：

（201）我们从来就反对而且今天还要继续不断地反对对于这个原则的任何修正。（转引贺阳，2007）

（202）赵本立坐在而不是躺在床上。（转引贺阳，2007）

（203）这就是日本已经引起并还要加深地引起世界多数国家和多数人民的反对的根源。

（204）第二次世界大战是可以而且一定会避免的。

但是需要注意的是，该类使用连词构成的并列谓词性结构与“和”字动词性并列结构的性质并不相同，因为其中的并列项中的动词的性质不同。根据第二节的分析，“和”字动词性并列结构中的并列动词兼有名词的属性，因为“和”字结构要求其并列项具有名词属性，在这一要求下双音节韵律形态作用下动词所具有的名词性便在“和”字结构中实现了，根据冯胜利（2009c），该类兼有名词性的双音节动词是一种类似于英文的“V + ing”的形式；而连词“而且、并且、而”只能连接谓词性的成分，而不能连接名词性的成分，因此在它们所构成的谓词性并列结构中，其中的谓词只能凸显其动词性，而不具有名词性，这突出表现在其中的并列项可以被各种将动词具体化的成分所修饰，如：

（205）它们不仅昨天考察了一下而且今天又去考察了一下那里的情况。（自编句）

（206）他们不仅把这里的地理环境认真地调查了调查而且把这里的经济环境认真地调查了调查。（自编句）

可见，该类使用连词的谓词性结构并列与“和”字动词性并列结构本质上并不相同。至于“而且、并且、而”等连词之所以能够表达正式，是由于它们凸显了动作之间的抽象的事理关系、逻辑关系，这与“和”字动词性并列结构使动词兼有名词性从而表达正式的语法机制并不相同。

由以上的分析可见，将几个一般的单句使用连词变为复句结构，由于凸显了事件或动作之间的抽象的事理关系，因此是一种表达正式的语法手段，是书面正式语体为拉开和与之相关的口语表达之间距离而采用的一种语法手段。

另外，我们还注意到，除了借用古汉语的表达形式具有典雅色彩的单音节连词，如“按、若、虽、据、经、而”等以外，现代汉语中具有书面正式语体色彩的连词均为双音节形式。原因在于它们表达的是抽象的事理关系、逻辑关系，具有泛时空化的特征，因此它们是书面正式语的词汇单位，根据冯胜利（2006a：9）双音节形式是书面正式语体词汇的韵律模式，因此该类连词也就必然遵循书面正式语体的词汇模式。再将我们上面所谈到的具有口语非正式性质的连词进行对比，我们发现具有口语非正式语体性质的连词，则或采用单音节的形式，“又、还”等，或是带轻声的双音节形式，如“接着、省得、要么、要是”等，与上面的具有书面正式语体性质的连词所遵循的韵律模式很不相同。从这二类连词的语体性质的不同以及对应的音节单双的不同，我们再次看到：“语体不同则语法因之而异。”（冯胜利，2009b：11）

三 小结

本节指出将两个一般的叙述变为使用连词的复句结构是一种表达正式的句法手段。然后，在此基础上讨论了表达正式的连词的类型。最后，分析了使用连词构成的复句结构表达正式的原因：一方面连词所表达的内容是对两个事件之间的事理关系、逻辑关系的抽象概括；另一方面使用连词降低了对事件的叙述，以及事件间的具体的时空关系，因此由连词构成的复句结构是一种表达正式的句法结构。

此外，分析了语体性质不同的连词在音节单双上的差异，由于表达抽象逻辑关系和事理关系的连词具有泛时空的特征，因此它们本身就是具有书面正式语体性质的词汇单位，也因此该类连词均为双音节形式，因为书面正式语体的词汇模式是双音节韵律模式。口语非正式语体性质的连词或为单音节形式，或带有轻声，遵循的是口语非正式语体的词汇模式；两种不同语体性质的连词音节形式的差异再次反映了语体语法的作用，是“语体不同则语法因之而异”的又一个实证。

第五节 以合偶词为基础构成的“双＋双”结构

除了以上几种语法形式，书面正式语体以双音节形式为基本的另一重要典型语法形式是以合偶词为基础的“双必配双”结构。现代汉语书面正式语体中，存在一些自身为双，且要求双配双的词，以这些双音词为基础，书面正式语体产生了一套书面正式语体所独有的，不同于口语的非“双必配双”结构，这些结构同样普遍具有泛时空化特征，是以“双必配双”的形式实现时空特征上的“抽象＋抽象”。下面我们具体来分析。

一 以合偶词为基础构成的“双＋双”结构的类型

以双音合偶词为基础，书面正式语体在基础语法的基础上，产生了至少如下三类“双必配双”的结构形式。

第一类，状中式的“双必配双”，其中充当状语的成分包括形容词合偶词、副词合偶词、动词合偶词、名词合偶词四类，中心语多为动词，偶有形容词，具体如下：

由形容词合偶词构成的状中结构。形容词充当状语是汉语基础语法中常见现象，但是书面正式语体中以双音节的形式对其进行了加工变形。书面正式语体中存在一些自身为双，而且要求与其搭配的光杆动词也必须为双的形容词，它们与动词构成了“双必配双”的状中结构，该类结构普遍具有较强的书面正式语体色彩，例如

（207）	自由选择	自由交换	＊自由选	＊自由换
	周密思考	周密调查	＊周密查	＊周密查
	深入学习	深入探讨	＊深入学	＊深入谈
	严肃调查	严肃处罚	＊严肃查	＊严肃罚
	严厉批评	严厉打击	＊严厉批	＊严厉打

由双音副词构成的状中结构。充当状语是副词的典型功能，但是书面正式语体的副词合偶词仍不同于口语，它亦以双音形式为基础，要求双必配双，构成了双必配双的“双音副词＋双音动词”式的状中结构，其书面正式语体功能亦非常鲜明，例如：

（208）	逐步削减	逐步改善	＊逐步减	＊逐步改
	广泛使用	广泛宣传	＊广泛用	＊广泛传
	竭力挽救	竭力逃跑	＊竭力救	＊竭力逃
	大肆砍杀	大肆行骗	＊大肆杀	＊大肆骗
	竭力劝阻	竭力压制	＊竭力劝	＊竭力压

由双音动词合偶词充当状语修饰双音动词构成的状中结构。在基础语法结构中，动词很少单独充当状语，书面正式语体的动词合偶词以双音形式为基础，产生了双必配双的“双音动词＋双音动词”式的状中结构，该结构也就具有鲜明的书面正式语体功能，例如：

（209）	突击检查	突击生产	＊突击查	＊突击产
	联合调查	联合举办	＊联合查	＊联合办
	飞跃增长	飞跃前进	＊飞跃长	＊飞跃走
	监督检查	监督执行	＊监督查	＊监督做
	隔离治疗	隔离审查	＊隔离治	＊隔离查

由双音名词充当状语修饰双音动词构成的状中结构。名词充当状语，在基础语法中并不多见，书面正式语体在基础状中结构的基础上，以双音模块为基础，产生了一批能够充当状语，自身为双且必须配双组合的名词合偶词，形成了以名词合偶词为基础的“双必配双”的状中结构，该类结构同样普遍具有书面正式语体功能，例如：

(210) 阴谋政变　阴谋夺权　*阴谋夺　*阴谋变
武力打击　武力攻敌　*武力打　*武力攻
实况转播　实况录像　*实况播　*实况录
重拳打击　重拳反腐　*重拳打　*重拳反
义务培训　义务种树　*义务训　*义务种

第二类，以形容词合偶词为基础的双必配双的“定中结构”。有一些形容词合偶词在与名词直接组合时，要求与其直接搭配的名词必须为双音形式。书面正式语体以该类形容词合偶词为基础构成了“双必配双”的“定中结构”，例如：

(211) 巨大危险　巨大商机　*巨大地　*巨大球
古老建筑　古老文化　*古老树　*古老山
光荣称号　光荣历史　*光荣人　*光荣事
黑暗统治　黑暗社会　*黑暗山　*黑暗路
显著特征　显著变化　*显著字　*显著纹

该类形容词合偶词要求其直接组合的对象必须为双音形式，而且从语义内容上看，绝大多数为抽象名词，极少数为集合名词，绝对不可为单音具体名词。

第三类，以名词合偶词为基础的双必配双的“动宾结构”。有一些名词合偶词在与动词直接构成述宾结构时，要求与其直接搭配的动词必须为双音形式，书面正式语体以此为基础构成了“双必配双”的动宾式“双音动词+双音名词”，例如：

(212) 书籍：编写书籍　购买书籍　阅读书籍　印刷书籍
*写书籍　*买书籍　*看书籍　*印书籍
树木：种植树木　砍伐树木　观赏树木　购买树木
*种树木　*砍树木　*看树木　*买树木
物资：购买物资　储存物资　运输物资　租借物资
*买物资　*存物资　*运物资　*借物资

纸张：制造纸张　　使用纸张　　生产纸张　　购买纸张

＊造纸张　　＊用纸张　　＊产纸张　　＊买纸张

该类名词合偶词对于动词的这一要求，仅限于二者的直接组合，一旦充当宾语的名词合偶词之前添加上了修饰语，构成一个定中结构以后，便会消除其对动词的节律限制，其动词既可以是单音节形式，也可以是双音节形式，例如：

（213）种多种树木　砍很多树木　看各种树木　买大量的树木

养小动物　　买了很多动物　杀生病的动物　买可爱的动物

救咱们的国家　卖自己的国家　爱别人的国家　建一个新的国家

编了很多书籍　买旧书籍　读古书籍　　卖废旧书籍

也就是说，定语成分的添加破除了宾语名词合偶词对于其述语的节律限制。

从表达的内容来看，宾位名词合偶词多属于集合名词，也有少量的抽象名词，如“友谊、罪行、财富”等，少量的具体名词，如“动物、会议、国家”等。

除了以上三类以外，实际上形式动词构成的“形式动词＋双音动词”也是一类典型的以合偶词为基础构成的“双必配双”结构，上文中已经单独介绍，这里不再赘述。

二　双必配双的“双＋双”结构的泛时空特征

书面正式语体以双必配双的规则构造了一套“双＋双”的结构形式，不仅语法形式和语法规则不同于口语语法，而且这些结构形式还具有内在统一的语义特征，它们均以双音配双音的形式，实现了语义上的“抽象＋抽象”，具有泛时空化的特征。下面我们具体来看。

首先，由状语位置的合偶词构成的状中式的“双＋双”。

先看各类充当状语的合偶词。形容词、副词多表义抽象，形容词合偶词和副词合偶词更是如此，其表达内容在量或度上均是模糊难以确定的。例如，形容词合偶词“细致、精确、艰苦、慷慨、猛烈、平安、详细”，副词合偶词“极端、陆续、必然、竭力、一致、依旧、茫然”，其表达的内容既不占据一定的空间，也不占据一定的时间，就是在量度上也是难以限定于一定范围的，其内容非常抽象。动词合偶词从类型来看多为抽象动词，且绝大多数不可重叠，也就是说其动作性较弱，从充当状语的表义功能来看，表达的是另一动作的“方式”。也即是说，将动作“方式化”，这一过程不仅大大削弱了其动作性，也大大降低了时间性，因此具有较强的泛时空化特征。典型的充当状语的名词合偶词多为抽象名词，如“暴力、恶意、历史、科学、精神、规模”等等，具体名词合偶词充当状语时，其中的具体名词同样不再指称具体的事物，而是指称动作的一种方式，具体名词泛化为一种性质，例如“农民出身、小班授课、小车接送、中学毕业、重金悬赏、网络经营”等等，其中的“农民”是一种身份，“小班”是一种规模，“小车”是一种待遇，“中学”是一种文化水平，“重金”表达的是一种力度，所有的这些均表达的是抽象的方式，其本质是将事物方式化。可见，无论形容词合偶词、副词合偶词、动词合偶词，还是名词合偶词，在状语位置上均具有抽象化的特征。

充当状语的各类合偶词表达的内容具有抽象的特征，与合偶词相搭配的动词也不可具体，其突出表现就是必须为双音动词，我们知道双音动词与单音动词相比，其具体性大大降低，具有泛时空化的特征。

其次，形容词合偶词构成的定中式“双 + 双”。这一结构的“抽象 + 抽象”特征尤为明显，下面我们依次来看这两个成分的性质特征。

先看形容词合偶词。我们知道形容词由于表达的是性质、状态，因此其内容普遍不具体，其中形容词合偶词的抽象程度尤为强烈，表达的是抽象的性质，难以通过视觉感觉来感知，这与具有口语特征的单音形容词很不同。单音形容词尽管表达的是性质，但具有口语特征的单音形容词所表达的性质均可以具化为某一具体的视觉形象或肢体感觉，例如“高、矮、胖、瘦、大、小、老、少”等与某一具体的视觉形象相对应，而“冷、热、疼、痛、痒”等则与具体的感觉相对应；而形容词合偶词所表达的性质，如“伟大、积极、合理、黑暗”表达的是复杂的、抽象的性质，无法具化为某一具体的视觉形象或肢体感觉。

形容词合偶词不仅自身表达内容抽象，而且也要求其组合对象必须为抽象内容，倘若不为抽象名词，则无法直接组合，必须加“的”才能组合，例如：

(214) 巨大危险　巨大责任　巨大成就　巨大能量
＊巨大草坪　＊巨大山脉　＊巨大星体　＊巨大动物
巨大的草坪　巨大的山脉　巨大的星体　巨大的动物

深厚感情　　深厚友谊　　深厚基础　　深厚底蕴
＊深厚黄木　　＊深厚砂石　　＊深厚淤泥　　＊深厚资源
深厚的黄土　　深厚的砂石　　深厚的淤泥　　深厚的资源

这与汉语中的单音形容词不同，单音形容词与其相反，与具体名词可以自由地直接组合，而与抽象名词直接组合常常受限，例如：

（215）高个子—高大形象　大房间—巨大形体　干面包—干燥地区
＊高形象—＊高大个子　＊大形体—＊巨大房间　＊干地区—＊干燥面包
老房子—古老文化　黑脸庞—黑暗统治　长时间—长久效应
＊老文化—＊古老房子　＊黑统治—＊黑暗脸庞　＊长效应—＊长久时间
湿衣服—潮湿物体　重箱子—沉重负担　贵书包—珍贵物种
＊湿物体—＊潮湿衣服　＊重负担—＊沉重箱子　＊珍贵书包—＊贵物种

单音形容词倘若与抽象名词相组合，那么其意义必然发生变化，由具体转为抽象，请看：

（216）大桌子　　高个子　　小孩子　　宽桌子　　重箱子
大作用　　高品质　　小成就　　宽视野　　重压力

以上两组例子中的“大、高、小、宽、重”既可以分别与具体名词“桌子、个子、孩子、桌子、箱子”组合，也可与抽象名词“作用、品质、成就、视野、压力”组合，但它们的语义并不完全相同，如“大桌子”的“大”表达的是“面积大”，而“大作用”中的“大”则无“形体大”之义，表达的是“强度、力量的强”，又如“小孩子”和“小成就”前者指形体小或年龄小，后者则指“渺小”。

形容词合偶词与单音形容词在直接组合对象内容上的差异，一方面更加充分地表明了二者在充当定语时对于组合对象规则要求的不同，另一方面也非常有力地说明，合偶词和非合偶词，在语义组合规则上，迥然有别，前者必须“抽象＋抽象”，而后者则更加接受“具体＋具体”。

最后，名词合偶词构成的述宾式“双＋双”，该结构也具有较强的“抽象＋抽象”的语义特征。

从宾位合偶词自身来看，多为集合名词或抽象名词。抽象名词自然内容抽象，集合名词虽然表达的是具体的内容，但由于是对集合体的指称，而不指称某一具体个体，因此同样具有极强的抽象性，其抽象性的表现之一就是它们不能被表示个体的数量词所修饰，如“＊一本书籍、＊一辆车辆、＊一个枪支”均为非法，也就是无法具化为一个个体。

宾位名词合偶词不仅自身抽象，还要求与直接组合的动词也必须具有抽象性，因此表达具体动作的单音动词无法与其直接组合，而具有“抽象”特征的双音动词则可以与其直接组合。

宾位名词合偶词与双音动词组合而成的动宾结构的抽象性还表现在，我们发现，一旦宾位合偶名词被数量结构所修饰，那么它便可以与单音动词相组合，例如：

（217）＊买书籍　＊偷枪支　＊买布匹　＊造纸张

买了一批书籍　偷了一点枪支　买了几尺布匹　造了一些纸张

＊杀动物　＊砍树木　＊运物资　＊买器具

杀了几只动物　砍了很多树木　运了一批物资　买了一些器具

其原因在于充当修饰语的“一批、一点、几尺、一些”等数量词，从语义上将表达的内容具体化，使表达的内容的“抽象性”大大降低，因此便可以与表达具体动作的单音动词组合。

可见，合偶词构成的“双＋双”不仅是“抽象＋抽象”，而且是“抽象”求“抽象”，倘若组合对象不具备“抽象性”，则造成结构非法，倘若合偶词在某种组合中“抽象性”大大削弱，则“求抽象”的要求会大大降低，甚至完全消除。

综合以上分析可见，汉语合偶词中诸多的“双＋双”组合，均非常清楚地表明：合偶词形式上的“双＋双”，在语义上实现的是“抽象＋抽象”，并且这种组合具有强制性，与双配双的要求相对应，语义上是“抽象求抽象”。

三　小结

以合偶词为基础的各类“双＋双”结构，是双音在书面正式语体中运作的典型语法形式，在基础结构的基础上，至少构造出了三大类不同于口语的语法规则，并且这些规则普遍具有泛时空化的特征。这些语法规则的存在再次展现了双音形式是书面正式语体语法形式和语法规则构造的基础，不仅如此，其构造的结构形式普遍具有泛时空化的特征。

第六节　本章小结

本章的研究表明，书面正式语体语法除了在基础结构上通过拓展新的用法，通过句法移位、句法上移两种手段构建新的语法形式以外，还以双音韵律形式为基础，创造了很多书面正式语体语法所独有的语法形式，这些语法形式同样普遍具有泛时空化的特征，由此我们不仅可以更加坚信，泛时空化特征确实为书面正式语体语法的重要特征，而且也可以更为清楚地看到书面正式语体语法确实为一个自生系统，其重要的表现就是以自身的规则自生了大量书面正式语体语法所独有的语法形式。

第五章

余　论

自20世纪末至今，语体的语法研究在语法学家，尤其是陶红印、冯胜利、张伯江、方梅等专家的推动下，取得了长足的发展，不同角度的理论思想产生，这些理论的发展又必然并且已经推动了语体中语法现象的具体研究。

本书对书面正式语体语法泛时空特征的研究，便是基于冯胜利的“语体语法”理论之上的。2007年，本人非常幸运地考上了冯胜利教授的博士，2009年又恰逢冯胜利先生语体语法思想的酝酿构建之年，我也因此经历了其理论思想酝酿、构建、诞生的重要过程。在这一过程中，我不仅近水楼台先得月地学习了冯先生的理论思想，而且目睹了其思考问题的方式和方法。这对本人能够跻身于语体语法研究这个领域有着非常不一般的意义。在冯先生的指导下，我选择了书面正式语体语法形式这一研究内容，而硕士学习以来形成的关注语义特征的习惯，使我在博士论文《汉语书面正式语体的语法手段》中便较多地关注到了书面正式语体的泛时空化特征。2013年，以《汉语书面正式语体语法的泛时空化特征》为题获得教育部青年项目的立项，历经三年形成本书。本书以博士论文为基础，对书面正式语体语法的泛时空化特征的语法手段、泛时空化的语法机制、泛时空化手段的自生机制进行了探讨。

本书的研究不仅以19大类41小类典型的书面正式语体语法形式为基础，证实了冯胜利（2010a）提出的“泛时空化特征”为书面正式语法的基本特征，而且对书面正式语体语法系统及其产生机制也有了一些更为清楚的认识，具体如下：

首先，书面正式语体语法为一个独立的自生系统，有一套独立的成体系的成员。

冯胜利（2003）提出书面正式语体是一个独立的语法系统，并对其中的重要词汇要素“合偶词”进行了讨论和收集，其后王永娜（2015）和贾林华（2015）也进行了后续性的收集和讨论，从这些讨论和收集来看，其数量特别丰富，特征也极为明显，证实了书面正式语体具有一套独立的词汇形式。

本书对19大类书面正式语体语法形式泛时空化特征的研究，从语法结构的角度，证实了书面正式语体语法除了具有一套独立的词汇形式以外，还有丰富的语法结构，而且这些语法结构具有内在统一的语义特征，即“泛时空化”特征。

综合这些研究，我们可以非常清楚地看到书面正式语体语法不仅具有一套独立的词汇形式，而且具有一套独立的语法结构，更是具有内在统一的不同于口语非正式体的时空范畴。也就是说，书面正式语体语法系统既具有独立的数量丰富的语言要素，又具有成体系的语言分支：“语音、词汇、语法、语义”。在这诸多的语言事实面前，我们不得不承认，书面正式语体语法确实是一个独立的语法系统。

其次，书面正式语体语法系统有独立的自生机制。

书面正式语体语法不仅具有独立丰富的语言要素，而且这些要素有独立的自生机制。

冯胜利（2003、2006）从韵律的角度对书面正式语体语法进行了研究，提出了书面正式语体语法的重要特征是“韵律成双”，其重要的表现是书面正式语体以双音为模块自生了大量的双音书面正式语体词，这些词具有与口语非正式体不同的语法特征。也就是说，书面正式语体语法系统以双音形式为词汇的生成模块，具有独立的词汇生成机制。

本书的讨论研究，从语法结构的角度，表明了书面正式语体语法层面也有独立的生成机制，19大类语法形式的讨论表明其构造手段主要来自于两类：一是以韵律双音为基础生成书面正式语体独有的语法形式，二是改造基础语法结构构造书面正式语体语法形式，具体包括在基础结构上拓展新用法和句法移位生成新语法两小类。这再次展现了书面正式语体语法系统自生机制的存在。书面正式语体语法自生机制不仅存在，而且具有能产性，本书所谈到的19类41个语法形式便是活生生的有力证明。

最后，书面正式语体语法的产生并非简单的欧化的结果，欧化恐怕仅仅是外因。

早在20世纪40年代，王力（1943）在讨论新生的书面语现象时曾指出其产生的原因是受到西方语言的影响，之后，王力（1958）在对欧化的方式进行讨论时，对欧化的作用进行了限定，指出“现代汉语曾经接受和正在接受西洋语言的巨大影响，这种影响包括语法在内，这是不能否认的事实。但是直到现在为止，事实证明，汉语是按照自己的内部发展规律来接受这种影响的”，然而对于这一内部发展规律到底是什么并没有展开讨论。

继王力先生之后的许多研究也并没有重视这一观点，而是更多地传承了欧化论的思想，如北京师范大学中文系（1959）、顾百里（Kubler，1985）、谢耀基（1990）、刁宴斌（1995、2007）等对欧化语法现象进行了收集和梳理，均认为新生的书面语现象是欧化的结果。朱德熙（1987）和胡明扬（1993）也提出汉语书面语中的一些语法现象的产生是由于受西方语言的影响而造成的。贺阳（2007、2008）集前人研究之大成，在对欧化现象大量收集的基础上，对欧化语法产生的特征、途径、方式、限定等问题进行了深入的研究。

不可否认，书面正式语体语法产生的过程中，欧化确实在其中起着重要的触发作用，但是可否将其产生归因于欧化这一个因素的作用则需要深入探讨。对此，冯胜利（2010、2011）从文言的废除和书面语体的诞生的角度曾作过重要探讨。本书的研究则以语言的事实表明，书面正式语体语法的产生并非完全是欧化的结果，而是文言废除后，在正式交际需要的驱动下，在欧化的触发下，汉语语法体系自生出了一套独立的表达正式的语法机制，其自生手段，或以双音韵律形式创造语法形式，或通过改造基础语法形式来构造新的语法形式。也就是说，书面正式语体语法最根本上是汉语语法自身机制的结果，欧化仅仅是触发机制运作的一个外因。

当然，本书的研究仍有一些不足之处，书面正式语体语法形式的语法手段远不止 19 类 41 个，其自生机制是否仅限于本书所谈的两类仍需进一步考察，此外，如何更为科学地展示书面正式语体语法的自生机制也是本书的一项重要后续工作，是本人日后的一个重要任务目标。

参考文献

“当……（的）时候”的语法特点（来稿综述），《语文学习》1979年第4期。

［俄］A. B. 德罗茨多夫：《判断的分类问题》，科学出版社1958年版。

安俊丽：《汉语中复数标记“们”的语法化》，《内蒙古大学学报》2006年第6期。

白云：《论常用动词虚化程度的等级性——以“吃”“打”“看”“听”“走”的虚化为例》，《语文研究》2007年第3期。

北京师范学院中文系汉语教研组：《五四以来汉语书面语言的变迁和发展》，商务印书馆1959年版。

［俄］波波夫：《判断》，科学出版社1960年版。

曹炜：《现代汉语口语词和书面语词的差异初探》，《语言教学与研究》2003年第6期。

曹逢甫：《对于中文被动句式的几点观察》，《语文建设通讯》（香港）1993年第42期。

曹逢甫：《汉语的提升动词》，《中国语文》1996年第3期。

陈刚：《试论“着”的用法及其与英语进行时的比较》，《中国语文》1980年第1期。

陈炯：《论法律条文中的几种特殊句式》，《平顶山师专学报》2004年第3期。

陈平：《释汉语中与名词性成分相关的四组概念》，《中国语文》1987年第2期。

陈昌来：《介词与介引功能》，安徽教育出版社2002年版。

陈光磊：《关于“们”与“－S”》，《复旦学报》1987年第5期。

陈建民：《汉语口语》，北京出版社 1984 年版。

陈建民：《汉语口语里的追加现象》，载《语法研究和探索》（二）1984 年。

陈俊和：《现代汉语“X + 们”的语义功能研究》，博士学位论文，复旦大学，2009 年。

陈宁萍：《现代汉语名词词类的扩大——现代汉语动词和名词分界线的考察》，《中国语文》1987 年第 5 期。

陈佩玲、陶红印：《台湾官话叙事体中韵律单位的语法构成及其规律初探》，《语言研究》1998 年第 4 期。

陈望道：《语体文欧化的我观》，《国民日报》副刊《觉悟》1921 年。

陈望道：《修辞学发凡》，新文艺出版社 1932 年版。

陈望道：《文法简论》，上海教育出版社 1978 年版。

陈永莉：《形式动词构成的句式及其与“V + O”句式的变换——兼论变换前后的语用差异》，《语言研究》2006 年第 3 期。

陈月明：《时间副词“在”与“着$_1$”》，《汉语学习》1999 年第 8 期。

程工：《汉语“者”字合成复合词及其对普遍语法的启示》，《现代外语》2005 年第 3 期。

程观林：《“们”的一种生命力的用法及其修辞作用》，《咬文嚼字》2003 年第 4 期。

程书秋：《东北方言口语中一种特殊的形容词异变格式》，《汉语学报》2014 年第 2 期。

程雨民：《语体因素与语法研究——对约翰·罗斯一次调查的分析》，《外语教学与研究》1983 年第 4 期。

储泽祥：《动词的空间适应性情况考察》，《中国语文》1998 年第 4 期。

储泽祥：《数词与复数标记不能同现的原因》，《民族语文》2000 年第 5 期。

储泽祥：《汉语联合短语研究》，湖南大学出版社 2002 年版。

储泽祥：《汉语口语里性状程度的后置标记“去了”》，《世界汉语教学》2008 年第 3 期。

储泽祥、刘琪：《台湾汉语口语里“觉得说”的词汇化》，《云南师范大学学报》（哲学社会科学版）2014 年第 2 期。

崔建新:《关于口语中位于句首的“那么”》,《逻辑与语言学习》1993 年第 3 期。

崔山佳:《动宾式动词“放手”等带宾语举例》,《汉语学习》1994 年第 6 期。

崔山佳:《“有 + 着”历时考察》,《现代语文》2009 年第 1 期。

崔四行:《离合词与核心重音》,《汉语学习》2008 年第 5 期。

崔显军:《试论“所有”与“一切”的异同》,《世界汉语教学》2007 年第 4 期。

崔益勇:《“等”“等等”跟省略号的异同》,《汉语学习》1982 年第 1 期。

崔宰荣:《唐宋时期被动句的语义色彩》,《语言学论丛》(第 26 辑),商务印书馆 2002 年版。

戴耀晶:《现代汉语表示持续体的“着”的语义分析》,《语言教学与研究》1991 年第 2 期。

戴耀晶:《论现代汉语现实体的三项语义特征》,《复旦学报》1994 年第 2 期。

单韵鸣:《广州话量词“条”的语体色彩再酌》,《学术研究》2005 年第 9 期。

邓守信:《汉语动词的时间结构》,《语言教学与研究》1985 年第 4 期。

邓思颖:《问原因的“怎么”》,《语言教学与研究》2011 年第 2 期。

邓思颖:《言域的句法分析——以粤语“先”为例》,《语言科学》2012 年第 1 期。

邓伟:《论晚清“新名词”与汉语书面语体系变革》,《中华文化论坛》2008 年第 3 期。

刁宴斌:《也谈“动宾式动词 + 宾语”形式》,《语文建设》1998 年第 6 期。

刁宴斌:《现代汉语虚义动词概论》,辽宁师范大学出版社 2004a 年版。

刁宴斌:《试论现代汉语形式动词的功能》,《宁夏大学学报》2004b 年第 3 期。

刁晏斌:《新时期大陆汉语的发展与变革》,台湾洪业文化事业有限公司1995年版。

刁晏斌:《初期现代汉语语法研究》,辽宁出版社2007年版。

丁喜霞、原雪梅:《对“动宾式动词+宾语”句式增多的思考》,《语文建设》1998年第3期。

董晓敏:《说“X什么的”》,《汉语学习》1998年第3期。

董秀芳:《“的”字短语做后置关系小句的用法——兼评法律文献中“的”字短语的用法》,《语言文字应用》2003年第4期。

董秀芳:《现代汉语口语中的傀儡主语“他”》,《语言教学与研究》2005年第5期。

董志翘:《关于助词“等”表列举后煞尾用法的时代》,《辞书研究》2003年第1期。

杜道流:《一种口语中的否定表达式:Q才VP》,《语言文字应用》2006年第2期。

杜文霞:《“把”字句在不同语体中的分布、结构、语用差异考察》,《南京师范大学学报》2005年第1期。

端木三:《重音理论和汉语的词长选择》,《中国语文》1999年第4期。

端木三:《汉语的节奏》,《当代语言学》2000年第4期。

段晓平:《及物动词范围扩大探因》,《汉语学习》1997年第4期。

范晓:《汉语动词概述》,上海教育出版社1987年版。

范方莲:《存在句》,《中国语文》1963年第5期。

范继淹:《无定NP主语句》,《中国语文》1985年第5期。

范晓:《语体对句子选择情况的初步考察》,载《语体论》,安徽教育出版社1987年版。

方梅:《自然口语中弱化连词的话语标记功能》,《中国语文》2000年第5期。

方梅:《语体动因对句法的塑造》,《修辞学习》2007年第6期。

方梅:《由背景化触发的两种句法结构——主语零形反指和描写性关系从句》,《中国语文》2008年第4期。

方梅:《谈语体特征的句法表现》,《当代修辞学》2013年第2期。

方梅、宋贞花:《语体差异对使用频率的影响——汉语对话语体关系从句的统计分析》,*Special issue of Journal of Chinese Language and Compu-*

ting, Singapore, 2004。

方清明:《基于口语库统计的两岸华语指示标记比较研究》,《语言科学》2014 年第 2 期。

方绪军:《慎用“进行”》,《咬文嚼字》1995a 年第 3 期。

方绪军:《双音节动宾性动词型结构体的零扩展与嵌入扩展分析》,《汉语学习》1995b 年第 4 期。

方绪军:《“V 向……”和“V 往……”》,《语言教学与研究》2004 年第 2 期。

费春元:《说“着”》,《语文研究》1992 年第 2 期。

冯广艺:《“着”的变异用法》,《修辞学习》1998 年第 5 期。

冯胜利:《动宾倒置与韵律构词法》,《语言科学》1994 年第 3 期。

冯胜利:《论汉语的“韵律词”》,《中国社会科学》1996 年第 1 期。

冯胜利:《汉语的韵律、词法与句法》,北京大学出版社 1997 年版。

冯胜利:《“写毛笔”与韵律促发的动词并入》,《语言教学与研究》2000b 年第 1 期。

冯胜利:《论汉语“词”的多维性》,《当代语言学》2001 年第 3 期。

冯胜利:《书面语语法及教学的相对独立性》,《语言教学与研究》2003 年第 2 期。

冯胜利:《韵律制约的书面语与听说为主的教学法》,《世界汉语教学》2003 年第 1 期。

冯胜利:《汉语韵律语法研究》,北京大学出版社 2005 年版。

冯胜利:《轻动词移位与古今汉语的动宾关系》,《语言科学》2005 年第 1 期。

冯胜利:《试论汉语书面语法的形成与模式》,《汉语教学学刊》2005 年第 1 期。

冯胜利:《汉语书面语用语初编》,北京语言大学出版社 2006 年版。

冯胜利:《试论汉语书面正式语体的特征与教学》,《世界汉语教学》2006 年第 4 期。

冯胜利:《试论汉语韵律的形态功能》,《第 16 届国际中国语言学年会(IACL-16th)发言稿》,哥伦比亚大学,2007 年 5 月 24—27 日。

冯胜利:《韵律的历史发展及其语法和文体的格化功能》,中国语言学暑期高级讲习班(讲稿),北京大学,2007 年 8 月 4 日。

冯胜利：《韵律语法理论与汉语研究》，《语言科学》2007 年第 2 期。

冯胜利：《论汉语韵律的形态功能与句法演变的历史分期》，《历史语言学研究》2009 年第 2 辑。

冯胜利：《论语体的机制及其语法属性》，《中国语文》2010 年第 5 期。

冯胜利：《论韵律文体学的基本原理》，《当代修辞学》2010 年第 1 期。

冯胜利：《百年来汉语正式语体的灭亡与再生》，载《澳门语言文化研究（2011）——第六届海峡两岸现代汉语问题学术研讨会论文集》，澳门理工学院出版社 2011 年版。

冯胜利：《语体语法与教材编写（*Chinese L2theory and practice*）》，载《中文 L2 理论与实践论文精选》，加州中文教学研究中心编，2011 年。

冯胜利：《语体语法："形式—功能对应律"的语言探索》，《当代修辞学》2012 年第 6 期。

冯胜利：《语体原理及其交际机制》，载《汉语教学学刊（8）》，北京大学出版社 2012b 年版。

冯胜利：《论语体语法与教材编写》，*Journal of Chinese Language Teachers Association*，February，Volume 48：1，pp. 3 –6。

冯胜利：《语体语法与语体功能》，载《汉语书面语的历史与现状》，北京大学出版社 2013 年版。

冯胜利：《汉语诗歌研究中的新工具与新方法》，《文学遗产》2013 年第 2 期。

冯胜利：《语体俗、正、典三分的历史见证：风、雅、颂》，《语文研究》2014 年第 2 期。

冯胜利："On Modern Written Chinese"，*Journal of Chinese Linguistics*，Vol. 37，No. 1，2009.

冯胜利、王洁、黄梅：《现代汉语书面语典雅度的自动测量研究》，《语言科学》2008 年第 2 期。

冯杏实、杨兴发：《论共宾结构》，《西南民族学院学报》1986 年第 1 期。

付义琴：《时间副词"在"的定位功能》，《汉语学报》2012 年第 1 期。

复旦大学语言文学研究所:《语体论》，安徽教育出版社 1985 年版。

傅斯年:《怎样做白话文》,《新潮》1919 年第 1 卷第 2 号。

高更生:《一种特殊的主语省略句——谈“当”的一种用法》,《山东师范学院学报》(社会科学版) 1978 年第 6 期。

高更生:《“动宾式动词 + 宾语”的搭配规律》,《语文建设》1998 年第 6 期。

高更生、王红旗:《汉语教学语法研究》，语文出版社 1996 年版。

高增霞:《自然口语中的话语标记“回头”》,《中国社会科学院研究生院学报》2004 年第 1 期。

高增霞:《自然口语中的话语标记“完了”》,《语文研究》2004 年第 4 期。

耿红岩:《汉语口语的求美律》,《兰州学刊》2008 年第 7 期。

龚千炎:《论“加以”》,《中国语文》1961 年第 2 期。

谷晓恒、李晓云:《“数词 + 大 + 名词”短语浅探》,《汉语学习》2005 年第 5 期。

顾百里:《白话文欧化语法之研究》，学生书局 1985 年版。

顾阳、沈阳:《汉语合成复合词的构造构成》,《中国语文》2001 年第 2 期。

郭风岚:《当代北京口语第二人称代词的用法与功能》,《语言教学与研究》2008 年第 3 期。

郭锡良:《汉语书面语和口语的关系》，载《程千帆先生八十寿辰纪念文集》，江苏古籍出版社 1992a 年版。

郭锡良:《历代书面语和口语的关系》，载《汉语史论集》，商务印书馆 1992b 年版。

何洪峰:《连词“那么”的口语用法》,《语文建设》1998 年第 1 期。

何元建:《回环理论与汉语构词法》,《当代语言学》2004 年第 3 期。

何元建、王玲玲:《汉语真假复合词》,《语言教学与研究》2005 年第 5 期。

何元建、王玲玲:《论汉语中的名物化结构》,《汉语学习》2007 年第 1 期。

贺阳:《从现代汉语介词中的欧化现象看间接语言接触》,《语言文字应用》2004 年第 4 期。

贺阳：《现代汉语数量词中若干欧化语法现象》，载《语言研究的务实与创新》，外语教学与研究出版社 2004 年版。

贺阳：《现代汉语 DV 结构的兴起及发展与印欧语言的影响》，《中国人民大学学报》2006 年第 2 期。

贺阳：《现代汉语欧化语法现象研究》，博士学位论文，中国人民大学，2007 年。

贺阳：《现代汉语欧化语法现象研究》，《世界汉语教学》2008 年第 4 期。

贺阳：《试论汉语书面语的语气系统》，《中国人民大学学报》1992 年第 5 期。

胡明扬：《普通话书面语双音节形容词重叠后的语音模式》，《语文建设》1992 年第 5 期。

胡明扬：《语体与语法》，《汉语学习》1993 年第 2 期。

胡明扬：《动名兼类的计量考察》，载《词类问题考察》，北京语言学院出版社 1996 年版。

胡树鲜：《“着”的表情状方式的作用》，《四平师范学院》1981a 年第 3 期。

胡裕树：《现代汉语》，上海教育出版社 1981b 年版。

胡裕树：《试论汉语句首的名词性成分》，《语言教学与研究》1982 年第 4 期。

胡裕树：《从“们”字谈到汉语语法的特点》，《语文园地》1985 年第 12 期。

胡裕树、范晓：《动词形容词的“名物化”和“名词化”》，《中国语文》1994 年第 2 期。

华玉明：《试探动宾动词加宾语流行的根由》，《语文建设》1997 年第 10 期。

华玉明：《从修辞角度看“动宾动词 + 宾语”流行的成因》，《云梦学刊》1998 年第 1 期。

华玉明：《对动宾动词加宾语流行的语用思考》，《邵阳师范高等专科学校学报》1999 年第 6 期。

黄侃：《黄侃日记》，江苏教育出版社 2001 年版。

黄梅：《现代汉语嵌偶单音词的句法分析及其理论意义》，博士学位论文，北京语言大学，2007 年。

黄敏：《试析“的时候”句的时间性》，《语言研究》1999 年第 2 期。

黄敏：《试析“VP 了的时候”》，《世界汉语教学》2000 年第 3 期。

黄斌：《元明口语中的“判断句 + ‘（的）便是’”结构》，《古汉语研究》第 1 期。

黄国营：《语用成分在汉语句法结构中的投影》，《语言研究》2000 年第 1 期。

黄鸿森：《定义和定义叙述》，《辞书研究》1980 年第 4 期。

黄明明：《关于“当”字句中的“两件事情”》，《语文建设》1992 年第 7 期。

黄佩文：《口语句式“一 V 一个 A”》，《汉语学习》2001 年第 2 期。

贾红霞：《口语结构“NP + 时量短语 + 了”语义分析》，《语言文字应用》2003 年第 4 期。

江澄：《“有着”小志》，《中国语文》1986 年第 2 期。

江复兴：《这个“们”应删去》，《咬文嚼字》1999 年第 3 期。

金昌吉：《谈时间短语中的介词“在”和“当”》，《许昌师专学报》1991 年第 3 期。

金奉民：《助词“着”的基本语法意义》，《汉语学习》1991 年第 4 期。

阚明刚、侯敏：《话语标记语体对比及其对汉语教学的启示》，《语言教学与研究》2013 年第 6 期。

柯航：《现代汉语单双音节搭配研究》，博士学位论文，中国社会科学院研究生院，2007 年。

匡小荣：《口语交谈中的基本运用单位》，《汉语学习》2006 年第 2 期。

赖先刚：《“着”表“即时状态”的语用义》，《乐山师范学院学报》2001 年第 6 期。

赖震川：《“当……（的）时候”的语法特点及其病例》，《语文学习论丛》1978 年第 7 辑。

兰雪燕：《改革开放以来汉语书面语句法的发展变化》，硕士学位论文，黑龙江大学，2004 年。

郎大地：《“时候”·时位·多陈述偏正句》，《语言研究》1997 年第

1 期。

乐耀：《论北京口语中的引述类传信标记“人说”》，《世界汉语教学》2013 年第 2 期。

黎锦熙：《新著国语文法》，商务印书馆 1954 年版。

李泉：《“NP + V 有 + NP”句法、语义、语用分析——以“占有、刻有、藏有”为例》，载《汉语语法考察与分析》，北京语言大学出版社 2001 年版。

李珊：《现代汉语被字句研究》，北京大学出版社 1994 年版。

李莹：《“当/在 S 还是 X 的时候”结构新探》，《华中师范大学研究生学报》2006 年第 1 期。

李大勤：《“X 着（O）”的语法意义及“·着”的状态化功能》，《世界汉语教学》2000 年第 4 期。

李金满、王同顺：《词汇化和语法化的接口——“X 们儿”的演变》，《当代语言学》2008 年第 1 期。

李锦熙：《新著国语文法》，商务印书馆 1954 年版。

李晋霞：《浅析书面广告语体中“又”字使用的非规范现象》，《语文建设》1997 年第 8 期。

李临定：《“被”字句》，《中国语文》1980 年第 6 期。

李临定：《动词的宾语和结构的宾语》，《语言教学与研究》1984 年第 3 期。

李临定：《现代汉语句型》，商务印书馆 1986 年版。

李讷、安珊笛、张伯江：《从话语角度论证语气词“的”》，《中国语文》1998 年第 2 期。

李如龙：《关注汉语口语词汇与书面语词汇的研究》，《陕西师范大学学报》（哲学社会科学版）2007 年第 2 期。

李炜、李丹丹：《清中后期两种北京话口语材料中含“给”字的给予句及其给予义的表达》，《兰州大学学报》（社会科学版）2008 年第 2 期。

李文山：《句末助词“着呢”补谈》，《语言教学与研究》2007 年第 5 期。

李熙宗：《关于语体的定义问题》，《烟台大学学报》2004 年第 4 期。

李向农：《“现代汉语时间表达中的‘特指时段’”》，《语言教学与研究》1995 年第 2 期。

李向农：《论现代汉语时点时段的功能类型》，《华中师范大学学报》（人文社会科学版）1997 年第 2 期。

李小凤、曾毅平：《报道语体与艺术语体中特指问的差异》，《修辞学习》2008 年第 3 期。

李艳惠、石毓智：《汉语量词系统的建立与复数标记“们”的发展》，《当代语言学》2000 年第 1 期。

李宇明：《试论“们”在现代汉语人称代词中的类化作用》，《华中师范学院》1984 年第 4 期。

李宇明：《所谓的“名物化”现象新解》，《华中师范大学学报》（哲社版）1986 年第 3 期。

李宗宏：《汉语介词框架“在/当 X 时/时候”共时、历时考察》，硕士学位论文，上海师范大学，2007 年。

梁银峰：《论上古汉语的指示代词在不同语体中的指示性》，《当代修辞学》2012 年第 1 期。

廖斯级：《谈“您们”》，《汉语学习》1982 年第 5 期。

林文金：《略谈句式的语体色彩》，《上海师范大学学报》（哲学社会科学版）1983 年第 1 期。

林裕文：《词汇、词法、修辞》，上海教育出版社 1959 年版。

凌德祥：《试论双音节动宾动词带宾语的基本规律》，《汉语学习》1999 年第 5 期。

铃木庆夏：《文白相间的叙事体与文雅语体形式的篇章功能》，《语言科学》2009 年第 3 期。

刘丙丽、牛雅娴、刘海涛：《基于依存句法标注树库的汉语语体差异研究》，《语言文字应用》2012 年第 4 期。

刘丙丽、牛雅娴、刘海涛：《汉语词类句法功能的语体差异研究》，《语言教学与研究》2013 年第 5 期。

刘辰诞：《生成整体论视角下“动宾动词 + 名宾”构成的生成——构式创新的一个动因》，《外语学刊》2008 年第 3 期。

刘楚群：《辞书语体中“把 NV 趋”结构的语义格分析》，《广西社会科学》2010 年第 7 期。

刘大为：《关于动宾带宾现象的一些思考（上）》，《语文建设》1998 年第 1 期。

刘大为:《关于动宾带宾现象的一些思考(下)》,《语文建设》1998年第3期。

刘丹青:《汉语类指成分的语义属性和句法属性》,《中国语文》2002年第5期。

刘公望:《试论“等”和“等等”的词性及其语法功能》,《新疆大学学报》1988年第1期。

刘慧清:《名词性的“名词+动词”词组的功能考察》,《汉语学习》2005年第2期。

刘俊贤:《“有着”与“具有”》,《汉语学习》2001年第3期。

刘丽艳:《“N+们”与汉语中其他表多数形式的区别》,《大庆社会科学》2002年第6期。

刘丽艳:《对“们”使用范围的考察》,《北方论丛》2003年第4期。

刘林军、高远:《北京话口语中话题化结构和左失位结构分析——兼与英语作类型学对比》,《外语教学与研究》2010年第1期。

刘宁生:《动词的语义范畴:“动作”与“状态”》,《汉语学习》1985a年第1期。

刘宁生:《论“着”及其相关的两个动态范畴》,《语言研究》1985b年第2期。

刘宁生:《“着”字的特殊意义和用法》,《思维与智慧》1987年第2期。

刘培玉、刘俊超:《“向+NP+VP”和“VP+向+NP”》,《怀化学院》2005年第6期。

刘顺、潘文:《现代汉语“有着”句的考察与分析》,《语言教学与研究》2007年第3期。

刘一之:《北京话中“着”字新探》,北京大学出版社2001年版。

刘伊俐:《从关联理论看书面语篇中的语境选择》,《外语与外语教学》2000年第10期。

刘英军:《语口语中的“SV的N”句式》,《河北师范大学学报》(社会科学版)1993年第2期。

刘永华、高建平:《汉语口语中的话语标记“别说”》,《语言与翻译》2007年第2期。

刘玉杰:《动宾式动词与所带宾语之间的语义关系》,《汉语学习》

1993 年第 4 期。

刘月华:《动词重叠的表达功能及可重叠动词的范围》,《中国语文》1983 年第 1 期。

刘月华、潘文娱、故梓:《实用现代汉语语法》,商务印书馆 2001 年版。

刘月华等:《实用现代汉语语法》,外语教学与研究出版社 1983 年版。

刘云:《汉语书面语的语码夹用现象及其语用价值》,《河南师范大学学报》(哲学社会科学版)2009 年第 5 期。

刘智伟:《含同一语素的同义单双音节动词语体色彩对比研究》,《语言文字应用》2007 年第 2 期。

柳英绿、颜力涛:《虚词“给”在口语中分布特点考察》,《学术交流》2014 年第 2 期。

卢传福:《“动宾式动词 + 宾语”句型的语用价值》,《中学语文教学》1999 年第 5 期。

卢翠萍:《反问句的语义分析及与语体的适应关系》,《修辞学习》2000 年第 3 期。

卢惠惠:《口语句式“N + 不过(是)……”的表达效果》,《修辞学习》2003 年第 6 期。

陆丙甫:《“的”的基本功能和派生功能——从描写性到区别性再到指称性》,《世界汉语教学》2003 年第 1 期。

陆俭明:《汉语口语句法里的易位现象》,《中国语文》1980 年第 1 期。

陆俭明:《“着(·zhe)”字补义》,《中国语文》1999 年第 5 期。

陆俭明:《对“NP + 的 + VP”结构的重新认识》,《中国语文》2003 年第 5 期。

陆萍、李知沅、陶红印:《现代汉语口语中特殊话语语音成分的转写研究》,《语言科学》2014 年第 2 期。

吕必松:《关于“是……的”结构的几个问题》,《语言教学与研究》1981 年第 1 期。

吕叔湘:《“文言和白话”》,《国文杂志》1944 年第 1 期。

吕叔湘:《中国文法要略》,商务印书馆 1947 年版,第 266 页。

吕叔湘：《通过对比研究语法》，《语言教学与研究》1992年第2期。

吕叔湘：《现代汉语八百词》，商务印书馆1980年版。

吕叔湘、朱德熙：《语法修辞讲话》，辽宁出版社2005年版。

吕文华：《主语是受事的“是……的”》，《汉语学习》1985年第5期。

吕文华：《“被”字句中的几组语义关系》，《世界汉语教学》1990年第2期。

罗够华：《集合名词受个体量词修饰现象考察》，硕士学位论文，湖南师范大学，2007年。

罗昕如：《“动宾式动词+宾语”规律探究》，《语文建设》1998年第5期。

马希文：《北京方言里的“着”》，《方言》1987年第1期。

马学良、史有为：《说“哪儿上的”及其“的”》，《语言研究》1982年第1期。

马以鑫：《“白话文运动”历史轨迹的重新考察》，《华东师范大学学报》1996年第2期。

孟子敏：《从“了$_1$”、“了$_2$”的分布看口语和书面语的分野》，载《汉语书面语の通时的·共时的研究》，日本松山大学总合研究所2007年版。

苗丽、韩蕾：《汉语口语话语标记“你看”的语用功能》，《语文建设》2013年第9期。

［日］木村英树：《关于补语性词尾“着”和“了”》，《语文研究》1983年第2期。

［日］木村英树：《“的”字句的句式语义及“的”的功能扩展》，《中国语文》2003年第4期。

倪立民：《谈现代汉语时态助词“着”的发展趋势》，《杭州大学学报》1980年第4期。

聂仁发：《“关于”标记话题的语义基础和句法条件》，《汉语学习》2007年第5期。

聂仁发、宋静静：《“关于”式话题句考察》，《语言研究》2008年第3期。

潘文：《存现句在不同语体中的差异考察》，《修辞学习》2003年第

6 期。

潘文：《“被”字句的语体差异考察》，《南京师大学报》（社会科学版）2006 年第 2 期。

潘耀武：《试谈“V + 有”类结构》，载《中国对外汉语教学学会第三次学术讨论会论文选》，北京语言大学出版社 1990 年版。

裴雨来、邱金萍、吴云芳：《“纸张粉碎机”的层次结构》，《当代语言学》2010 年第 4 期。

彭道生：《试论“进行”、“给予”一类动词的宾语的性质》，《暨南学报》（哲学社会科学）1987 年第 3 期。

彭利贞：《论情态与“着”的分化》，《语言研究》2007 年第 2 期。

彭小川、严丽明：《“全部”“所有”和“一切”的语义考察》，《世界汉语教学》2007 年第 4 期。

平山久雄：《关于北京话里“着”和附“着”的动词》，《中国语文》1959 年第 88 期。

钱乃荣：《体助词“着”不表示“进行”意义》，《汉语学习》2000 年第 4 期。

桥本万太郎：《汉语被动式的历史·区域发展》，《中国语文》1987 年第 1 期。

曲卫国、陈流芳：《告别语“拜拜”与汉语口语语体的缺环现象》，《修辞学习》2005 年第 3 期。

饶长溶：《动宾组合带宾语》，《中国语文》1984 年第 6 期。

任学良：《先秦文言并不一致论——古书中口语和文言同时并存》，《杭州师范学院学报》（社会科学版）1982 年。

任泽湘：《动宾式结构带宾语现象与语言的内在规律》，《广西民族大学学报》2007 年第 6 期。

任志萍、杜蓓：《口语中同形反复的语用功能》，《修辞学习》2002 年第 1 期。

荣晶：《汉语口语体受事前置句》，《北京大学学报》（哲学社会科学版）2006 年第 4 期。

杉村博文：《“的”字结构、承指与分类》，载江蓝生、侯精一主编《汉语现状与历史的研究》，中国社会科学出版社 1999 年版。

邵长超：《文艺语体和科技语体形谓句状语差异研究》，《暨南学报》

（哲学社会科学版）2010 年第 2 期。

邵敬敏：《香港报纸用语的层次等级及其对策》，载《1997 与港中国语文学术研讨会论文集》1997 年。

沈家煊：《R. W. Langacker 的"认知语法"》，《国外语言学》1994 年第 1 期。

沈家煊：《语言的"主观性"和"主观化"》，《外语教学与研究》2001 年第 4 期。

沈家煊、王冬梅：《"N 的 V"和"参照体——目标"构式》，《世界汉语教学》2000 年第 4 期。

盛新华：《动宾式不及物动词"VN"带宾语语义研究》，《湘潭大学学报》（哲学社会科学版）2005 年第 6 期。

施春宏：《从句式群看"把"字句及相关句式的语法意义》，《世界汉语教学》2010 年第 3 期。

施关淦：《"这本书的出版"中"出版"的词性——从向心结构理论说起》，《中国语文通讯》1981 年第 4 期。

石定栩：《香港语文教学与标准汉语》，载《语言教学与研究》1998 年第 3 期。

石定栩：《复合词与短语的句法位置——从谓词性定中结构说起》，载《语法研究和探索》（十一），商务印书馆 2002 年版。

石定栩：《汉语定中关系动—名复合词》，《中国语文》2003a 年第 6 期。

石定栩：《理论语法与汉语教学——从"是"的句法功能谈起》，《世界汉语教学》2003b 年第 2 期。

石定栩、朱志瑜：《英语对香港书面汉语句法的影响——语言接触引起的语言变化》，《外国语》（上海外国语大学学报）1999 年第 4 期。

石定栩、朱志瑜：《英语与香港书面汉语》，《外语教学与研究》2000 年第 4 期。

石定栩、朱志瑜、王灿龙：《香港书面汉语中的英语句法迁移》，《外语教学与研究》2003 年第 1 期。

史有为：《表已然义的"的 b"补义》，《语言研究》1984 年第 1 期。

史有为：《关于"V + 有"》，载《语言学论丛》（第十三辑），商务印书馆 1984 年版。

史有为：《“V的N”的“体貌”问题》，载《语法研究和探索》（十），商务印书馆2000年版。

宋玉珂：《“进行”的语法作用》，《语言教学与研究》1982年第1期。

宋玉柱：《关于“是……的”结构的分析——语法笔记一则》，《汉语学习》1978年第4期。

宋玉柱：《关于时间助词“的”和“来着”》，《中国语文》1981年第4期。

宋玉柱：《动态存在句》，《汉语学习》1982a年第6期。

宋玉柱：《关于“们”的语法意义及其他》，载《语法论稿》，北京语言学院出版社1982b年版。

宋玉柱：《关于论证方法及其他》，《语言研究》1984年第1期。

宋玉柱：《关于“被”字句的语义色彩问题》，《学语文》1985年第5期。

宋玉柱：《谈“着呢”及其分辨》，《思维与智慧》1989年第1期。

宋玉柱：《完成体动态存在句》，《汉语学习》1989年第6期。

宋玉柱：《汉语名词没有严格意义的“数”的范畴》，载《语法论稿》，北京语言学院出版社1995年版。

宋玉柱：《“们”的定指意义商榷》，《学语文》2003年第4期。

宋玉柱：《关于语素“们”和助词“们”》，《汉语学习》2005年第4期。

苏金智：《英语对香港语言使用的影响》，《中国语文》1997年第3期。

孙德金：《现代汉语书面语研究中文言语法成分研究》，博士学位论文，上海师范大学，2009年。

孙德金：《现代汉语书面语中的代词“其”》，2010年第2期。

孙德金：《现代汉语书面语中文言语法成分的界定问题》，《汉语学习》2012年第6期。

孙汉军：《报刊中的口语句型及其功能》，《解放军外国语学院学报》2001年第4期。

孙宏林：《由“V＋有”构成的存在句》，《世界汉语教学》1996年第2期。

孙锡信：《元代指物名词后加“们（每）”的由来》，《中国语文》1990年第4期。

孙雁雁：《台湾口语中句末“好不好”的功能分析》，《汉语学报》2011年第4期。

［日］太田晨夫：《中国语历史文法》，蒋绍愚、徐昌华译，北京大学出版社1987年版。

谭成珠：《说汉语口语一种特殊表达方式——提醒》，《语言文字应用》1997年第4期。

唐松波、林文金：《现代汉语语体简论》，《东疆学刊》1984年第1期。

陶红印：《试论语体分类的语法学意义》，《当代语言学》1999年第1期。

陶红印：《口语研究的若干理论与实践问题》，《语言科学》2001年第1期。

陶红印：《汉语口语叙事体关系从句结构的语义和篇章属性》，《现代中国语研究》2002年第4期。

陶红印：《操作语体中动词论元结构的实现及语用原则》，《中国语文》2007年第1期。

陶红印、刘娅琼：《从语体差异到语法差异（上）——以自然会话与影视对白中的把字句、被动结构、光杆动词句、否定反问句为例》，《当代修辞学》2010年第1期。

陶红印、刘娅琼：《从语体差异到语法差异（下）——以自然会话与影视对白中的把字句、被动结构、光杆动词句、否定反问句为例》，《当代修辞学》2010年第2期。

陶红印、张伯江：《无定式把字句在近、现代汉语里的地位问题及其理论意义》，《中国语文》2000年第5期。

陶振民：《“们”的语法归类说略》，《河南师范大学学报》1990年第4期。

陶振民：《物类名词后用“们”的语法现象》，《华中师范大学学报》1991年第1期。

陶振民：《“们”表复数语法意义的结构形式》，《焦作工学院学报》2000年第2期。

陶振民：《“概数＋名＋们”构形式的发展与变化》，《华中师范大学学报》2002年第3期。

田泉：《“是”、“的”合用及单用非句法功能初探》，《汉语学习》1996年第5期。

童盛强：《“们”的定指意义》，《中国语文》2002年第3期。

完权：《超越区别与描写之争：“的”的认知入场作用》，《世界汉语教学》2012年第2期。

汪化云、张万友：《“同位短语＋们”简论》，《语文研究》2001年第3期。

汪惠迪：《“动宾式动词＋宾语”规律何在?》，《语文建设》1997年第8期。

汪嘉斐：《口语用词特点的再认识》，《中国俄语教学》1993年第2期。

汪维辉：《唐宋类书好改前代口语》，《汉学研究》2000年第18卷第2期。

王还：《“把”字句和“被”字句》，上海教育出版社1984年版。

王珏：《“名们”结构的历时研究》，硕士学位论文，华东师范大学，2007年。

王力：《中国现代汉语语法》，商务印书馆1943年版。

王力：《中国现代语法》，中华书局1943年版。

王力：《中国现代语法理论》（下），商务印书馆1944年版。

王力：《汉语史稿》，中华书局1980年版。

王灿龙：《“们”在数量名组合中的脱落》，《语文建设》1995年第7期。

王灿龙：《试论“在”字方所短语的句法分布》，《世界汉语教学》2008年第1期。

王灿龙：《试论“这”“那”指称事件的照应功能》，《语言研究》第2期。

王德福：《口语修辞与书面语修辞的差异》，《修辞学习》2000年第4期。

王东海：《词汇化过程中的语体影响机制——以“X腾（腾腾）”“X不（没）腾”的词汇化为例》，《语文研究》2014年第3期。

王冬竹：《口语词汇的语义特征》，《中国俄语教学》1997 年第 3 期。

王改改：《北京话口语中的“被”字句》，《汉语学习》2003 年第 2 期。

王功平：《“有着”与“具有”语义、语用及句法分析》，《语文学刊》2003 年第 1 期。

王海峰：《现代汉语离合词离析现象语体分布特征考察》，《语言文字应用》2009 年第 3 期。

王海峰、王铁利：《自然口语中“什么”的话语分析》，《汉语学习》2003 年第 2 期。

王洪君：《音节单双、音域展敛（重音）与语法结构类型和成分次序》，《当代语言学》2001 年第 3 期。

王洪君：《汉语非线性音系学》（增订版），北京大学出版社 2008 年版。

王洪君、李榕、乐耀：《“了 2”与话主显身的主观近距交互式语体》，载《语言学论丛》（四十辑），商务印书馆 2010 年版。

王还：《英语和汉语的被动句》，《中国语文》1983 年第 6 期。

王惠：《日常口语中的基本词汇》，《中国语文》2011 年第 5 期。

王景丹：《公文语体“对”字句的初步考察》，《修辞学习》2001 年第 1 期。

王景丹：《公文语体“对”字句的初步考察》，《修辞学习》2001a 年第 1 期。

王景丹：《谈语体与“对”字句的适应关系》，《修辞学习》2001b 年第 3 期。

王景丹：《话剧语体常用辞格的使用频率与分布》，《修辞学习》2005 年第 2 期。

王珏、洪琳：《由人际代词与非人际代词的对立看语体分类》，《当代修辞学》2013 年第 3 期。

王丽娟：《从名词、动词看现代汉语普通话双音节的形态功能》，博士学位论文，北京语言大学，2009 年。

王伟、周卫红：《“然后”一词在现代汉语口语中使用范围的扩大及其机制》，《汉语学习》2005 年第 4 期。

王阳畛：《谈“加以”的语法特点》，《中国语文》1959 年第 11 期。

王一军：《口语中的一种否定表达方式》，《语言研究》1999 年第 1 期。

王永：《口语语气词概述》，《外语研究》1999 年第 4 期。

王永：《名词在口语中的语义和功能特点》，《外语与外语教学》2001 年第 7 期。

王永娜：《汉语书面正式语体的语法手段》，博士学位论文，北京语言大学，2010 年。

王永娜：《书面语体"和"字动词性并列结构的语法机制》，《世界汉语教学》2012 年第 2 期。

王永娜：《书面语"动宾结构 + 宾语"的语法机制及相关问题研究》，《语言科学》2013 年第 2 期。

王志洁、冯胜利：《声调对比法与北京话双音组的重音类型》，《语言科学》2006 年第 1 期。

王宗炎、黎天睦：《"着"的核心意义》，《国外语言学》1991 年第 1 期。

温锁林、范群：《现代汉语口语中自然焦点标记词"给"》，《中国语文》2006 年第 1 期。

文练：《关于"有"的思考》，《语文建设通讯》1993 年第 42 期。

吴长安：《口语句式"W 死了"的语义、语法特点》，《东北师范大学学报》1997 年第 1 期。

吴春相：《现代汉语介词结构的语体考察》，《当代修辞学》2013 年第 4 期。

吴春相、金基石：《略论心理距离与书面语、口语的关系》，《汉语学习》2008 年第 4 期。

吴福辉：《"五四"白话之前的多元准备》，《中国现代文学研究丛刊》2006 年第 1 期。

吴为章：《动词研究遐想》，《汉语学习》1998 年第 5 期。

吴云、刘顺：《试论句成分从缺和语体的关系》，《修辞学习》2000 年第 5、6 期合刊。

吴云芳：《"和""与""并""而"连接谓词性成分时的区别》，《语文研究》2005 年第 1 期。

伍巍：《现代汉语节律的功能——口语中的"重音"与"断连"》，

《修辞学习》2005 年第 3 期。

夏齐富：《“动词_ 1 + X + 动词_ 2 + X” 口语句式分析》，《修辞学习》1995 年第 4 期。

萧红：《汉语多动同宾句式的发展》，《语言研究》2006 年第 4 期。

肖奚强：《“正（在）”、“在” 与 “着” 功能比较研究》，《语言研究》2002 年第 4 期。

谢·叶·雅洪托夫：《七到十三世纪的汉语书面语和口语》，载《汉语史论集》，北京大学出版社 1986 年版。

谢发宝：《“当……” 是 “当……时” 的误用吗?》，《汉语学习》1982 年第 6 期。

邢福义：《谈 “们” 和 “诸位” 之类并用》，《中国语文》1960 年第 6 期。

邢福义：《再谈 “们” 和表数量词语并用的现象》，《中国语文》1965 年第 5 期。

邢福义：《汉语复句研究》，商务印书馆 2001 年版。

邢公畹：《一种似乎要流行开来的可疑句式》，《语文建设》1997 年第 4 期。

熊仲儒：《现代汉语里的向心结构和离心结构》，《中国语文》1988 年第 4 期。

熊仲儒：《零成分与汉语 “名物化” 问题》，《现代外语》2001 年第 3 期。

熊仲儒：《以 “的” 为核心的 DP 结构》，《当代语言学》2005 年第 2 期。

熊仲儒：《“是……的” 的构件分析》，《中国语文》2007 年第 4 期。

徐烈炯、刘丹青：《话题的结构与功能》，上海教育出版社 1998 年版。

徐烈炯、刘丹青：《话题与焦点新论》，上海教育出版社 2003 年版。

薛凤生：《“把” 字句和 “被” 字句的结构意义》，北京语言学院出版社 1994 年版。

薛宏武：《对现代汉语 “V 有” 结构的认识问题》，《华中科技大学学报》2008 年第 4 期。

严加炎：《“五四” 新体白话的起源、特征及其评价》，《中国现代文学研究丛刊》2006 年第 1 期。

阎仲笙、孙也平：《“当”字的语法功能及“当”字句的规范》，《语文建设》1991 年第 7 期。

晏鸿鸣：《现代汉语中起补充作用的文言表达句式——“动宾式动词带宾”问题讨论之我见》，《江汉大学学报》1999 年第 5 期。

杨伯峻：《古汉语中之罕见语法现象》，《中国语文》1982 年第 6 期。

杨凤仙、杨庆芝：《易位：古汉语口语语体的语法特征》，《北京大学学报》2002 年第 4 期。

杨海明：《“VO + N”与语义、结构的兼容与冲突——汉语动宾组合带宾语结构的语义问题》，《汉语学习》2001 年第 1 期。

杨俊萱：《口语和书面语》，《语言教学与研究》1984 年第 1 期。

杨石泉：《“是……的”句质疑》，《中国语文》1997 年第 6 期。

杨淑璋：《代词“等”和“等等”的一些用法》，《语言教学与研究》1981 年第 1 期。

杨素英、黄月圆：《体标记在不同语体中的分布情况考察》，《当代语言学》2013 年第 3 期。

杨文全、王刚：《八十年代以来语言学界“动宾式动词 + 宾语”现象研究述论》，《西南民族大学学报》2004 年第 12 期。

杨晓黎：《“V 着”前修饰成分的考察》，《安徽大学学报》1993 年第 1 期。

杨信彰：《名词化在语体中的作用——基于小型语料库的一项分析》，《外语电化教学》2006 年第 2 期。

杨永忠：《动宾倒置的生成》，《语言科学》2006 年第 3 期。

姚双云：《条件标记的语体差异及其功能解释》，《世界汉语教学》2014 年第 4 期。

姚双云、姚小鹏：《自然口语中“就是”话语标记功能的浮现》，《世界汉语教学》2012 年第 1 期。

姚振武：《现代汉语的“N 的 V”与上古汉语的“N 之 V”》，《语文研究》1995 年第 2—3 期。

叶俊：《也谈“当”字的用法》，《上海师范大学学报》（哲学社会科学版）1980 年第 1 期。

叶圣陶：《谈搀用文言成分》，《人民日报》1950 年副刊《新闻工作》，又见《语文随笔》，中华书局2007年版。

叶圣陶：《关于使用语言》，《人民文学》1956年3月号，又见《语文随笔》，中华书局2007年版。

叶皖林：《“（在/当）+P+时/时候，Q”句式分析》，《南京师范大学学报》2006年第2期。

易洪川：《汉语口语里的一种施事宾语句》，《语言教学与研究》1997年第4期。

尹海良：《自然口语中的话语标记“别说”》，《宁夏大学学报》（人文社会科学版）2009年第6期。

印文霞、梁晓玲：《试论北方口语中“等”类话语标记》，《学术交流》2012年第5期。

于根元：《关于动词后附“着”的使用》，载《语法研究和探索》（一）1989年。

余夕仁：《“等”的两种用法及其纠结》，《六安师专学报》1996年第4期。

俞敏：《北京口语里的多音入声字》，《方言》1995年第1期。

原新梅：《字母词语在不同语体中的分布》，《河南社会科学》2005年第1期。

袁进：《重新审视欧化白话文的起源——试论近代西方传教士对中国文学的影响》，《文学评论》2007年第1期。

袁梅：《“们”的语法意义及其实现》，《延边大学学报》1996年第1期。

袁杰、夏允贻：《虚义动词纵横谈》，《语言研究》1984年第2期。

袁毓林：《祈使句式“V+着！”分析》，《世界汉语教学》1992年第4期。

袁毓林：《并列结构的否定表达》，《语言文字应用》1999年第3期。

袁毓林：《从焦点理论看句尾“的”的句法语义功能》，《中国语文》2003年第1期。

岳中奇：《“是W/P的”结构分析与“是”“的”词性考辨》，《语文学刊》1997年第6期。

曾维秀、李甦：《自发口语叙事语篇中量词使用的实证研究》，《语言教学与研究》2008年第6期。

曾晓鹰：《从“在（当）……的时候”谈起》，《贵州教育学院学报》2008年第7期。

曾毅平、李庆英：《汉语报纸报道语体有标记主位研究》，《暨南学报》（哲学社会科学版）2008年第3期。

曾毅平、李小凤：《报道语体与文艺语体疑问句的分布差异》，《汉语学习》2006年第5期。

增野仁、冯胜利、孟子敏、吴春相：《汉语书面语の通时的·共时的研究》，日本松山大学总合研究所2007年版。

张博：《“动宾结构+宾语”的条件及其发展趋势》，《古汉语研究》1999年第3期。

张弓：《现代汉语修辞学》，天津人民出版社1963年版。

张静：《从“把”字句和“将”字句的语用分布看语体类型》，《高等函授学报》2001年第1期。

张黎：《“着”的语义分布及其语法意义》，《语文研究》1996年第1期。

张黎：《汉语名词数范畴的表现方式》，《汉语学习》2003年第5期。

张宝林：《“是……的”句的歧义现象分析》，《世界汉语教学》1994年第1期。

张伯江：《汉语句法的功能透视》，《汉语学习》1994年第3期。

张伯江：《汉语口语的主位结构》，《北京大学学报》（哲学社会科学版）1994年第2期。

张伯江：《功能语法与汉语研究》，《语言科学》2005年第6期。

张伯江：《语体差异和语法规律》，《修辞学习》2007年第2期。

张伯江：《以语法解释为目的的语体研究》，《当代修辞学》2012年第6期。

张伯江：《从“来”的代动词用法谈汉语句法语义的修辞属性》，《当代修辞学》2014年第4期。

张伯江、方梅：《汉语口语的主位结构》，《北京大学学报》（哲学社会科学版）1994年第2期。

张伯江、李珍明：《“是NP”和“是（一）个NP”》，《世界汉语教学》2002年第3期。

张国宪：《单双音节动作动词充当句法成分功能差异考察》，《淮北煤炭师范学院学报》（哲学社会科学版）1989 年第 3 期。

张国宪：《单双音节动作动词语用功能差异探索》，《汉语学习》1989 年第 6 期。

张国宪：《单双音节动词搭配功能差异研究》，《上海师范大学学报》（哲学社会科学版）1990 年第 1 期。

张姜知：《“把”字宾语的指称类型及其语体相关性》，《当代修辞学》2012 年第 2 期。

张磊：《口语中“你”的移指用法及其话语功能的浮现》，《世界汉语教学》2014 年第 1 期。

张磊、姚双云：《从语体视角考察指类句的句法特征和分布情况》，《语言教学与研究》2013 年第 2 期。

张礼：《文艺语体词的语言解析》，《中州学刊》2006 年第 4 期。

张炼强：《试说以“时”或“的时候”煞尾的假设从句》，《中国语文》1990 年第 3 期。

张荣建：《书面语和会话中的引语分析》，《外国语》（上海外国语大学学报）2000 年第 2 期。

张世禄：《文言白话的区别》，《社会科学月刊》1939 年第 1 期卷 3。

张世禄：《向哪儿去开辟中国文法学的园地》，《语文周刊》1939 年第 33 期，又载《张世禄语言学论文集》，学林出版社 1984 年版。

张寿康：《五四运动和现代汉语的最后形成》，《中国语文》1979 年第 4 期。

张先亮、范晓：《汉语句式在篇章中的适用性研究》，中国社会科学出版社 2008 年版。

张先亮、郑娟曼：《汉语“有”字句的语体分布及语用功能》，《修辞学习》2006 年第 1 期。

张亚茹：《语体差异与因果标记“是以”》，《语言科学》2014 年第 1 期。

张谊生：《这个“们”该不该删》，《咬文嚼字》1999 年第 8 期。

张谊生：《列举助词“等”、“等等”》，《汉语教学与研究》2000 年第 3 期。

张谊生：《“N”+“们”的选择限制与“N 们”的表义功能》，《中国语文》2001a 年第 3 期。

张谊生：《现代汉语列举助词探微》，《语言教学与研究》2001b 年第 6 期。

张豫峰：《略谈语体对“得”字句的选择和限制》，《修辞学习》1999 年第 5 期。

张中行：《文言与白话》，黑龙江人民出版社 1987 年版。

张中行：《文言津逮》，北京出版社 2002 年版。

赵金铭：《汉语口语与书面语教学》，北京大学出版社 2004 年版。

赵静：《语体的融合与转换——以古代判词为基本依据》，《四川师范大学学报》（社会科学版）2006 年第 3 期。

赵淑华：《“着”字的一些用法》，《语文学习》1954 年第 38 期。

赵淑华：《关于“是……的”句》，《语言教学与研究》1979 年第 1 期。

郑梦娟：《ABB 式形容词的语体特征分析》，《修辞学习》2004 年第 6 期。

郑友阶、罗耀华：《自然口语中“这/那”的话语立场表达研究》，《语言教学与研究》2013 年第 1 期。

郑远汉：《句式与语体》，《语文研究》1987 年第 2 期。

郑振铎：《语体文欧化之我观》，《文学旬刊》1921 年第 7 期。

周刚：《“加以”补议》，《汉语学习》1985 年第 3 期。

周刚：《形式动词的次分类》，《汉语学习》1987 年第 1 期。

周韧：《共性和个性的汉语动宾饰名复合词研究》，《中国语文》2006 年第 4 期。

周晨萌：《20 世纪 80 年代北京口语儿化词的使用情况》，《语言教学与研究》2005 年第 5 期。

周晨萌：《80 年代北京日常口语中轻声音节的变异》，《语言教学与研究》2008 年第 2 期。

周国正：《书面语篇的主题串连与省略》，《上海大学学报》（社会科学版）2005 年第 6 期。

周继圣：《口语格式“等……的”的描写及讨论》，《中山大学学报》（社会科学版）1997 年第 2 期。

周利芳：《汉语口语中表肯定、否定的话段衔接成分》，《语言教学与研究》2005 年第 5 期。

周士宏：《从信息结构角度看汉语口语中的“主谓倒装句”》，《汉语学习》2010 年第 3 期。

周小兵：《“进行”“加以”句型比较》，《汉语学习》1987 年第 6 期。

周一民：《义素的类型及其分析》，《汉语学习》1995 年第 6 期。

周一民：《北京口语语法》（词法卷），语文出版社 1998 年版。

周作人：《国语改造的意见》，载《艺术与生活》，河北教育出版社 1922 年版。

朱军：《多项列举式后“等”的多维考察》，《北方论丛》2006 年第 6 期。

朱德熙：《“的”字结构和判断句》，《中国语文》1978 年第 1 期。

朱德熙：《“的”字结构和判断句》，《中国语文》1978 年第 2 期。

朱德熙：《现代书面汉语里的虚化动词和名动词》，《北京大学学报》（哲学社会科学版）1985 年第 5 期。

朱德熙：《变换分析中的平行性原则》，《中国语文》1986 年第 2 期。

朱德熙：《句子和主语：印欧语影响现代书面汉语和汉语句法分析的一个实例》，《世界汉语教学》1987a 年第 1 期。

朱德熙：《现代汉语语法研究的对象是什么》，《中国语文》1987b 年第 5 期。

朱怀、郭家祥、陈仕平：《“VN + O”结构的语义认知考察》，《语言研究》2002 年特刊。

朱景松：《书面语中长句的使用》，《语文建设》1996 年第 5 期。

朱军、邹立志、周建设：《“动宾结构带宾语”格式成因探究》，《汉语学习》2008 年第 3 期。

朱林清：《说“观众 + 们”之类》，《中国语文通讯》1985 年第 3 期。

祝克懿：《口语称谓语的缺环现象考察》，《修辞学习》2004 年第 1 期。

宗守云：《浅论科技语体中的“似乎 VP”句》，《中国语文》2002 年第 1 期。

邹战：《略谈“当……时”的误用》，《汉语学习》1982 年第 2 期。

邹洪民：《从语体中审视特殊“把”字结构的修辞作用》，《修辞学习》1996 年第 6 期。

邹洪民：《从语体中审视特殊“把”字结构的修辞作用》，《修辞学习》1996年第6期。

邹哲承:《助词“等”与“等等”的作用》,《语言研究》2007年第4期。

祖人植:《“被”字句表义特征分析》,《汉语学习》1997年第3期。

祖生利:《近代汉语“们”缀研究综述》,《古汉语研究》2005年第4期。

左思民:《“的”字结构诸功能中的语体功能》,《修辞学习》2008年第3期。

Alexiadou, Artemis, "Functional structure in nominals: nominalization and ergativity", *Journal of Linguistics*, 2001, 39 (1): 201 – 202.

Anderw Radford, *Syntactic theory and the structure of English*, Beijing: Peking University Press, 2002.

Chafe. Wallace, "Integration and involvement in speaking, writing, and oral literature", In Tannen, Deborah, ed., *Spoken and written language: Exploring orality and literacy*, Norwood. Nj: Ablex, 1982.

Chomsky, Noam, Remarks on Nominalization, In, Roderick A. Jacobs and Peter S. Rosenbaum, Waltham, ed., *Readings in English Transformational Grammar*, Massachusetts: Ginn and Company, 1970, 184 – 221.

Chu, Chauncey C., "The Semantics, Syntax and Pragmatics of the Verbal Suffix – zhe", *Journal of the Chinese Language Teachers' Association*, 1987, (22).

Cinque, Guglielmo, *Adverbs and Functional Heads*, New York: Oxford University Press, 1999.

Douglas Biber& Susan Conrad (2009), *Register, Genre, and Style*. Cambridge: Cambridge University Press.

Douglas Biber, *Variation across Speech and Written*, Cambridge: Cambridge University Press, 1988.

Duanmu, S, "Phonologically motivated word order movement: Evidence from Chinese compounds", *Studies in the Linguistic Sciences*, 1997, (27).

Feng Shengli (1995), "Prosodic Structure and Prosodically Constrained Syntax in Chinese", Ph. D. Dissertation, Uni – versity of Pennsylvania.

Fengshengli, "On modern written Chinese", *Journal of Chinese Linguis-*

tics，2009，37（1）：145－162.

Gunn，Edward M.，*Rewriting Chinese：style and innovation in twentieth－century Chinese prose*，Stanford：Stanford University Press，1991.

He，Y.，"Lexicon as a generating system：Restating the case of complex word formation in Chinese"，*Journal of Chinese Language and Computing*，2006，（16）.

Henry Bradley，*Spoken and written language with special reference to English*，New York：Oxford University Press，1919.

Hoekstra，Eric，"Dialectal variation inside CP as parametric variation"，*Linguistische Berichte Sonderheft*，1993（5）.

Hsu. Jia－Ling，"Englishization and language Change in Mordern Chinese in Taiwan"，*World Englishes*，1994，13（2）：167－184.

Judith T. Irvine（1978），*Formality and informality in speech events*. Washington：National Inst. of Education.

Khosrow Jahandarie，*Spoken and Written Discourse：A Multi－Disciplinary Perspective*，Stamford：Ablex Publishing Corporation，1999.

Kubler，Cornelisus C，*A study of Europeanized Grammar in Modern Chinese in Taiwan*，Taiwan：台湾学生书局，1985.

Labov，William（1972），The transformation of experience in narrative syntax. Language in Inner City，354－405.

Labov，W，"The transformation of experience in narrative syntax"，In W. Labov，ed.，*Language in the Inner City：Studies in the Black English Vernacular*，Oxford：Blackwell，1972，354－96

Labov，willian，and Joshua Waletzky，"Narrative Anaysis：Oral Versions of Personal Experience"，In June Helm，ed.，*Eassy on the Verbal and Visual Arts*，Seattle：University of Washington Press，1967.

Lanham Richard，*Analyzing Prose*，Boston：Continuum，1983.

Li. Chi，"New Features in Chinese Grammatical Usage"，*Studies in Chinese Communist Terminology*，1962，No. 9，Berkeley：University of California.

McCarthy，Micheal and Ronald Carter，*Language As Discourse：Perspectives for Language Teaching*，London and New York：Longman，1994.

Ochs, Elinor, "Planned and unplanned discourse", In T. Giv6n, ed. , *Discourse and Syntax*, 1979, Vol. 12, New York: Academic Press.

Paris, Marie – Claude, *Nominalization in Mandarin Chinese: The morpheme de and shi... de construction.* Paris: Universite, 1979.

Paul J, Hopper; Sandra A. Thompson, "Transitivity in Grammar and Discourse", *Language.* 1980, Vol. 56, No. 2, 251 – 299.

Richard A. Lanham, *Analyzing Prose*, Beijing: Peking University Press, 2004.

Rizzi, Luigi, "The Fine Structure of the Left Periphery", In Liliane Haegeman (ed), *Elements of Grammar*, Dordrecht: Kluwer Academic Publishers, 1997.

Ronald W. Langacker, *Foundations of cognitive grammar: descriptive application.* Stand University Press, 1987.

Ronald W. Langacker, "Nouns and Verbs", *Language*, 1987, Vol. 63, No. 1, 53 – 94.

Tannen Deborah, *Spoken and written language: Exploring orality and literacy.* Norwood. NJ: Ablex, 1982.

Tannen, Deborah, "Oral and literate strageties in spoken and written narratives", *Language*, 1982, 58: 1 – 21.

Timothy Light, "The Door is Closed on ZHE", In James H. Y& Frank F. S. Hsueh (ed), *Functionalism and Chinese Gramm*ar, Beijing: Chinese Academy of Social sciences, 1989.

Yeh, Meng, "The Stative Situation and the Imperfective zhe in Mandari", *Journal of the Chinese Language Teachers Association*, 1993, 28 (1): 69 – 98.